1 fr. 25 le volume

ŒUVRES COMPLÈTES D'HECTOR MALOT

LE LIEUTENANT
BONNET

PARIS
LIBRAIRIE MARPON & FLAMMARION
E. FLAMMARION, SUCC'
26, RUE RACINE, PRÈS L'ODÉON

EN VENTE A LA MÊME LIBRAIRIE

ŒUVRES COMPLÈTES D'HECTOR MALOT

à 1 fr. 25 le volume

POUR PARAITRE SUCCESSIVEMENT DANS CETTE COLLECTION

Le Lieutenant Bonnet	1 vol.
Suzanne	1 vol.
Miss Clifton	1 vol.
Clotilde Martory	1 vol.
Pompon	1 vol.
Marichette	2 vol.
Un Curé de Province	1 vol.
Un Miracle	1 vol.
Romain Kalbris	1 vol.
La Fille de la Comédienne	1 vol.
L'Héritage d'Arthur	1 vol.
Le Colonel Chamberlain	1 vol.
La Marquise de Lucillière	1 vol.
Ida et Carmelita	1 vol.
Thérèse	1 vol.
Le Mariage de Juliette	1 vol.
Une Belle-Mère	1 vol.
Séduction	1 vol.

LE
LIEUTENANT BONNET

Ouvrages de HECTOR MALOT

COLLECTION GRAND IN-18 JÉSUS

LES VICTIMES D'AMOUR : LES AMANTS, LES ÉPOUX, LES ENFANTS..	3 vol.
LES AMOURS DE JACQUES................................	1 —
ROMAIN KALBRIS......................................	1 —
UN BEAU-FRÈRE.......................................	1 —
MADAME OBERNIN......................................	1 —
UNE BONNE AFFAIRE...................................	1 —
UN CURÉ DE PROVINCE.................................	1 —
UN MIRACLE..	1 —
SOUVENIRS D'UN BLESSÉ. — SUZANNE....................	1 —
— — MISS CLIFTON...........	1 —
LA BELLE MADAME DONIS...............................	1 —
CLOTILDE MARTORY....................................	1 —
UNE BELLE-MÈRE......................................	1 —
LE MARI DE CHARLOTTE................................	1 —
L'HÉRITAGE D'ARTHUR.................................	1 —
L'AUBERGE DU MONDE : LE COLONEL CHAMBERLAIN, LA MARQUISE DE LUCILLIÈRE....	1 —
— — IDA ET CARMELITA, THÉRÈSE.	1 —
MADAME PRÉTAVOINE...................................	2 —
CARA..	1 —
SANS FAMILLE..	2 —
LE DOCTEUR CLAUDE...................................	2 —
LA BOHÈME TAPAGEUSE.................................	2 —
UNE FEMME D'ARGENT..................................	1 —
POMPON..	1 —
SÉDUCTION...	1 —
LES MILLIONS HONTEUX................................	1 —
LA PETITE SŒUR......................................	2 —
PAULETTE..	1 —
LES BESOIGNEUX......................................	2 —
MARICHETTE..	2 —
MICHELINE...	1 —
LE SANG BLEU..	1 —
LE LIEUTENANT BONNET................................	1 —
BACCARA...	1 —
ZYTE..	1 —
VICES FRANÇAIS......................................	1 —
GHISLAINE...	1 —
CONSCIENCE..	1 —
JUSTICE...	1 —
MARIAGE RICHE.......................................	1 —
MONDAINE..	1 —
MÈRE..	1 —
ANIE..	1 —

Mme HECTOR MALOT

FOLIE D'AMOUR.......................................	1 —

ÉMILE COLIN. — IMPRIMERIE DE LAGNY.

LE LIEUTENANT
BONNET

PAR

HECTOR MALOT

PARIS
LIBRAIRIE MARPON ET FLAMMARION
E. FLAMMARION, SUCCr
26, RUE RACINE, PRÈS L'ODÉON
—
Tous droits réservés.

AVERTISSEMENT

M. Hector Malot qui a fait paraître, le 20 mai 1859, son premier roman « LES AMANTS », va donner en octobre prochain son soixantième volume « COMPLICES »; le moment est donc venu de réunir cette œuvre considérable en une collection complète, qui par son format, les soins de son tirage, le choix de son papier, puisse prendre place dans une bibliothèque, et par son prix modique soit accessible à toutes les bourses, même les petites.

Pendant cette période de plus de trente années, Hector Malot a touché à toutes les questions de son temps ; sans se limiter à l'avance dans un certain nombre de sujets ou de tableaux qui l'auraient borné, il a promené le miroir du romancier sur tout ce qui mérite d'être étudié, allant des petits aux grands, des heureux aux misérables, de Paris à la Province, de la France à l'Étranger, traversant tous les mondes, celui de la politique, du clergé, de l'armée, de la magistrature, de l'art, de la science, de l'industrie, méritant que le poète *Théodore de Banville* écrivît de lui « que ceux qui voudraient reconstituer l'histoire intime de notre époque devraient l'étudier dans son œuvre ».

Il nous a paru utile que cette œuvre étendue, qui va du plus dramatique au plus aimable, tantôt douce ou tendre, tantôt passionnée ou justicière, mais toujours forte, toujours sincère, soit expliquée, et qu'il lui soit même ajouté une clé quand il en est besoin. C'est pourquoi nous avons demandé à l'auteur d'écrire sur chaque roman une notice que nous placerons à la fin du volume. Quand il ne prendra pas la parole lui-même, nous remplacerons cette notice par un article critique sur le roman publié au moment où il a paru, et qui nous paraîtra caractériser le mieux le livre ou l'auteur.

Jusqu'à l'achèvement de cette collection, un volume sera mis en vente tous les mois.

L'éditeur,

E. F.

A HENRI CHAPU

STATUAIRE

A l'auteur de la JEUNESSE et de tant d'œuvres inspirées et exquises qui sont l'honneur de notre temps.

HECTOR MALOT.

LE
LIEUTENANT BONNET

PREMIÈRE PARTIE

I

Quand à la nuit tombante on avait vu la musique du régiment en tenue et avec ses instruments, monter la Grande rue, tous les boutiquiers qui étaient libres et les flâneurs avaient emboîté le pas derrière elle.

Où allait-elle ? elle n'était pas sortie pour rien à huit heures du soir. Comme ce n'était pas jour de concert public, il devait se préparer quelque chose d'extraordinaire ; — il n'y avait qu'à la suivre.

Or, quelque chose d'extraordinaire ou même simplement d'ordinaire, c'était plus qu'il ne fallait pour mettre la ville en émoi ; on aime à s'amuser à La Feuillade, et chacun petits comme grands, bourgeois comme artisans, saisit au vol les occasions qui se présentent pour ne pas rester chez soi et s'en aller flâner jusqu'à une heure avancée de la nuit par les rues et par les boulevards plantés d'ormes qui coupent la ville en quatre parties ; le climat est doux sans les froids du Nord, comme sans les grandes chaleurs du vrai Midi, les jours de pluie sont rares, le vin des environs est à bon marché, il est agréable de vivre dehors.

Sur le cours de la République, la foule s'entassait déjà devant le Grand-Café où les garçons commençaient à allumer une guirlande de lanternes en papier tricolore, allant et venant au milieu d'une douzaine d'officiers accoudés au balcon du premier étage : l'arrivée de la musique, l'illumination, les officiers, il n'y avait pas à chercher, c'était une réception, c'est-à-dire qu'un nouvel officier entrait au régiment ou qu'un ancien partait, le même mot servant pour la bienvenue des nouveaux comme pour les adieux aux anciens.

Il y a vingt ans, La Feuillade était simple sous-préfecture ; elle n'est devenue ville de garnison que depuis la nouvelle organisation militaire. Aussi, avec l'enthousiasme du nouveau, la population qui, d'ailleurs, trouve son compte à avoir un régiment, s'est-elle prise d'un bel amour pour ce qui touche aux choses et aux hommes de l'armée ; on est fier de son général, fier de son régiment ; on connaît les sonneries ; on parle du colonel Bayon comme si on était de ses amis ; on lui sait gré d'être Lorrain ; on ne rit pas du lieutenant-colonel baron La Hontan quand on le rencontre par les rues de la ville faisant des visites suivi de son planton qu'il laisse aux portes en lui donnant son manteau à garder ; il n'y a pas que les petites ouvrières qui sachent les noms des jeunes officiers et des sergents-majors ; c'est désolation quand le régiment part pour les grandes manœuvres, c'est réjouissance quand arrivent les vingt-huit jours ; plus du quart des officiers se sont mariés dans la ville ou dans les environs, et presque tous ont fait de beaux mariages. Car le temps n'est plus où la vie militaire était la vie nomade, et où les familles ne voulaient pas s'exposer à ce que leurs filles, après trois ans de mariage, partissent du Midi pour le Nord ou du Nord pour le Midi, sans aucune chance de les voir jamais revenir. En établissant les corps d'armée à demeure fixe dans une contrée déterminée, on en a fait une sorte de garde nationale où les maris sont très recherchés, — ils inspirent plus de sécurité que les fonctionnaires, ils sont aussi casaniers que les bourgeois, et en plus ils ont leur plumet.

Dans une population ainsi préparée, on s'était à peine abordé que tout le monde savait que cette réception avait lieu à l'occasion d'un départ et de deux arrivées.

Celui qui partait était le lieutenant Pradon, qui passait capitaine en Tunisie.

Ceux qui arrivaient étaient deux lieutenants : l'un s'appelait Bonnet, il arrivait d'Algérie et il avait loué une chambre garnie à côté des Arènes chez la mère Raveau ; l'autre qui s'appelait Derodes venait d'une garnison du sud-ouest, il cherchait un grand appartement ou une maison non meublée, ce qui annonçait des habitudes de luxe inconnues à La Feuillade ; il était donc bien riche ce lieutenant, qu'il ne se contentait pas d'une chambre comme ses camarades et qu'il voulait demeurer dans ses meubles.

Sur le balcon parmi les anciens officiers on cherchait les nouveaux ; ils étaient à la droite et à la gauche du lieutenant-colonel La Hontan que sa haute taille et sa prestance majestueuse désignaient aux regards et on les reconnaissait tout de suite.

Le lieutenant Bonnet, trente ans environ, forte carrure, moustache noire, tête fine, le regard doux, l'air rêveur et simple ; à son teint hâlé et brûlé, on voyait que c'était un Africain ; les hommes le trouvaient beau soldat, solide, résolu, les femmes n'en disaient rien.

A la vérité, c'était plutôt pour Derodes qu'elles avaient des yeux, et plus d'une déclarait tout haut que celui-là avec son nez au vent, sa moustache rousse et ses cheveux roux, son teint pâle, ses yeux bleus, son sourire vainqueur était bien, tout à fait bien ; — et en plus, on le disait fils de famille riche, très riche.

Il n'y avait pas que le balcon des officiers occupé ce soir-là au Grand-Café, au même étage, mais à l'autre bout de la maison, se montraient quelques femmes élégantes : au premier rang la baronne La Hontan, et près d'elle la commandante Collas, la plus mauvaise langue du régiment ; madame de La Genevrais, la femme d'un capitaine aussi noble, mais malheureusement aussi pauvre que son mari ; une jeune femme mariée depuis quelques mois au lieutenant Drapier et dont il avait fait la conquête l'année précédente dans les grandes manœuvres : enfin, une famille qui n'appartenait point au régiment, composée de la mère veuve d'un commandant, madame de Bosmoreau et de ses deux filles, la douce Julienne et la belle Agnès, comme on les appelait à La Feuillade ; l'une née d'un premier mariage, et riche d'une trentaine de mille francs de rente ; l'autre sans un sou. Toutes les deux non mariées. Julienne malgré ses vingt-trois ans et sa fortune, Agnès malgré sa beauté.

Cependant la salle réservée ce soir-là aux officiers commence à se remplir et, pendant que sous les fenêtres, dans un carré entouré d'un cordeau, la musique joue l'ouverture du *Barbier de Séville*, les retardataires arrivent ; ils accrochent leur sabre et leur képi dans le vestibule et ils vont s'asseoir à leurs tables, les capitaines avec les capitaines, les lieutenants avec les lieutenants. Au milieu de la salle est la table des officiers supérieurs chargée de trois gros bouquets entourés de dentelles de papier. Dans un coin inoccupé s'alignent les coupes dans lesquelles on boira tout à l'heure « *la marquise* », ce mélange de tisane de champagne et d'eau acidulée avec des tranches de citron, qui, fait le fonds des réceptions dans l'armée française.

Les cigares sont allumés, les mazagrans sont versés ; par les fenêtres, grandes ouvertes, entrent les modulations de la flûte ou les rentrées des trompettes à coulisse que couvrent parfois les rumeurs vagues de la foule.

A la table d'honneur le lieutenant-colonel a près de

lui le capitaine qui va partir et de l'autre côté les deux lieutenants qui arrivent ; en face sont assis les commandants ; mais tandis que partout on cause bruyamment, à cette table on garde une attitude d'une correction glacée, on fume, on boit, on cause peu.

Le lieutenant-colonel qui doit donner le ton, est morne, c'est à lui de parler et il ne dit rien ; très ému au moment de quitter le régiment où il vit depuis dix ans avec des camarades qui l'aiment et l'estiment, le capitaine Pradon ne desserre pas les dents et fume mélancoliquement son cigare, les yeux au plafond ; Bonnet et Derodes, qui se voient pour la première fois, gardent le silence après avoir épuisé rapidement les quelques paroles banales qu'ils pouvaient échanger ; les commandants s'entretiennent entre eux, et rien de ce qu'ils disent ne traverse la table ; de temps en temps seulement, ils regardent le lieutenant-colonel et dans leurs yeux passe, semble-t-il, un sourire, comme s'ils se communiquaient leurs impressions sur le mutisme de leur chef ; mais cela est si discret que celui-ci ne pourrait pas s'en fâcher alors même qu'il le remarquerait.

Il est vrai qu'il ne le remarque pas, pas plus qu'il n'entend les rires qui partent des tables des lieutenants et des sous-lieutenants ; le colonel a fait dire que retenu chez lui auprès de son fils malade il ne pourrait peut-être pas assister à la réception, et en son absence c'est au lieutenant-colonel de prononcer l'allocution d'usage, — ce qui le tourmente un peu et le fait réfléchir, au lieu de boire tranquillement son mazagran sans penser à rien comme de coutume.

Certainement il est heureux d'avoir à parler au nom du régiment, et il va profiter de cette occasion avec d'autant plus d'empressement que son colonel ne le laisse jamais rien faire ni rien dire.

Mais d'autre part il n'est pas sans se préoccuper du discours qu'il va avoir à prononcer.

— Trois officiers, trois ! si au lieu d'un départ et de deux arrivées, ce qui complique les choses bêtement, il n'y avait qu'une bienvenue à souhaiter ou qu'un seul adieu à adresser, il ne serait assurément pas embarrassé ; il avait, dans sa vie de vieux soldat, assisté à assez de réceptions pour en savoir la tradition : « Messieurs, je suis certain de parler au nom de nous tous en serrant la main du brave capitaine Pradon, qui va nous quitter. »

Cela irait tout seul, mais trois ! Il s'agissait de ne pas s'embrouiller et de ne pas confondre les adieux avec la bienvenue.

Il avait ri autrefois des colonels qui ne pouvaient jamais achever une phrase, et il ne voulait pas qu'on pût rire de lui. Il fallait se préparer ; quand il aurait mis de l'ordre dans ses idées, elles s'enchaîneraient... incontestablement.

Il se préparait donc, mais autour de lui le brouhaha des voix qui se croisaient le troublait ; il aurait eu besoin de recueillement, car les idées qui emplissaient sa tête ne s'alignaient point.

— Si encore le colonel l'avait prévenu en temps, il aurait pu consulter la baronne ; elle était de bon conseil et vraiment habile pour donner un certain tour aux choses. Mais non, au dernier moment : « Mon fils étant pris d'un violent accès de fièvre, il me sera peut-être impossible d'assister à la réception. Remplacez-moi, mon cher colonel, et exprimez tous mes regrets à ces messieurs. » Remplacez-moi ; facile à dire. On savait le trouver quand on avait besoin de lui. Remplacez-moi. Que signifiait ce prétexte : « Mon fils pris d'un violent accès de fièvre. » Est-ce que la fièvre vous prenait comme ça. Quand cela serait vrai, pourquoi avait-il la fièvre ce petit ? Si on voulait des enfants, il fallait les avoir en bonne santé, ou ne pas en avoir du tout. Il n'en avait pas, et cependant, avec un père tel que lui, ils ne pourraient être que de solides gaillards. Mais il ne fallait pas se laisser distraire, il importait de concentrer ces sacrées idées qui s'envolaient toujours.

Et il revenait à sa phrase à laquelle il tenait et qui lui paraissait originale dans sa concision : « Je suis certain de parler au nom de tous en serrant la main » ; il n'y avait qu'à la développer et à l'appliquer au brave capitaine aussi bien qu'aux lieutenants. Cela irait. C'est que tous ces jeunes gens se ficheraient parfaitement de lui s'il restait court et riraient tous bas. Il n'y a plus de respect, sacrebleu. Mais il ne resterait pas court et il ne s'embrouillerait pas. Il montrerait aux blancs-becs ce qu'était l'ancienne armée, la vraie, la bonne. Cela serait un peu mieux tourné, il pouvait s'en vanter, que les allocutions du colonel toujours sèches, et mieux débité sans cet accent lorrain qui offusquait son oreille gasconne.

Pendant qu'il polissait sa phrase, on avait servi la

marquise ; et déjà il avait saisi sa coupe pleine, quand il entendit derrière lui un bruit de bottes ; en même temps tout le monde se leva d'un seul mouvement : c'était le colonel Bayon qui arrivait à pas pressés.

Heureusement dans son trouble le lieutenant-colonel ne vit pas le sourire qui éclata sur plus d'un visage, car il aurait été obligé de reconnaître que « ces jeunes gens se fichaient de lui... parfaitement. »

II

Au milieu du brouhaha et des serrements de mains, le médecin-major Montariol s'approcha du colonel :

— Comment était Daniel lorsque vous l'avez quitté ?
— Il s'est endormi calme.
— Je vous l'avais bien dit, cela ne sera rien, ne vous inquiétez pas, l'enfant est plus solide qu'il n'en a l'air.

Le colonel s'excusa auprès du capitaine d'être en retard, amicalement, en camarade :

— J'aurais été vraiment fâché de ne pas vous faire mes adieux.

Puis, continuant en s'adressant au lieutenant Bonnet :

— Comme je l'aurais été de ne 'pas vous souhaiter la bienvenue parmi nous, mon cher lieutenant.

Il ne dit rien à Devedes.

On avait apporté une coupe devant le colonel et on l'avait remplie, c'était le moment du discours ; mais la musique entama la valse de *Faust*, et aussitôt le colonel quittant la table où il s'était à peine assis, alla sur le balcon ; le régiment devait à la correction professionnelle d'écouter sa musique, et tous les officiers le suivirent, même ceux qui, jusqu'à ce moment, étaient restés à leur table.

Lorsqu'en arrivant sur le balcon il vit que l'autre extrémité était occupée, son front se plissa :

— Ah ! il y a des dames, dit-il.

Le ton de ces quelques mots et la contraction de visage qui l'accompagna marquaient clairement son mécontentement ; pour l'accentuer il resta immobile à sa place sans aller jusqu'à la grille de séparation saluer « les dames ». Personne ne souffla mot, car tout le monde savait combien il était opposé à ces invitations qui au premier du mois se traduisaient sur le bordereau de payement en une retenue pour les marquises et les liqueurs offertes aux invitées : quand un sous-lieutenant a prélevé sur les cent quatre-vingt neuf francs de sa solde, les cent soixante-dix francs de dépenses obligatoires, il ne lui reste, s'il est d'une famille pauvre, que dix-neuf francs par mois pour son entretien et ses menus plaisirs, il importe donc de ne pas l'entraîner à des prodigalités qui, si faibles qu'elles soient, n'en sont pas moins des folies.

Heureusement on ne resta pas longtemps sous cette impression : un ivrogne trompant la surveillance du sapeur chargé de défendre l'entrée par où les musiciens pénétraient dans leur carré de cordes s'était introduit dans ce carré, et campé en face du chef de musique, mais à une certaine distance il battait la mesure des deux pieds, de la tête, des épaules, du torse, des hanches d'une façon si drôlatique que quelques musiciens poussaient des éclats de rire dans leurs instruments au lieu de notes, sans que le chef osât interrompre son solo de flûte pour expulser ce fâcheux. A la fin les exclamations de la foule rappelèrent à la réalité de la consigne, le sapeur qui causait tendrement avec une amie; il accourut, prit l'ivrogne par le bras et l'entraîna, tandis que celui-ci se défendait doucement avec des gestes faciles à traduire :

— Vous savez que si je ne m'en mêle pas, ça ne va plus marcher du tout.

Cependant cela marcha et même s'acheva ; alors les officiers quittant le balcon rentrèrent dans la salle.

On reprit ses places autour des tables. Quand le calme se fut rétabli le colonel se leva :

— Messieurs, je vous demande à être votre interprète pour adresser nos adieux au camarade, à l'ami qui nous quitte. Nos vœux l'accompagneront. Je suis sûr qu'il aura un souvenir pour nous.

C'était bien là cette sécheresse qui fâchait le lieutenant-colonel ! qu'il y avait loin de ces petites phrases courtes à celle qu'il avait préparée, et qui eût produit tant d'effet : « Je suis certain de parler au nom de vous tous en serrant la main du brave capitaine Pradon... » Comme cela était plus affectueux... et aussi plus élégant; une phrase est belle en soi que diable, même quand elle ne dit rien, et la sienne en plus de sa beauté propre disait quelque chose.

Le colonel qui avait terminé son adieu au capitaine, s'adressait maintenant à Bonnet, rappelant qu'ils s'étaient connus en Afrique et exprimant sa satisfaction de recevoir dans son régiment un officier dont il avait pu apprécier les qualités sérieuses; pour Derodes, il s'était contenté d'un simple mot de bienvenue.

La réponse du capitaine fut peu écoutée, on la connaissait d'ailleurs; on était impatient d'entendre celles des lieutenants, tous deux arrivant précédés de réputations qui pour être opposées n'en excitaient que plus la curiosité; leurs anciens camarades de Saint-Cyr avaient parlé d'eux : de Bonnet, un *père système*, c'est-à-dire le premier de sa promotion, et de Derodes, un *major de queue*, c'est-à-dire le dernier de la sienne ; de la vie de travail de l'un ; de la vie de cancrerie et de bombance de l'autre; pendant quelques années, on avait suivi Bonnet en France sans qu'on vît se réaliser les espérances fondées sur lui à sa sortie de l'École; puis, il avait disparu en Algérie sans qu'on sût trop ce qu'il était devenu, pas grand'chose sans doute puisqu'il n'était encore que lieutenant de première classe ; quant à Derodes, il avait continué à faire sauter l'argent de sa famille d'une façon tapageuse qui avait éveillé des échos dans tous les régiments, et c'était là ce qui provoquait surtout les questions : « Que venait-il faire à La Feuillade où il ne trouverait pas pour s'amuser les mêmes occasions qu'à Bordeaux qu'il quittait ? Comment avait-il choisi le colonel Bayon qui n'était pas commode et exigeait beaucoup de ses officiers ? Ou s'il ne l'avait pas choisi, comment le colonel, justement parce qu'il était raide, l'avait-il accepté ? »

C'était au tour de Bonnet :

— Mon colonel, je suis touché de votre accueil ; j'espère m'en montrer digne.

Ce fut tout.

Un léger murmure courut de table en table.

— Pas bavard, Bonnet.

— Qualités sérieuses.

— Trop sérieuses.

Le lieutenant-colonel dut se retenir pour ne pas hausser les épaules : c'était comme ça qu'on les élevait maintenant ; jolie éducation.

A la table des lieutenants on questionnait ceux qui avaient été les camarades de promotion de Bonnet.

— Qu'est-ce que vous disiez donc ?

Ils persistaient dans leurs appréciations :

— Est-il donc défendu d'être discret et réservé ? Vous verrez.

Et l'on ne se défendait pas trop, car s'il n'avait pas donné ce qu'on attendait, il ne déplaisait cependant pas ; la voix était sympathique ; et s'il n'avait ni l'attitude ni le visage du héros tel qu'on le comprend généralement ; s'il n'en avait ni le romanesque, ni l'assurance, ni l'abracadabrant, il se montrait en lui un mélange de douceur, de modestie et de force accentuée qui attirait; s'il ne prétendait pas à se présenter en officier brillant, il arrivait après un court examen à se faire accepter par tous pour un militaire sur qui on est heureux de compter.

D'ailleurs, Derodes coupa court aux commentaires sur Bonnet; comment allait-il s'en tirer celui-là?

Beaucoup moins brièvement que Bonnet; il eut une phrase de compliments pour le colonel sous les ordres duquel il allait avoir l'honneur d'être placé, et une pour le régiment qu'il aurait choisi entre tous à sa sortie de l'École s'il en avait eu la liberté; tout cela assez agréablement tourné, mais d'un air auquel manquait la conviction.

La réception était finie au moins dans sa partie officielle, le colonel dit à Bonnet de venir le voir le lendemain à midi, puis il se retira pour rentrer auprès de son fils.

Alors éclata une explosion de cris, d'appels, de rires, de chants comme dans une classe d'écoliers lorsque le pion vient de sortir : on était libre, chacun pouvait s'amuser à son gré et prendre son plaisir où il le trouvait.

— Un bock.

— Une chartreuse.

Aux quatre coins de la salle on frappa les soucoupes avec les cuillères.

— Messieurs, dit le lieutenant-colonel, attendez au moins pour commencer votre boucan que la musique soit rentrée.

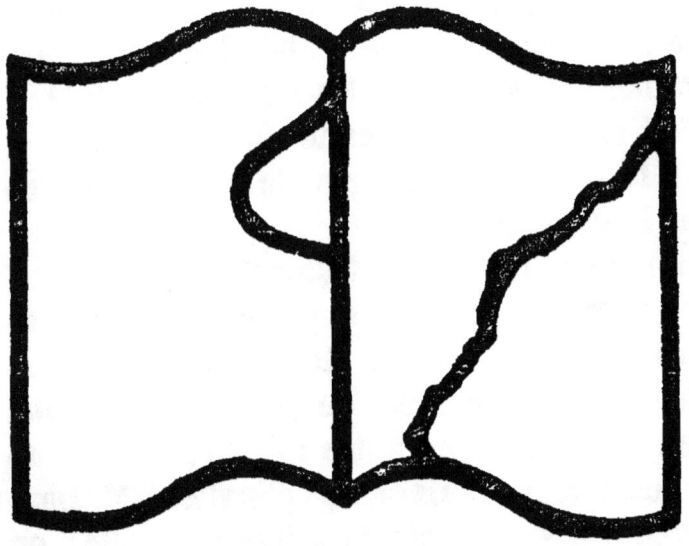

Texte détérioré — reliure défectueuse
NF Z 43-120-11

Un silence relatif s'établit, on se contenta de cri sans parler.

La table d'honneur s'était disloquée, et les bouquets avaient été enlevés. Bonnet avait été s'asseoir entre ses deux camarades de Saint-Cyr, les lieutenants Drapier et Cholet. Derodes à une autre table.

— Qu'est-ce qui a une bonne idée, originale et drôle sur la manière de finir cette petite fête ? demanda un lieutenant.

— Je propose le 10, répondit Cholet.

— Ça c'est original, et neuf, et drôle, répliqua Drapier en singeant Cholet qui était un timide. Messieurs, j'en ai une autre idée, ou plutôt j'ai mission de vous en soumettre une autre : de la part de madame de Bosmoreau je suis chargé d'inviter MM. Bonnet et Derodes à venir finir la soirée chez elle ; on dansera et l'on soupera.

— Qu'est-ce que c'est que madame de Bosmoreau ? demanda Bonnet.

— Comment, s'écria Cholet, tu ne connais pas madame de Bosmoreau, la mère de la belle Agnès ?

Et se levant il se mit à esquisser un pas au milieu de la salle en imitant les castagnettes avec ses doigts :

La belle Agnès
Fait florès,
Elle a des attraits, des vertus,
Et bien plus elle a des écus.

— Ce n'est pas elle qui a des écus, interrompit Drapier, c'est Julienne.

— Qui est Julienne ? demanda Derodes.

— La sœur aînée.
Cholet continuait :

> Tous les garçons
> Bruns ou blonds
> Lui font les yeux doux,
> Qui de nous voulez-vous pour époux ?

— Si quelqu'un doit être pris pour époux, je n'en suis pas, dit Derodes.

— On ne vous prendra pas de force.

— J'ai mission de dire à ces messieurs, continua Drapier, que ceux d'entre eux qui voudront se joindre à nous seront les bienvenus.

— Voyons Bonnet, qu'est-ce que tu décides ? demanda Cholet :

— Ce qu'on voudra, cela m'est indifférent ; rester ici, aller chez madame de Bosmoreau.

— Bonnet n'a pas sa liberté, répliqua Drapier, j'ai répondu pour lui, il est sur le menu du souper.

— Eh bien ! et moi ? demanda Derodes.

— De même j'ai répondu pour vous, vous êtes aussi sur le menu.

— Alors, il n'y a pas à nous consulter, dit Bonnet en riant.

Une discussion s'éleva ; si Drapier s'était engagé pour Bonnet et pour Derodes il n'avait point parlé au nom des autres officiers.

Les uns acceptaient d'aller chez madame de Bosmoreau, les autres refusaient ; ils avaient arrangé leur soirée pour la passer tous ensemble, ils ne voulaient pas qu'on la dérangeât.

— Les femmes ne savent qu'inventer pour tourmenter les hommes.

— Il ne fallait pas les inviter à notre réception ; elles nous rendent notre politesse.

— On ne leur demande rien.

— On soupera, on soupera, répétait Drapier en essayant d'entraîner les récalcitrants par les séductions de la table.

— Elles ne pouvaient pas remettre leur invitation à demain !

— Vous savez qu'il y a cible demain matin et qu'il faudra se lever de bonne heure, dit le capitaine Roussel, de la troisième du deux, qui profitait de toutes les réceptions pour chanter des romances sentimentales de son jeune âge et ne voulait pas qu'on lui enlevât une partie de ses admirateurs.

— Venez avec nous, capitaine, dit un jeune sous-lieutenant peu révérencieux, vous chanterez vos romances, ces dames seront très heureuses de vous entendre.

A la fin on se divisa : les uns restèrent à leurs tables, les autres passèrent dans la salle sur le balcon de laquelle madame de Bosmoreau et ses filles avaient écouté la musique.

III

Le lieutenant-colonel qui avait, depuis un certain temps déjà, rejoint sa femme sur le balcon, voulut présenter lui-même à madame de Bosmoreau Bonnet et Derodes, lorsqu'ils arrivèrent avec les autres officiers; puis, il les présenta ensuite à Julienne et à Agnès.

Bien que Bonnet eût été plusieurs fois sur le balcon pendant que la musique jouait, il n'avait remarqué ni madame de Bosmoreau, ni ses filles; ne les connaissait point, il ne les connaîtrait sans doute jamais; elles n'avaient pas d'intérêt pour lui; mais lorsqu'il fut assis près d'elles, il les examina.

Arrivée à la cinquantaine, madame de Bosmoreau conservait des restes de beauté : une parfaite correction de traits que l'âge n'avait point altérée, de la fraîcheur, des yeux superbes encore jeunes avec le sourire doux d'une femme au cœur tendre.

C'était par les yeux et le sourire que Julienne ressemblait à sa mère, mais avec quelque chose de recueilli que celle-ci n'avait point, le concentré de ceux qui ayant souffert jeunes ne se sont livrés ni aux autres, ni à eux-mêmes; avec cela un visage aimable, de beaux cheveux châtains, une taille que tout le monde à La Feuillade, citait comme un modèle, et une grâce discrète qui donnait de l'élégance aux modestes toilettes qu'elle portait toujours.

Cette simplicité de l'aînée contrastait avec la recherche de la jeune, aussi provocante, aussi triomphante dans sa beauté avenante que sa sœur était réservée; blonde celle-là, la chair carminée et veloutée comme une fleur de camélia, les lèvres sanguines, les yeux d'un bleu de saphir mâle, aux cils roux si longs et si touffus qu'en s'abaissant, ils voilaient le regard : Julienne était grande et svelte, Agnès un peu courte, grassouillette avec de mignonnes fossettes aux joues, aux épaules, aux coudes et aux mains comme un bébé bien qu'elle eût dix-neuf ans.

On se mit en route pour se rendre chez madame de Bosmoreau, et comme on arrivait sur le cours, on rencontra le receveur particulier, M. de Rosseline, un bellâtre exilé en province après plusieurs naufrages parisiens; on l'invita, et il prit sa place dans le cortège « enchanté de cette petite fête improvisée », qui allait lui donner une occasion de se coucher tard

Un peu plus loin, ce fut le sous-préfet et sa femme, M. et madame Maupec qu'on croisa; on les invita aussi, et ils acceptèrent avec les démonstrations de la joie la plus vive, car ils ne refusaient jamais rien ni personne, quoi qu'on leur offrît ou leur demandât, ayant pour principe d'administrer leur arrodissement par la bonne grâce, les promesses et les compliments éhontés; en sa jeunesse, Maupec avait été « dans la confiture », c'est-à-dire voyageur de commerce en confiserie, et depuis que les hasards de la politique l'avaient mis dans l'administration, il avait gardé les mœurs et les manières de son premier commerce ; les maires qu'il n'épatait pas par sa faconde, il les empaumait par sa bonhomie, — l'apôtre de la conciliation par la blague.

Bien que la musique militaire fût rentrée à la caserne, la foule n'avait point quitté le cours ; les allées étaient encombrées de gens heureux de prendre le frais après une chaude journée, et devant les cafés toutes les tables étaient occupées ; on s'entassait sur les bancs de la promenade ; devant les boutiques, des chaises encombraient la rue et l'on restait là à bavarder ou à bayer aux étoiles qui criblaient d'or le bleu sombre du ciel : une vraie ville d'Italie.

C'étaient le lieutenant-colonel qui avait offert son bras à madame de Bosmoreau ; derrière eux venaient tous les invités ; en tête marchaient Julienne et Agnès, ayant à côté d'elles, l'une Bonnet, l'autre Derodes, et tout en passant au milieu des groupes, Julienne expliquait au lieutenant les habitudes de farniente de son pays natal, qu'elle lui faisait connaître avec des développements précis et originaux.

Entre Agnès et Derodes, ce n'était point de La Feuillade qu'il était question, et quand de temps en temps, à des intervalles qui correspondaient aux silences de Julienne, Bonnet prêtait l'oreille à ce que disait Agnès il entendait qu'elle interrogeait Derodes sur son pays et sa famille.

— Ah ! vous êtes du département du Nord ; je ne connais pas le Nord. — Près de Douai ?

Il n'entendait pas les réponses de Derodes, mais aux

questions d'Agnès il pouvait à peu près les deviner.

— Alors, c'est toute espèce de verres qu'on fabrique dans une verrerie, des glaces, des vitres, des bouteilles ? Ah ! je sais qu'on ne déroge pas pour être verrier !

Derodes s'amusait donc à faire accroire à cette jeune fille qu'il était d'une famille noble ? Riche oui, Bonnet le savait comme tout le monde ; mais il n'avait pas entendu dire que les Derodes eussent la noblesse avec la fortune, ce qui d'ailleurs lui était parfaitement indifférent.

Ils avaient quitté la partie bruyante de la ville pour entrer dans un quartier désert, la rue aux pavés sertis d'herbe, montait entre une double rangée de maisons habitées bourgeoisement.

Au haut de cette rue, ils s'arrêtèrent devant une porte cochère dont le plein cintre s'arrondissait dans la façade d'une belle maison à deux étages : ce fut Agnès qui leva le marteau en fer ciselé et frappa rapidement plusieurs coups.

La porte ouverte, ils se trouvèrent dans une cour intérieure, fermée de trois côtés par des bâtiments et du quatrième en face l'entrée par un petit mur d'appui à balustre, au-dessus duquel la vue se perdait dans les profondeurs du ciel où la lune commençait à monter. Il y avait là, un effet bizarre dont on ne se rendait pas compte tout de suite. Mais Julienne et Agnès aussitôt arrivées ayant abandonné les officiers, Bonnet put s'approcher de ce mur. Construit sur un rocher qui descendait jusqu'à la rivière il formait le point culminant de la ville, et comme les pentes du terrain étaient trop raides pour qu'on n'y eût accroché des maisons, le regard se promenait librement au-dessus de la cime des peupliers plantés le long du cours sinueux de la rivière et remontait au delà sur les pentes des prairies, des champs et des bois. Cela formait un panorama que la nuit bornait trop étroitement de ses ombres confuses, mais qui, sous la pleine lumière du soleil devait se présenter à souhait pour les fenêtres de cette maison et surtout pour sa terrasse. La situation était vraiment superbe et ceux-là qui avaient simplement parcouru les rues de La Feuillade en curieux ne pouvaient pas s'imaginer que derrière les façades banales ou les murs qu'ils voyaient au delà de ce rideau insignifiant, se trouvait quelque chose d'aussi joli que cette cour tapissée de rosiers, avec le magnolia qui occupait son extrémité et les orangers alignés le long du balustre.

Julienne et Agnès qui étaient entrées dans la maison, tandis que tout le monde restait dans la cour, reparurent presque aussitôt au haut du perron.

— Mesdames et messieurs, dit Agnès en étendant la main avec un geste d'orateur, nous devons vous consulter; où voulez-vous que nous dansions? Dans le salon, ou dans le cloître?

— Dans le cloître, répondirent toutes les voix, excepté celles de Bonnet et de Derodes.

Ne connaissant pas la maison ils ne savaient pas ce que c'étaient que le cloître, et n'imaginaient pas trop bien que d'un cloître on fit une salle de danse.

— Alors, continua Agnès, ces messieurs vont bien vouloir nous aider à disposer l'illumination.

Et, s'adressant à un domestique qui tenait une lampe près d'elle :

— Jean, apportez les lanternes.

Presqu'aussitôt Jean parut chargé d'une grande corbeille pleine de lanternes en papier et derrière lui arriva Julienne portant une petite caisse de bougies; alors on entra dans le cloître.

A l'angle droit de la cour se trouvait une voûte que dans l'obscurité Bonnet avait prise pour l'entrée d'une remise, mais lorsque des lampes eurent été apportées il vit que cette voûte était un porche et que cette remise était une ruine. Autrefois s'élevait là une chapelle gothique dont la toiture s'était effondrée, mais dont les murailles étaient restées debout. Au lieu de démolir ces murailles on les avait conservées et maintenant elles étaient tapissées de vignes-vierges, de passiflores et de plantes grimpantes qui égayaient de guirlandes de feuilles et de fleurs naturelles les fleurs et les feuilles de pierre de sa décoration architecturale. Au pied des murs couraient d'étroites plates-bandes où des fougères dressaient leurs frondes légères et des lierres s'accrochaient aux meneaux des fenêtres ogivales qui s'ouvraient du côté de la rivière.

Comme il y avait des clous enfoncés dans les murs et des fils de fer tendus çà et là, il était facile de suspendre les lanternes; ce à quoi s'employaient le sous-préfet, le receveur particulier et les jeunes officiers Drapier, Cholet, Derodes qui les prenaient tout allumées des mains de Julienne, d'Agnès et des jeunes femmes; quand une lanterne était portée ou suspendue de travers, le papier s'allumait et alors c'étaient des cris et des exclamations contre la maladresse du coupable.

— Allez chercher les pompiers.

— Sonnez le tocsin.

— Si encore il y avait du vent, mais pas la moindre brise.

— Cholet, vous avez manqué votre vocation, vous auriez dû entrer dans les artificiers.

— Je l'aimerais mieux dans les dégraisseurs, il enlèverait les taches de bougie de mon dolman.

Bien entendu, les chefs ne prenaient pas part à cette récréation de l'allumage, retenus sur leurs chaises par leur grandeur autant que par leur âge.

Le baron La Hontan était resté avec sa femme dans la cour et comme ils n'avaient personne autour d'eux ils s'entretenaient librement : il lui racontait comment au moment où le colonel l'avait prévenu qu'il ne pourrait peut-être pas assister à la réception, il aurait bien voulu la consulter.

— Positivement, j'avais peur de m'embrouiller, mais je m'étais préparé et j'avais une phrase qui, je crois, aurait produit son effet.

— N'en doutez pas, colonel.

— « Messieurs, je suis certain de parler au nom de vous tous en serrant la main du brave capitaine Pradon. » Comment trouvez-vous ça ?

La baronne avait pour principe de ne jamais contredire son mari et d'applaudir à tout ce qu'il faisait comme tout ce qu'il disait.

— Très joli, répondit-elle.

— A propos, vous savez qu'il s'appelle Derodes, notre nouveau lieutenant. Avez-vous trouvé quelque chose?

— Je n'ai pas cherché.

— Eh bien! vous pouvez chercher. Je crois que vous ne trouverez pas, car moi je me suis creusé la cervelle et ça été inutilement.

Ce que le baron avait cherché et ce qui lui avait fait se creuser la cervelle inutilement, c'était d'ajouter au nom de Derodes un mot ou une phrase qui lui donnât un sens. Pour lui et pour la baronne il y avait là un amusement inépuisable qui occupait leurs tête-à-tête. Et il était peu de noms dans le régiment qu'ils n'eussent ainsi arrangés, ou plutôt que la baronne n'eût arrangés, car pour le lieutenant-colonel, le plus souvent, pour ne pas dire toujours il se creusait la cervelle... inutilement comme il l'avouait. C'était ainsi que le colonel était devenu « Aux corneilles » — Bayons aux corneilles, — le commandant Collas « la Benzine », le capitaine Bontemps « Roger », le capitaine Roussel « Cadet » le lieutenant Cholet « Mouchoir » — mouchoir de Cholet — le lieutenant Drapier « d'Elbeuf «, pas de Sédan à cause du souvenir que Sédan évoquait.

— Vous chercherez, vous chercherez, dit-il d'un air de défi.

— C'est inutile : « Colosse. »

— Comment, Colosse! Vous n'y êtes pas, ma chère, mais pas du tout, du tout : Derodes n'est pas un colosse.

— Non; mais il est Colosse de Rhodes!

Le lieutenant-colonel resta un moment abasourdi, puis il partit d'un formidable éclat de rire :

— Admirable. Il n'y a que vous. Quand vous avez trouvé que le lieutenant Bonnet, qui a commencé ses études pour être prêtre, a changé son bonnet d'évêque pour un bonnet de police, j'ai cru que vous ne feriez jamais mieux ; mais « Colosse de Rhodes » c'est admirable, admirable !

IV

Tout en travaillant à suspendre les lanternes, Bonnet avait remarqué une vieille femme qui allait et venait, entrait, sortait en adressant un mot ou un sourire à chacun, mais sans que personne lui parlât.

Elle paraissait âgée de soixante-dix à soixante-douze ans, vigoureuse encore dans sa sécheresse, droite et alerte, mais vieillie par sa robe de mérinos noir et son bonnet de tulle noir comme la robe. La physionomie était avenante avec quelque chose de placide, malgré la mobilité de deux yeux ardents en qui la vie semblait s'être concentrée. Comme il l'examinait avec une curiosité sympathique, il vit qu'elle portait attachés au bout de deux cordons passés à la taille comme ceux des couturières, un carnet et un crayon qui pendaient le long de sa robe ; que pouvait-elle faire de cela ?

Il le sut bientôt.

C'était à lui d'accrocher la dernière lanterne que Julienne lui tendait ; lorsqu'elle fut en place et qu'il se retourna il se trouva en face de la vieille femme.

— Et moi, dit Julienne, qui n'ai pas pensé à vous présenter à grand'maman.

Puis tout de suite elle ajouta vivement :

— Elle est sourde, ne soyez pas étonné si elle ne répond pas à propos.

Et prenant le carnet ainsi que le crayon le long de la robe de sa grand'mère, elle écrivit vivement quelques mots qu'elle prononça en même temps pour que Bonnet les entendît.

— Monsieur le lieutenant Bonnet, qui arrive d'Afrique.

La vieille femme avait pris son face-à-main et, en même temps que sa petite-fille écrivait, elle lisait; son visage s'éclaira d'un sourire parlant :

— Vous êtes de ce pays, monsieur? demanda-t-elle.

— Non, madame, de la Vendée.

Juliette écrivit la réponse à mesure que Bonnet la prononça.

— Eh bien! nous tâcherons de vous rendre ce pays agréable, c'est le nôtre, le mien, celui de ma fille et de mes petites-filles.

— Grand'maman s'appelle madame Amilhau, dit Julienne.

— Comme elle a l'air bon!

— Elle dit que quand on est infirme on doit se le faire pardonner en se faisant aimer, parce qu'on ne voit ni les défauts ni les infirmités de ceux qu'on aime.

Madame Amilhau avait regardé Julienne et Bonnet pendant ce court dialogue, mais sans l'entendre; alors, avec son meilleur sourire :

— Comme il y fait chaud, n'est-ce pas? dit-elle.

Bonnet resta interloqué tandis qu'Agnès, qui le regardait, partit d'un gros éclat de rire.

— Je suis sûre, dit-elle, que c'est une réponse en retard de grand'maman qui vous stupéfie.

Julienne fit un signe fâché à sa sœur, mais celle-ci continua :

— De quoi parliez-vous il y a quelques minutes? de quel pays.

— De la Vendée, de l'Afrique, répondit Bonnet.

— C'est bien cela, poursuivit Agnès en riant, grand'maman est restée en Afrique, et c'est en Afrique qu'il fait chaud; ne soyez pas surpris, cela arrive souvent, personne n'y fait attention.

Si madame Amilhau n'avait pas entendu, elle avait à peu près compris :

— Pardonnez-moi, dit-elle à Bonnet, je suis sourde, cela fait que je réponds souvent à tort et à travers, je ne devrais jamais parler.

Julienne prit le carnet de la grand'mère et écrivit :

« C'est quand tu dis de pareilles choses que tu devrais ne pas parler. »

Et elle accompagna ces quelques mots d'un sourire affecteux.

Alors la vieille femme se mit à sourire aussi, et s'adressant à Bonnet :

— C'est une bonne fille, dit-elle d'un ton caressant et avec la joie évidente de trouver quelqu'un à qui elle pouvait faire l'éloge de Julienne.

Si charmante que fût cette illumination dans cette salle de verdure et de fleurs sous ce beau ciel du Midi doux et lumineux, elle ne suffisait pas pour faire danser ; où était le piano? où était l'orchestre? des musiciens allaient-ils apparaître?

Comme Bonnet se posait cette question, une porte à deux vantaux, qu'il n'avait pas aperçue, s'ouvrit derrière lui, et il vit qu'elle donnait sur un salon qui, par elle, communiquait avec ce cloître; le domestique roula un piano dans l'embrasure, et sur le tabouret ce fut la vieille madame Amilhau qui s'assit.

— Comment, c'est cette pauvre vieille qui va nous faire danser? dit-il à Cholet qui se trouvait en ce moment près de lui.

— Et très bien, tu vas voir.

En effet, madame Amilhau tira des profondeurs de ses poches deux paires de lunettes, et après les avoir posées sur son nez en les assurant, elle joua la ritournelle d'une contredanse.

Bonnet se demandait qui il devait inviter et s'il était convenable qu'il s'adressât aux filles de la maison, mais ayant vu Derodes amener Agnès, il n'hésita plus et alla à Julienne, qui après avoir installé sa grand'mère arrivait en se hâtant; elle accepta et le quadrille commença : le lieutenant-colonel dansait avec madame de Bosmoreau, la baronne La Hontan leur faisait vis-à-vis avec le sous-préfet; l'âge était oublié; on était venu pour s'amuser, et plus il y aurait de danseurs, plus il y aurait de plaisir, — au moins c'était la raison que donnait le lieutenant-colonel, heureux et fier de faire le jeune homme, mais sans l'avouer, — il se dévouait, parfaitement il se dévouait, comme se dévouaient, avec lui ceux qui avaient passé l'âge de la danse.

Qu'il était beau à voir, les épaules effacées, le torse cambré, la tête haute, souriant et triomphant! Comme l'on comprenait bien que sa femme, qui était riche, l'eût épousé pour sa prestance, bien qu'il n'eût rien et ne fût qu'un simple lieutenant de la garde impériale; elle eût pu passer en revue l'armée française entière sans trouver un seul officier qui fût au même degré que lui la réalisation du type colonel à cette époque. Et ce n'était pas lui qui était colonel; c'était « Aux corneilles », ce Lorrain gringalet qui n'avait pas le moindre prestige.

Le hasard avait placé Julienne et Bonnet à côté du piano et ils voyaient madame Amilhau, penchée sur son cahier, s'appliquer comme si sa réputation et sa vie avaient dépendu de son exécution. Sa surdité l'empêchant de s'entendre jouer, elle comptait, pour garder la mesure, et comme elle ne s'entendait pas davantage parler, il arrivait qu'à certains moments, sa voix couvrait la musique : *Uneu, deusseu, troisseu*.

Quand après le quadrille on demanda une valse, Julienne prit le carnet de sa grand'mère et écrivit dessus : « Valse »; aussitôt madame Amilhau tourna les pages de son cahier, assura bien ses deux paires de lunettes sur son nez, et se mit à jouer : *Uneu, deusseu, troisseu*

— Mais votre grand'maman ne va pas toujours, jouer, dit Bonnet en dansant un nouveau quadrille avec Julienne.

— Quand elle sera fatiguée je la remplacerai.

— Si vous avez besoin d'un suppléant, je me mets à votre disposition.

— Ah ! vous êtes musicien.

— Tout juste assez pour faire danser ; quand j'étais jeune j'ai eu autre chose à faire qu'à travailler le piano, et depuis je n'ai pas eu de piano, c'est un meuble qui manque dans les chambres des sous-lieutenants.

— Il y a une chose qui ferait bien plaisir à grand maman, je n'ose trop vous le dire.

— Je vous en prie, dites-le, mademoiselle, vous ne sauriez croire combien je serais heureux de lui être agréable, tant elle m'inspire de sympathie respectueuse.

— Ce serait de jouer à quatre mains avec elle un ou deux quadrilles.

— Très volontiers, autant de quadrilles, de valses, de polkas qu'elle voudra.

— Si son âge l'empêche de danser, ne vous semble-t-il pas que c'est trop la traiter en vieille que de la laisser toute seule au piano pendant que nous nous amusons.

— En tout cas, c'est un dévouement bien rare de sa part, et bien touchant.

— N'est-ce pas que c'est un crime chez ceux qui sont jeunes, d'écarter les pauvres vieux, comme si l'âge ne faisait plus d'eux qu'un objet d'embarras et de honte.

C'était là un sujet de conversation assez bizarre pour une jeune fille et un jeune officier qui à chaque instant étaient interrompus par les figures de la contredanse.

— Si vous jouez à quatre mains avec grand'maman, elle ne pourra pas s'imaginer qu'elle est traitée en vieille, si toutefois il est possible qu'elle s'affecte d'une pareille idée.

Balancez.

— Soyez certaine, mademoiselle, que ce sera avec un réel plaisir que je prendrai place auprès de madame votre grand'mère.

Cavalier seul.

— Vous avez votre grand'mère, monsieur?

— Non, mademoiselle, je n'ai même plus ma mère.

En avant quatre.

— Moi, je n'avais pas un an quand mon père est mort.

Galop.

Car, à La Feuillade, on danse encore le galop, non-seulement pour la plus grande joie des jeunes, mais aussi pour la gloire des essoufflés qui tiennent à prouver qu'ils ne le sont pas et ne le seront jamais.

C'était dans le galop que le lieutenant-colonel était vraiment superbe et triomphant; ah! s'il avait eu encore ses épaulettes; mais quel effet voulez-vous qu'un officier produise en dolman, même quand il est bel homme, même quand il est plus que bel homme, — ce qui était son cas... incontestablement.

Le quadrille terminé, Julienne s'approcha de sa grand'mère accompagnée de Bonnet; elle prit le carnet et écrivit :

— M. le lieutenant Bonnet veut jouer une valse avec toi.

Un sourire déplissa le visage ridé de la vieille femme :

— Que M. Bonnet s'amuse à danser, c'est de son âge.

— Que voulez-vous que j'écrive? demanda Julienne.

— Que cela m'amusera de jouer une valse

Julienne écrivit ce qu'il disait :

— Monsieur est trop aimable, répliqua madame Amilhau.

Agnès, qui s'était approchée, demanda de quoi on parlait; sa sœur la mit au courant.

— M. Bonnet est un brave, dit-elle en riant.

Puis, prenant le carnet de sa grand'mère, elle écrivit :

— Accepte, cela fera plus de bruit.

Assis au piano à côté de la grand'mère, Bonnet se trouva en meilleure position pour voir les danseurs, que quand il dansait lui-même : la porte du salon formait une sorte de mise au point et le cloître avec ses murailles vertes et fleuries, ses guirlandes de lanternes, son plafond bleu, étoilé, ses fenêtres blanchies par la lumière argentée de la lune qui contrastait avec la flamme rouge des bougies, son tourbillonnement de valseurs présentait un petit tableau tout à fait charmant, étrange et original.

Ce qui le frappa en examinant les groupes avec

plus d'attention, ce fut la grâce avenante et provocante d'Agnès; elle allait de danseurs en danseurs et avec son visage épanoui, son sourire engageant, elle faisait penser à l'Amour dont parle le poète : « Chacun en a sa part et tous l'ont tout entier »; aimable pour tous, elle l'était autant pour celui-ci que pour celui-là, aussi bien pour le lieutenant-colonel que pour le sous-lieutenant, pour les vieux que pour les jeunes, mais aucun ne pouvait se vanter d'être le préféré. M. de Rosseline qui paraissait avoir la prétention de l'accaparer en vertu de sa supériorité de Parisien sans doute, en fut plus d'une fois pour ses avances: comme les autres, pas plus que les autres.

A n'écouter que les jeunes officiers et toutes les femmes, on eût dansé jusqu'au jour; mais le lieutenant-colonel, le commandant Collas, le capitaine La Genevrais, qui n'avaient plus vingt ans, rappelèrent qu'on devait se lever de bonne heure le matin, et l'on passa dans la salle à manger, où pendant qu'on dansait, le souper promis par Drapier avait été servi : une dinde froide, un beau filet glacé, un de ces magnifiques pâtés de foie de canards qui sont la gloire de La Feuillade, et du vin blanc de la récolte de mademoiselle Julienne Dorat.

Comme toujours, Julienne s'assit à la gauche de sa grand'mère, de manière à écrire tout de suite ce qui dans la conversation pourrait intéresser la vieille femme, et elle invita Bonnet à prendre place à côté d'elle

V

On sortit tous en même temps, mais bientôt on se dispersa, chacun tirant de son côté, pour prendre le chemin qui conduisait le plus directement chez soi. Bonnet et Drapier demeurant à l'autre bout de la ville, firent route ensemble, réglant leur pas sur celui de madame Drapier qui se trouvait dans une position intéressante assez avancée.

— Tu vois ce que c'est que le mariage, dit Drapier à son camarade; ma femme a eu des jambes pour danser, valser, polker, et elle aurait continué sans se plaindre jusqu'au jour; elle n'en a plus pour marcher, il va falloir la traîner.

— C'est le pavage qui est mauvais, répondit-elle doucement.

A la vérité, le pavage formé de cailloux ronds pris dans le lit de la rivière est cruel pour les pieds, mais ce qui, plus encore que ces cailloux lui dictait cette réponse, c'était le désir d'adoucir son mari.

— Quand on est légère, dit-elle, sur le même ton, les cailloux ne paraissent pas durs, mais quand on est lourde et maladroite!

— Ah! voilà, répliqua Drapier sèchement, quand on est maladroite.

Bonnet qui les savait mariés depuis dix mois à

peine et qui trouvait la jeune femme sinon très jolie, au moins agréable et sympathique, fut surpris de cette aigreur et de cette raideur chez son ancien camarade ; autrefois Drapier était de caractère facile, d'humeur égale, bon garçon. Qu'avait-il donc?

C'était pendant les grandes manœuvres que Drapier avait connu sa femme. Un soir, il avait été logé dans une belle ferme; à table, il avait trouvé une jeune fille, plus distinguée, plus instruite, plus élégante de manières et d'esprit que ne devait l'être une fille de paysans ; le père paraissait un brave homme cossu, rond et franc, la mère, la meilleure femme du monde ; il y avait de beaux bœufs à l'étable, de beaux chevaux dans l'écurie, les greniers étaient pleins, les équipages en bon état, les terres bien cultivées. La jeune fille avait produit sur lui une agréable impression et il avait eu la satisfaction de voir qu'il en produisait une non moins vive sur elle. Il était revenu une fois pour chasser.

Puis une autre encore. Justement il commençait à en avoir assez de la vie de pension et de café; la solitude lui pesait; l'exemple de plusieurs de ses camarades qui s'étaient récemment mariés l'attirait. Pourquoi ne ferait-il pas comme eux. Cette jeune fille était décidément charmante, et par la réflexion, par l'éloignement et l'absence, il avait découvert en elle toutes sortes de qualités qu'il n'avait pas vues tout d'abord. Sans doute, elle ne lui donnerait pas la fortune qu'il avait rêvée dans ses journées de grandes espérances, mais au moins elle lui assurerait une solide aisance, — ce qui était tout ce qu'il pouvait raisonnablement exiger, puisqu'il n'avait lui-même que des dettes.

Le mariage s'était fait. Mais au lieu de l'aisance sur laquelle il comptait, Drapier n'avait eu que la misère : la dot règlementaire de trente mille francs garantie par une hypothèque fictive n'avait point été versée, les intérêts n'étaient point payés, le beau-père qui semblait cossu, rond et franc, était ruiné et de plus un paysan retors; ses dettes de garçon s'étaient grossies de celles qu'il avait faites pour organiser un intérieur à sa femme, un salon auquel elle tenait par-dessus tout et dont elle lui avait parlé pendant le temps de la cour. C'était la misère et les déceptions qui avaient amené cette aigreur et cette raideur dans les rapports du mari et de la femme, et cette douceur résignée dans ceux de la femme et du mari.

Ne voulant pas laisser la querelle se continuer, Bonnet essaya de faire une diversion en parlant d'autre chose.

— Quelle aimable maison nous venons de quitter, dit-il.

— C'est toujours comme ça, répondit Drapier.

— La belle Agnès a produit son effet, dit madame Drapier.

— Elle est très bien, mais j'aime autant l'aînée, répliqua Bonnet.

— Bravo, s'écria Drapier, tu es un garçon pratique, toi, tu vas au solide, au certain ; c'est elle qui a le sac, tu sais, et en fait de mariage c'est le sac qu'il faut considérer avant tout.

Cela fut dit avec une amertume qui surprit Bonnet :

— Comment vas-tu t'imaginer que je peux penser au sac de mademoiselle... c'est Dorat qu'elle s'appelle, n'est-ce pas ?

— Julienne Dorat.

— ... Les sacs et moi nous n'avons jamais rien eu de commun.

— Ça peut commencer, et je le souhaite pour toi.

— N'est-ce pas que mademoiselle Julienne avec sa douceur, son affabilité, sa bonne humeur, est vraiment charmante, dit madame Drapier.

— Ce qui m'a touché en elle, c'est ses prévenances, sa tendresse et son respect pour sa grand'mère. La façon dont on agit avec les vieux, trop souvent maintenant, me fâche. Les laisser dans leur coin, ne pas faire attention à ce qu'ils disent, ne pas leur répondre quand ils parlent, les traiter comme s'ils étaient déjà des momies, avec indifférence ou ennui, quand ce n'est pas avec dédain, cela me blesse.

— Ce qu'il y a de mieux dans les prévenances de la douce Julienne, c'est qu'elle n'a rien à attendre de sa grand'mère, dit Drapier ; la bonne vieille n'a rien, pas plus que madame de Bosmoreau, d'ailleurs, pas plus que la belle Agnès.

— Alors, la propriétaire vraie de cette agréable maison est mademoiselle Julienne ?

— Justement, c'est elle qui nous a donné à souper, répondit Drapier.

— Et à danser, continua sa femme.

— La Bourgogne vivait heureuse, déclama Drapier d'un ton mélo-dramatique, c'est-à-dire — continua-t-il simplement — qu'il y a vingt-cinq ans, un brave homme de juge au tribunal de La Feuillade était le mari d'une brave femme, — madame Amilhau, que tu viens de voir ; ils avaient une belle fille à marier, mais comme dans la chanson, sans un sou à lui donner. Cette pauvreté n'effraya pas un jeune propriétaire du pays, M. Dorat qui, en terres, vignes, bois, prés et en maisons, — celle où nous venons de passer la soirée lui appartenait, — jouissait d'une vingtaine de mille francs de rente. Séduit par la grâce et la beauté de mademoiselle Amilhau, il demanda sa main; il fut accepté avec enthousiasme et par la jeune fille et par les parents, je n'ai pas besoin de le dire, n'est-ce pas? Ce Dorat, fils de bourgeois issus de paysans, n'avait pas reçu de ses ancêtres que des rentes; ils lui avaient transmis aussi une forte dose de prudence et de calcul. S'il voulait bien, entraîné par l'amour, épouser une fille sans dot, c'était en prenant des précautions pour que sa fortune ne se trouvât jamais compromise. De bons notaires arrangèrent un bon contrat de mariage en conséquence, sans que le juge pût défendre les intérêts de sa fille qui, en réalité, n'en avait point à ce moment puisqu'elle n'apportait rien. Ce serait à elle de se faire donner plus tard par testament ce que son contrat de mariage ne lui donnait point. Il est probable qu'elle eût réussi, aimable et intelligente comme elle l'était, si le temps l'eût permis. Mais il y avait à peine un an qu'il était marié, que M. Dorat fut emporté par une maladie inflammatoire si violente et si rapide qu'il ne put pas faire de testament. Il laissait pour unique héritière sa fille,

Julienne Dorat, âgée de deux mois. Voilà donc madame Dorat sans un sou.

— Elle avait au moins la jouissance de la fortune de sa fille, interrompit Bonnet.

— Parfaitement ; je vois que tu connais la loi ; nous allons voir maintenant si tu la connais dans ses finesses et ses exceptions.

— Cela non, bien sûr.

— Attends un peu. Bien que tu aies fait connaissance de la mère de Julienne et d'Agnès aujourd'hui seulement, tu as dû la juger pour ce qu'elle est réellement : une bonne femme, au caractère facile, faible d'esprit et plus faible encore de cœur ; de plus à ce moment elle était de complexion sentimentale et amoureuse, n'ayant pas eu le temps d'user son besoin d'aimer dans un mariage qui avait peu duré, — une simple lune de miel. Deux ans après la mort de son mari, elle rencontra un capitaine de cuirassiers qui appartenait au même type que notre lieutenant-colonel — la prestance — avec l'auréole du casque en plus et de la particule : M. de Bosmoreau. Il n'eut qu'à paraître : « En avant » ; elle fut vaincue, et d'autant plus facilement que déjà sa tête n'était pas très solide. Une jeune veuve, vingt mille francs de rentes pendant quinze ans, il y avait de quoi allumer M. de Bosmoreau, qui approchait de la quarantaine et était ruiné depuis longtemps, ruiné à plat. On marcha vite au mariage, d'un même pas, le cuirassier et la veuve. Tu ne m'interromps pas.

— Pourquoi ?

— Puisque tu connais la loi.

— Je ne vois rien dans la loi qui soit contraire à ce que tu racontes.

— Cela prouve que tu connais la loi comme la connaissaient le capitaine et la jeune veuve, et comme je la connaissais moi-même avant qu'on m'eût raconté cette histoire. Les voilà donc au moment du mariage ; c'est alors qu'éclate une bombe : embusquée dans un article du Code, il y a une petite phrase à l'air innocent qui dit que la jouissance de la fortune des enfants cesse à l'égard de la mère dans le cas d'un second mariage. Mais ils sont si avancés qu'ils n'osent ni l'un ni l'autre reculer : la veuve aime son beau cuirassier, M. de Bosmoreau est chevaleresque quand la peur du ridicule le pousse, le mariage se fait et madame de Bosmoreau n'a plus pour vivre que la pension que lui alloue le conseil de famille de Julienne et qui doit servir à l'éducation de celle-ci. Tu comprends que si largement qu'ait été établie cette pension, elle n'a pas absorbé les revenus de la jeune fille ; la part non dépensée a été placée tous les ans et c'est ainsi que sa fortune, qui n'était que d'une vingtaine de mille francs de rente à la mort de son père, s'élève aujourd'hui à trente ou trente-cinq mille. Ç'a été seulement lorsqu'elle a accompli ses dix-huit ans qu'a commencé l'agréable existence dont tu as eu un échantillon ce soir. Jusque-là on avait vécu petitement dans les villes où le capitaine, passé chef d'escadrons, avait tenu garnison. Maîtresse de sa fortune, Julienne a voulu dépenser ses revenus au profit des siens et l'on est revenu à La Feuillade ; malheureusement, le cuirassier n'a pas joui de cette bonne aubaine, il est mort peu de temps après.

— Pas de chance.

— Maintenant, tu vois que j'avais raison de te prévenir que c'était Julienne qui avait le sac. Cependant tu dois savoir au cas où la belle Agnès t'aurait séduit...

— Mais personne ne m'a séduit, je n'ai jamais pensé à me marier, le mariage n'est pas dans mes idées de soldat.

— ... Enfin, tu dois savoir que la belle Agnès n'est cependant pas une misérable, car Julienne lui donne une dot de 100,000 francs.

— La brave fille !

— Elle l'aime beaucoup ; elle a joué à la sœur aînée avec elle, à la maman, elle l'a élevée, instruite, et elle peut d'autant moins la lâcher maintenant que la mère, pour certaines raisons, ne compte pas.

— Enfin, il y a bien des sœurs qui n'en feraient pas autant.

— Possible ; pour moi je t'avoue que je ne m'extasie pas devant les gens généreux ; s'ils le sont, c'est qu'ils y trouvent leur plaisir.

— C'est un autre point de vue.

En causant ainsi ils étaient arrivés sur le Cours où la musique avait joué ; bien entendu, à cette heure avancée il était désert, mais non silencieux comme les rues qu'ils avaient suivies : de loin on entendait des éclats de voix et sur le sable des allées s'abattaient des nappes de lumière qui jaillissaient de la salle dans laquelle avait eu lieu la réunion.

— Tout le monde n'est pas encore parti, dit Bonnet.

Une voix chanta :

> Ah! que Venise est belle!

— Ça, dit Drapier, c'est le capitaine Roussel qui chante les romances de 1830.

En même temps une autre voix chanta :

> Porteur d'eau bien en colère
> S'en fut chez le commissaire :
> — Qu'est-ce qui paiera ma voie d'eau
> Ah réguinguette
> Qu'est-ce qui paiera ma voie d'eau
> Ah réguinguau

— Celui-là, dit Drapier, c'est le major Montariol, le capitaine est sentimental, le major est rigolo ; ils se répondent ainsi comme les bergers des idylles.

Ils s'étaient arrêtés pour regarder les fenêtres. Deux bourgeois portant leur sac de nuit à la main et allant prendre le chemin de fer passèrent devant eux ; il y en eut un qui leva la tête vers les fenêtres.

— Si c'est possible, murmura-t-il

VI

A midi, Bonnet sonnait à la porte du colonel, reconnaissable entre toutes par la guérite qui la flanquait en obstruant le trottoir.

Le colonel était sorti, mais il avait dit qu'il rentrerait bientôt et que les personnes qui se présenteraient pouvaient l'attendre.

On fit entrer Bonnet dans une pièce du rez-de-chaussée, une sorte de bureau ou de cabinet de travail encombré de dessins, paperasses, de cartes, et pour passer le temps il alla machinalement regarder par une fenêtre qui donnait sur un petit jardin ou plutôt sur une cour intérieure au centre de laquelle était planté un arbre, avec çà et là quelques arbustes courant au pied des murs; les deux battants de cette fenêtre étaient ouverts, mais un store en jonc était baissé et le bureau se trouvait dans l'ombre.

Il y avait quelques minutes que Bonnet était là lorsqu'il vit entrer dans la cour un enfant de six à sept ans suivi d'un animal aux formes sveltes, aux beaux yeux doux qui eût peut-être étonné un simple Français, mais qu'un Africain comme lui devait reconnaître tout de suite pour une gazelle. Aussi, ce ne fut-il point à l'animal qu'il prêta attention, ce fut à l'enfant : le petit Daniel, assurément le fils du colonel, un joli gamin maigriot, délicat avec des longs cheveux blonds bouclant sur les épaules et des yeux bleus presque aussi doux, presque aussi beaux que ceux de la gazelle, mais plus vifs, plus pétillants, toujours en mouvement; il était coiffé d'un képi à galons d'or et, suspendu à un ceinturon, il portait un sabre de fer-blanc. Il s'assit au pied de l'arbre et pendant quelques instants, il joua avec la gazelle, mais il en eut bientôt assez, alors il appela :

— Leplu.

Une voix répondit :

— Voilà, monsieur Daniel, voilà.

Un sapeur, un rengagé, entra dans la cour, les mains dans le rang, les pieds en équerre.

— Qu'est-ce qu'il y a, qu'est-ce qu'il y a, monsieur Daniel?

— Tu vas conter la Bérézina.

— Pas t'aujourd'hui, monsieur Daniel, il n'y a vraiment pas moyen ; vous savez rapport à la cible d'à matin, la chaleur, la poussière, la voix n'y serait pas.

Daniel haussa les épaules.

— Vieux brisquart, dit-il.

— Ah ! monsieur Daniel.

Sans lui répondre, l'enfant appela :

— Françoise.

Ce fut une cuisinière ceinte de son tablier de toile blanc qui arriva.

— Apporte un verre de vin blanc pour Leplu, tu entendras la Bérézina.

— Je veux bien apporter un verre de vin pour ce brave Leplu, mais quant à la Bérézina, vous savez, je l'ai déjà entendue plus de dix fois.

— Ça ne fait rien.

La cuisinière revint bientôt avec un verre plein que le sapeur avala d'un trait, sans se reprendre pour respirer.

— Vous savez, monsieur Daniel, dit-il, que ce n'est pas pour le vin, c'est rapport à la voix, vu que c'est au nom de Napoléon Ier, empereur des Français, que je va t'avoir l'honneur de parler.

Comme le sapeur allait commencer son récit, Daniel, d'un geste, lui ferma la bouche :

— Attends un peu ; il faut que je pose un factionnaire pour que nous ne soyons pas dérangés.

— Ça se comprend.

L'enfant alla dans l'écurie chercher un énorme lapin et le faisant asseoir sur son large derrière, il lui mit dans les pattes de devant un petit fusil :

— La consigne est de ne laisser entrer personne.

— Quand même ce serait le petit Caporal, ajouta Leplu.

— Le mot de passe : « France et Lorraine ».

Toutes les précautions de Daniel n'étaient pas prises, il alla à la cuisine et il en rapporta dans ses bras un gros chat d'Afrique qui avait bien plus l'air d'une petite panthère que d'un chat domestique : le corps plus court, la tête plus forte, la queue épaisse dans toute sa longueur au lieu de s'amincir à l'extrémité et annelée de noir, le regard farouche, en tout un animal peu rassurant qui avait fait fuir plus d'un conscrit : « Qué qu' c'est que c'te bête-là ? »

— Maintenant tu peux commencer, dit Daniel, après avoir installé le chat sur ses genoux.

— Pour lors, l'armée était en retraite, ça peut arriver à tout le monde, ça m'est bien arrivé à moi qui vous parle, monsieur Daniel ; il neigeait, il gelait, c'était terrible, ça durait depuis des jours et des jours, des nuits et des nuits, on n'a jamais su combien, enfin, depuis longtemps : on était arrivé à une rivière qui charriait des glaces et qu'il fallait passer ;

pour ça on établit un pont de chevalets; vous savez ce que c'est, monsieur Daniel?

— Va donc.

— Le danger c'était les glaçons qui pouvaient emporter les chevalets; un sapeur était descendu dans la rivière, celle-là même que les Russes nomment la Bérézina, et malgré le froid, ayant de l'eau jusqu'à la barbe, avec une perche il écartait les glaçons. L'Empereur arrive et tout de suite il voit ce sapeur, — vous pensez qu'il avait l'œil, puisque c'était Napoléon I*, Empereur des Français. — Quel est suila? que dit l'Empereur, au général qui commandait. — Leplu, que dit le général; mon grand-père, car c'était lui, s'appelait déjà Leplu. — Je m'en avais douté à le voir, que dit l'Empereur; que ne m'a-t-il venu trouver, je l'aurais décoré; après ça une de perdue, *deusse* de retrouvées. C'est les paroles mêmes de l'Empereur, que le général a redites à mon grand-père, comme moi, son petit-fils, je vous les redis à vous, monsieur Daniel, fils de mon colonel, — il fit le salut militaire, — à seule fin que vous le répétiez à vos enfants, — plus tard s'entend.

A cet endroit du récit de Leplu, la porte du cabinet de travail s'ouvrit et Bonnet n'en entendit pas davantage.

C'était le colonel:

— Vous êtes-là, mon cher Bonnet, je suis fâché de vous avoir fait attendre; nous avons à causer; mais avant je vous demande encore quelques minutes : le temps de voir comment va mon gamin qui doit être levé.

— Je ne sais pas, mon colonel, si vous pourrez arriver jusqu'à lui, répondit Bonnet en souriant, il y a un lapin en faction dont la consigne est de ne laisser passer personne, quand même ce serait le petit Caporal, heureusement j'ai surpris le mot de passe, c'est « France et Lorraine ».

— Il se fait raconter une histoire.

— L'histoire de la Bérézina par un sapeur qui rapporte les paroles même de Napoléon Ier.

Le colonel passa dans la cour et ayant embrassé Daniel, il revint dans le bureau dont il ferma la fenêtre.

— Vous voyez en moi un père faible, mon cher Bonnet, inquiet surtout de la santé de cet enfant que j'aime tendrement.

— Mais il paraît plein de vie.

— Plein de vie peut-être, d'une vie fébrile qui se dépense trop, non plein de force et de calme comme je l'aurais souhaité. Nous sommes une famille de soldats. Mon grand-père était soldat, mon père l'était aussi, je le suis. J'aurais voulu que mon fils le fût ; en aura-t-il la force ? C'est mon souci, mon angoisse ! Mais ce n'est pas de moi qu'il s'agit, c'est de vous.

En parlant, le colonel avait accroché son sabre à un portemanteau, il prit une chaise et s'assit dessus à califourchon vis-à-vis de Bonnet : en tout dans les manières, dans le ton, dans le regard, on voyait l'intention manifeste de marquer que ce n'était pas le supérieur qui faisait comparaître un sous-ordre devant lui : strict et inflexible dans le service, il n'avait aucune ostentation d'autorité, et la franchise de sa bonhomie lui avait gagné la plupart de ses officiers qui étaient certains de trouver en lui un camarade, lorsque le chef n'avait point à commander et ce camarade était un esprit élevé, un caractère droit, un homme de cœur qui n'exigeait des autres que ce qu'il donnait lui-même. Quelques-uns disaient bien qu'il était enragé d'échanger les cinq galons d'or de ses manches contre des étoiles d'argent et que c'était par ambition bien plus que par patriotisme qu'il éreintait le régiment, et s'éreintait lui-même à paperasser la nuit après avoir trimé toute la journée ; mais ceux-là c'était la rancune rancie de quelques punitions qui les faisait parler, le mécontentement de l'insuccès ou bien encore l'esprit d'opposition.

S'il paperassait, ce n'était pas par goût, mais pour répondre à la grêle de papiers qui, d'année en année s'abat plus rude et plus drue sur les colonels, et ne pas laisser à d'autres ce qu'il devait faire lui-même. Ce n'était point sur un rond de cuir qu'il avait gagné ses grades, et chacun de ses galons avait été noirci à la fumée des batailles, au Mexique, en Lorraine, sur la Loire, en Afrique. Et ce n'était pas non plus seulement sur le registre du personnel que figuraient ses blessures; une belle balafre qui lui avait coupé la joue allait bien à son visage énergique. C'était un soldat, et son caractère calme et résolu était en accord avec sa tête osseuse et maigre, son regard placide et serein que rien ne troublait, son allure simple et franche.

Lorsqu'il avait pris son régiment, tout le monde savait qu'il l'avait trouvé en fort mauvais état. Le colonel qu'il avait remplacé appartenait à la vieille espèce des « Débrouillez-vous », et par incurie autant que par indolence il avait lâché la bride à ses officiers, se débarrassant par son mot favori des soucis en même temps que des responsabilités du commandement. Celui qui avait dû se débrouiller, c'avait été son successeur qui trouvait un régiment à la débandade où tout était à remettre en ordre, les hommes comme les choses, et c'était à cela qu'il s'employait depuis son arrivée, avec une fermeté que rien ne lassait ni ne décourageait, pas plus l'apathie des habitudes paresseuses prises depuis longtemps, que les sourdes résistances du mauvais vouloir qui recommençaient chaque jour. L'esprit militaire était sa religion, et il voulait qu'il en fût une pour ses officiers, pratiquée par tous avec zèle. Bien qu'il fût d'un pays que la guerre avait fait Prussien après 1871, il n'avait jamais parlé de la « revanche », mais il avait une façon en recevant ses officiers, de dire : « Messieurs, travaillons », qui valait le plus beau discours patriotique, et qui prouvait qu'avec lui on ne pouvait pas s'endormir dans l'indifférence.

Assis à quelques pas de Bonnet, il l'examinait des pieds à la tête, aussi bien dans les yeux que dans tous les détails de son uniforme, comme s'il cherchait quelque chose qui répondît à des interrogations vagues et les expliquât.

Mais, dans ces regards qui l'enveloppaient et le fouillaient, le lieutenant ne trouvait rien qui le troublât ou le mît mal à l'aise; étonné jusqu'à un certain point, il l'était, non inquiet; il avait passé sa propre inspection devant sa glace après s'être habillé et il était certain d'être correct dans sa tenue. — D'ailleurs, le colonel Bayon n'était point de ces chefs comme il en avait eu — qui font comparaître un officier devant eux pour voir s'il a ou s'il n'a pas un col d'ordonnance et l'envoyer aux arrêts, lorsque c'est possible. D'ailleurs, il n'avait qu'à attendre, le colonel finirait bien par parler.

Cela ne tarda pas :

— Lorsque nous avons fait connaissance, dit le colonel, vous n'étiez pas sous mes ordres et je n'avais pas à rechercher en vous, autre chose que ce que je voyais, comme tout le monde, d'ailleurs, c'est-à-dire que vous étiez un jeune homme intelligent et laborieux, un officier d'avenir.

Bonnet s'inclina.

Le colonel poursuivit :

— Ma sympathie alla à vous. Mais lorsque vous avez été envoyé dans mon régiment, j'ai vu vos notes et j'ai été surpris de ne pas les trouver en accord avec l'opinion que j'avais conçue de vous. Comment cela se fait-il ? C'est pour que vous me l'expliquiez que je vous ai demandé de venir causer avec moi, franchement. Sans doute j'aurais pu vous mettre en observation. Mais il y aurait eu là une sorte de suspicion qui certainement vous eût été pénible, et dont j'aurais été moi-même peiné.

VII

Aux premiers mots, Bonnet avait senti qu'il rougissait, puis presqu'aussitôt qu'il pâlissait, et sa confusion avait été d'autant plus cruelle qu'il ne pouvait rien pour la cacher aux yeux qui le regardaient en face.

— Il est bien entendu, mon cher Bonnet, dit le colonel, que c'est l'intérêt seul que vous m'inspirez qui dicte mes questions, et que je ne me reconnais aucun droit à vous les adresser, tandis que je vous reconnais pleinement celui de ne pas me répondre. J'ai trouvé un désaccord entre ce qu'on dit de vous et ce que je croyais que vous étiez, ce que je crois que vous êtes, j'ai voulu vous donner l'occasion de vous expliquer, voilà tout. A vous seul il appartient de décider si vous devez parler ou vous taire. Je ne suis pas homme à vouloir forcer votre secret, si vous en avez un. Pour vous juger je vous accorderai tout le crédit que vous me demanderez.

Le trouble et l'hésitation qui, tout d'abord, avaient paralysé le lieutenant, s'étaient dissipés.

— Je ne vous en demanderai aucun, mon colonel, s'écria-t-il, car ce ne serait pas me montrer digne de votre accueil que de ne pas répondre à vos questions par la franchise et par une confession entière. Si j'ai eu un moment d'hésitation, pardonnez-le moi, c'est ma malheureuse timidité, c'est un orgueil toujours prompt à s'effaroucher, c'est une sotte fausse honte qui m'ont fermé les lèvres quand j'aurais dû les ouvrir avec reconnaissance.

Il fit une courte pause, et sans que rien en lui trahît cette fausse honte dont il s'accusait, il commença :

— Je ne suis pas un fils de famille, il s'en faut de tout, mes parents étaient des paysans et mon père, que j'ai encore, est meunier sur le littoral de la Vendée, non un de ces riches meuniers qui se croisent les bras en se promenant dans les escaliers d'une belle usine montée à l'anglaise, mais un pauvre petit meunier qui, tout seul, oriente son moulin au vent, et tout seul aussi s'en va sur sa mule chercher le blé chez les paysans ou leur reporter la farine en faisant claquer son fouet. C'est dans ce moulin que j'ai été élevé, travaillant avec mon père aussitôt que j'ai été d'âge à pouvoir l'aider un peu, et écoutant les guerres d'Afrique qu'il me racontait quand nous nous en allions, montés sur la mule à travers les chemins creux. Mon père a été soldat, et au lieu de passer son temps de service dans une ville de garnison, le hasard a voulu qu'il fût envoyé en Afrique, où il a couru de-ci de-là, de sorte que, loin de se dégoûter de la vie militaire avec ses ennuis et sa monotonie, il l'a prise en amour avec sa variété et ses aventures en pays conquis. Vous savez mieux que moi quelles ont été les campagnes de Bugeaud quand il fut nommé gouverneur général ; ce sont les récits de ces campagnes auxquelles mon père a pris part qui ont bercé mon enfance et qui ont fait de moi un soldat. De même que, tout à l'heure, j'entendais votre fils dire au sapeur : « Conte la Bérézina, » je disais à mon père quand je le voyais bien disposé : « Conte Isly. » Et c'était avec plaisir qu'il contait, non seulement les histoires d'Afrique, mais encore celles des guerres de Vendée auxquelles mon grand-père s'était trouvé mêlé.

— Je sais par moi-même quelle influence ont sur notre vie entière ces impressions de l'enfance.

— Pour moi elles ont été assez fortes pour en combattre d'autres qui devaient me porter d'un côté tout opposé. Bien que mon père me fît travailler avec lui, il m'envoyait cependant à l'école et il se trouva que, par une sorte d'aptitude particulière, à onze ans, je ne faisais plus de faute d'orthographe et que j'avais appris tout ce que notre vieux magister était capable de m'enseigner en arithmétique. J'avais un oncle, un frère de ma mère, qui était curé dans une petite paroisse des environs; émerveillé de mes progrès, il déclara qu'un enfant qui montrait de pareilles dispositions ne devait pas être meunier, et offrit de me prendre chez lui pour me faire travailler. Mon père refusa tout d'abord, puis, gagné par ma mère, il finit par céder; je quittai notre moulin pour aller vivre chez mon oncle, servir la messe le matin, et toute la journée travailler le latin et le grec. Comme il s'occupait de moi avec zèle, je fis des progrès assez rapides, et au bout d'un an, mon oncle déclara que je serais l'honneur du clergé du diocèse. Je ne me sentais aucun goût pour la prêtrise, et le plus souvent, quand mon oncle, qui était un prêtre plein de foi, m'expliquait les joies ineffables du saint sacerdoce, je ne l'écoutais guère, et c'était aux récits d'Afrique que je pensais, aux histoires de mon père, autrement entraînantes pour mon imagination que celles de mon oncle : la Smala d'Abd-el-Kader, Isly me dansaient dans la tête, et tandis que mon oncle parlait, il m'arriva plus d'une fois de chanter tout bas le refrain d'une chanson de mon père :

> C'est une fille,
> S'écrient nos soldats.
> Elle est gentille,
> Ne la fusillons pas.

— Faible vocation, dit le colonel en riant.
— Mais d'autre part, j'avais, comme bien des paysans, qui ont tâté du travail intellectuel, le dégoût du travail manuel, et le seul moyen pour moi de ne pas retourner au moulin c'était d'entrer au petit séminaire, où mon oncle avait obtenu une bourse. Pour tout ce qui fut études, on fut satisfait de moi, mais la vocation religieuse ne vint pas et ce fut au contraire la vocation militaire qui continua de hanter mon esprit. Le temps s'écoula. Je continuais d'être un bon élève, mais en même temps, je continuais d'être un mauvais séminariste. « La vocation viendra », me répondait mon oncle, quand je lui exposais timidement mes craintes de n'être jamais un bon prêtre. Enfin le moment arriva de s'expliquer franchement. Quel chagrin, quel désespoir pour le pauvre homme ! Un soldat, quand il avait compté sur un prêtre. Mais ce fut en cette circonstance que je vis

jusqu'où sa bonté, dont j'avais eu tant de preuves, pouvait aller. Puisque je voulais être soldat, je devais entrer à Saint-Cyr, et comme mon père ne pouvait pas payer ma pension, ce serait lui qui la paierait ; il avait un millier de francs d'économies gagnées à grand'peine ; il trouverait bien à emprunter le surplus ; Dieu merci on avait confiance en lui et il s'acquitterait facilement, il avait si peu de besoins.

— Le brave homme !

— J'avais été un bon élève, je n'eus qu'à travailler les sciences, et je me trouvai dans les premiers numéros sur la liste d'admission.

Il s'interrompit :

— Ne croyez pas, mon colonel, que j'entre dans ces détails pour vous parler de mes succès d'élève et les opposer à mes insuccès d'officier ; ils ont leur importance, vous allez le voir, car ils expliquent ma vie, ses embarras, les notes enfin qui vous ont étonné. Il y avait trois mois que j'étais à l'École lorsque je reçus une lettre m'annonçant que mon oncle était malade d'une fluxion de poitrine très grave ; deux jours après, j'en reçus une seconde m'annonçant sa mort. Ce n'était pas seulement dans mes sentiments que cette mort me frappait, c'était aussi dans mon avenir. Comment rester à l'École maintenant que je n'avais plus personne pour payer ma pension ? La succession de mon oncle était insignifiante : les ressources de mon père ne lui permettaient pas cette dépense. J'ignorais que l'administration ne renvoie pas un élève pour cause de pauvreté et qu'on retient plus tard à l'officier ce que la famille de l'élève n'a pas pu payer.

— De mon temps interrompit le colonel, le conseil de l'École faisait savoir qu'un élève ne pouvait pas payer sa pension et les camarades de promotion laissaient leur prêt chaque trimestre.

— Il n'en fut pas ainsi pour moi. Ce temps de l'École me fut dur. Pas une fois, pendant mes deux ans, je n'allai à Paris; qu'aurais-je été y faire. Quand tous mes camarade se précipitaient dans le *Grand-Carré* pour chercher sur la liste affichée s'ils avaient obtenu la moyenne de sortie, les deux chiffres bienheureux qui ouvrent le dimanche les portes du Bahut, je ne m'arrêtais même pas devant ce grillage qui fait battre tant de cœurs, moi qui avais toujours ces deux chiffres. A quoi bon? Paris m'était défendu; c'était en me promenant dans la cour Wagram que j'apprenais à le connaître par le récit des consignés qui s'attardaient avec des souvenirs émus sur leurs plaisirs du dimanche précédent; comme c'était le matin au réveil, en voyant les camarades qui avaient la permission de faire leur toilette, s'adoniser avec coquetterie, se pommader, se gratter, que j'entrevoyais vaguement ces plaisirs dans mon imagination excitée. J'en rêvais encore quand, le soir, ceux qui étaient sortis me réveillaient en rentrant. — T'es-tu bien amusé? — Ah! mon cher, figure-toi... — Pendant deux ans, j'en fus réduit à me figurer.

Il s'interrompit, et avec un sourire mélancolique :

— Ce n'est pas pendant deux ans, que je devrais dire, car pour bien des choses j'en suis encore, à trente ans, à me figurer comme je l'étais à vingt. Heureusement la pauvreté a cela de bon qu'elle pousse au travail. En deux ans, mes consignes forcées me donnèrent près de cent jours d'avance qui me donnèrent eux-mêmes un numéro que je n'aurais peut-être pas obtenu si j'étais sorti tous les dimanches. Je me disais que ce n'était qu'un temps à passer, et, avec l'ignorance de ceux qui n'ont jamais eu cent sous en poche, je me figurais que lorsque je toucherais mon allocation de sous-lieutenant de 189 francs, je manœuvrerais dans mon budget comme je voudrais. Ma mauvaise chance m'envoya dans le Nord, où la vie est chère : la pension était de 75 francs par mois, mais, avec les invités et les frais généraux, elle coûtait en réalité 90 francs : la chambre était de 30 francs, l'abonnement au tailleur de 20 francs, l'entretien pour le linge, les cols, les gants de 15 francs, le blanchissage, la lumière de 10 francs (sans chauffage bien entendu, dont je me passais), la bibliothèque, les réceptions me prenaient 5 francs, l'ordonnance m'en prenait 6, ce qui formait au total 176 francs de dépenses obligatoires. Vous remarquerez que je n'ai pas compté le café, attendu que je le supprimai complètement afin de consacrer à l'extinction de ma dette envers le gouvernement les quinze francs, qui me restaient : cette terrible dette de 1,800 francs j'ai mis de longues années à l'économiser et encore parce que ma solde s'est élevée de 11 francs quand je suis devenu lieutenant et parce que, pendant mon séjour en Algérie, j'ai touché 1 fr. 05 d'indemnité par jour. Mon chef de corps aurait pu, il est vrai, présenter une demande d'exonération pour le reliquat de ma pension; mais on ne m'accorda pas cette faveur. Avec quelle peur je pensais à mes premiers arrêts, non pour les arrêts eux-mêmes, mais pour le bouquet que je trouverais à ma place et qui me dirait que je devais payer le champagne à toute la table; avec quelle peur aussi je veillais à ce que tous mes anciens fussent servis avant moi pour ne pas payer l'amende. Je m'étais imaginé dans ma naïveté que puisque je ne pouvais pas me donner le luxe du café, il était tout naturel que j'en fisse l'économie. Mais tous les officiers du régiment fréquentaient régulièrement le café; mon abstention parut étrange; l'orgueil m'empêchait d'avouer franchement la cause de cette abstention, mes camarades crurent que je voulais faire du zèle, cela se dit, se répéta et je fus mis en suspicion. D'autre part, quand je commençai à porter des tuniques râpées et des bottes trop souvent ressemelées, mes hommes me prirent en pitié et me rangèrent dans la catégorie des « Père la Savate ». Cela constituait déjà de mauvaises conditions; ce ne fut pas tout; notre colonel était brillant; il aimait que ses officiers fussent comme lui; vous comprenez si avec ma vie retirée, mes manières gênées, mes uniformes râpés, j'étais fait pour lui plaire. Ce n'est pas tout encore; c'était le moment où commençait la réorganisation de l'armée; sous les coups des leçons de l'expérience notre colonel avait cru aux réformes et de bonne foi il avait voulu les appliquer; mais en voyant qu'elles ne produisaient pas tout de suite les miracles qu'il attendait, il s'était découragé, puisqu'il n'avait rien obtenu c'était qu'il n'y avait rien à faire, et il ne voulait pas qu'un de ses officiers eût d'autres idées que les siennes. Il jugea que je lui faisais une sourde opposition; cela combla la mesure. On fut dur pour moi. Je ne fus soutenu par personne. Voilà quel fut le point de départ de ces notes qui vous surprennent; vous voyez, mon colonel sans que j'insiste, comment elles sont devenues ce qu'elles sont.

— J'espère qu'elles changeront ici. Vous trouverez un colonel qui n'est point découragé et qui, lui, croit qu'on peut obtenir beaucoup de notre nouvelle organisation. D'autre part, vous aurez une entière liberté; vous fréquenterez ou ne fréquenterez point le café comme il vous plaira. Si vous ne le fréquentez point vous ne serez pas une exception : vous savez que depuis quelques années de nouvelles habitudes s'introduisent dans l'armée : il y a des officiers qu'une certaine école prépare à Saint-Cyr qui ne vont point au café, qui ne fument pas dans la rue; sans être admis dans les réunions de ces officiers qui sont fermées à ceux qui n'ont point passé par la rue des Postes, vous pourrez rester chez vous. D'ailleurs, les maisons où vous serez reçu ne vous manqueront pas : on aime l'armée à La Feuillade; vous aurez bien vite des relations agréables que je vous engage à cultiver. C'est justement à ceux qui sont naturellement timides que le monde est bon à fréquenter.

VIII

Bonnet rentra chez lui plus léger au retour qu'à l'aller.

A la vérité, en se rendant chez le colonel, il n'était pas bien inquiet, mais c'est le propre de ceux qui ont subi les assauts de l'adversité de n'être jamais entièrement tranquilles; ils ont si souvent, sans savoir d'où ils leur venaient, reçu des coups, qu'ils ne marchent que le dos tendu et l'oreille aux aguets. — « Venez demain chez moi à midi » cela pouvait promettre le mauvais aussi bien que le bon, et il avait eu tant de mauvais dans sa vie qu'il n'osait jamais espérer franchement; si brave homme que fût le colonel, si droit, si honnête, cela n'empêchait pas qu'il pût être prévenu.

Avec une aisance qui n'était pas dans sa démarche habituelle, il descendit des hauteurs où demeurait le colonel dans la basse ville; et ce fut aussi avec un sourire engageant, qu'il répondit à sa logeuse qui, pour le saluer, s'était levée dans l'allée où elle cousait et se tenait debout devant sa chaise, respectueusement.

— Bonjour, madame Ravaut.

Madame Ravaut! comme il était poli le lieutenant, son lieutenant, car il était bien à elle, son locataire, sa chose. Il y avait plus d'un an que sa chambre était à louer, et jusqu'à ce jour aucun officier n'en avait voulu : l'un, parce qu'elle était trop près de la caserne dont il fuyait le voisinage; l'autre, parce que l'hôtesse était une pauvre veuve disgraciée et qu'il exigeait des femmes chez lesquelles il consentait à loger la jeunesse, la gentillesse et quelques autres qualités obligées à qui veut avoir pour locataires MM. les lieutenants et les sous-lieutenants. Mais M. Bonnet ne s'était pas plus laissé effrayer par le voisinage de la caserne que par les cinquante années de sa propriétaire. La chambre lui avait plu, elle n'était pas chère; deux fenêtres l'éclairaient, l'une au levant, l'autre au couchant; la maison était tranquille, il l'avait prise sans exiger davantage. Comment la pauvre femme, pour qui cette location était le repos et la fortune, ne lui eût-elle pas été reconnaissante d'être venu chez elle et d'y être resté au lieu de se sauver comme tant d'autres.

Ce qui avait surtout déterminé Bonnet dans son choix, c'avait été les échappées de vue que l'une de ses fenêtres lui offrait sur les arènes transformées en promenade et plus loin sur la vieille tour de Venabre, qui marque aujourd'hui l'emplacement de la ville romaine retournée à la poussière. L'enfant, qui avait passé ses premières années au pied du moulin de son père, au milieu d'une lande, avec l'Océan et ses profondeurs voûtées devant les yeux, était resté dans l'homme. Au lieu de prendre une chambre dans une des rues fréquentées de la ville où il aurait vu tout La Feuillade défiler devant lui, il l'avait choisie de façon à laisser sa rêverie courir après les nuages quand il serait en disposition de rêver. D'amis, il n'en avait point dans cette ville, où il arrivait, car Drapier comme Cholèt n'étaient et ne seraient jamais sans doute que des camarades. A qui parlerait-il, enfermé entre quatre murs. Pour ceux qui vivent seuls, ce n'est pas seulement sur tel ou tel paysage que s'ouvre une fenêtre, c'est sur le monde entier, le matériel et l'immatériel, le terrestre et le céleste.

Si grande qu'eût été sa misère, il avait toujours voulu cette fenêtre de la liberté et toujours il s'était arrangé pour se la donner; mais jamais il n'en avait joui comme en se trouvant en face de ces prairies et de ces vignes, au-dessus desquelles flottait le rayonnement calorique du soleil de midi.

C'est que maintenant il pouvait respirer, s'abandonner sans que les inquiétudes d'une réalité immédiate vinssent, comme pendant ses années de première jeunesse, couper les ailes à ses pensées : ses dettes, le plus cruel de ses soucis et le plus dangereux aussi, puisqu'elles pouvaient l'obliger à donner sa démission, étaient éteintes, et si avec ses deux cent quatre francs par mois, qui constituent la solde des lieutenants de première classe, il ne lui était point permis de se lancer dans une existence de plaisirs, au moins était-il débarrassé des dolmans râpés, des bottes honteusement recousues; la chaîne du boulet qu'il avait traîné était enfin brisée, il allait marcher comme tout le monde, sans la dégaine du misérable, aussi facile à reconnaître que l'était celle du forçat qui tirait la jambe.

Pourquoi ne rattraperait-il pas le temps perdu : à trente ans, la vie n'est pas manquée; il aimait son métier, il le connaissait, le découragement n'avait point étouffé l'ambition et la fierté dans son cœur, les espérances de sa jeunesse pouvaient se réaliser, semblait-il, comme les succès de l'Ecole pouvaient revenir.

Il n'était point dans sa nature de s'emballer, mais croire que les mauvais jours avaient pris fin était-ce donc se laisser griser par l'illusion?

Les faits étaient là : le colonel était bien décidément l'homme qu'il avait cru, et La Feuillade était bien aussi la ville que ses camarades lui avaient dit lorsque, forcé par la fièvre de quitter l'Algérie pour revenir en France, il les avait consultés : « Pension à soixante francs, ville aimable »; et c'était vrai, non seulement pour les soixante francs de la pension, mais encore pour l'amabilité de la ville.

S'il avait vécu jusqu'alors en reclus, ce n'était point qu'il fût ours de nature. Plus que personne, bien souvent, il avait désiré des distractions et des plaisirs dont, plus que personne, il avait été privé, et s'il ne se les était point donnés c'avait été simplement parce que sa bourse les lui défendait. Dans la comédie on peut ne pas dîner pour acheter des gants; au régiment on n'a point la liberté de cette économie et la pension est obligatoire, qu'on dîne ou qu'on ne dîne pas on la paie comme on paie les frais généraux que les camarades qui ne sont pas obligés de compter de près s'amusent à augmenter.

Pendant cette réclusion forcée, ses camarades lui avaient bien souvent répété, comme autrefois à l'École : « Figure-toi, mon cher... »; et, tant bien que mal, il en avait été réduit à « se figurer »; une salle de bal avec des fleurs et des lumières, la chambre d'une femme qui a le cœur tendre pour les officiers, cela est assez facile et ne demande pas de grands efforts d'imagination; mais les épaules de madame X..., les yeux de mademoiselle Z..., la peau satinée de celle-ci, les cheveux vaporeux de celle-là, ça se voit, ça se sent, et l'imagination n'est rien si elle est tout.

Et justement les chevelures vaporeuses aussi bien que les peaux satinées lui avaient jusqu'à ce jour manqué. Où les eût-il trouvées? Elles seraient donc venues frapper à la porte de sa chambre! Ce n'est pas dans la vie réelle que les choses se passent avec cette agréable facilité : les femmes vont aux vainqueurs, non aux réservés, encore moins à ceux qui se cachent. A la vérité il avait plus d'une fois rêvé d'amours romanesques dans lesquelles une belle femme au cœur tourmenté et à l'imagination vive, poussée par une intuition en quelque sorte providentielle vient trouver chez lui l'amant inconnu qui mystérieusement l'attire. Mais la réalité n'avait pas mis ces rêves en action.

Les femmes qui lui avaient fait signe manquaient d'un cœur tourmenté aussi bien que d'imagination vive ou non vive et l'amour qu'elles lui proposaient n'offrait rien de romanesque. Comme il était un officier et non un pauvre diable de soldat, un délicat et non une brute, il s'en était tenu aux récits de ses camarades : « Figure-toi, mon cher. »

Mais, à La Feuillade, les conditions n'étaient plus les mêmes et sa réclusion forcée n'allait pas continuer. Il avait même bien débuté, et la soirée passée chez madame de Bosmoreau ne lui avait laissé que des souvenirs qui ouvraient d'agréables perspectives, sinon de celles dont Drapier avait parlé en faisant allusion au sac de Julienne, au moins de plus modestes qui, pour ne pas aller jusqu'au mariage, n'en étaient pas moins agréables ; car, ainsi qu'il l'avait dit à Drapier, il n'avait jamais pensé au mariage : les officiers mariés étant pour lui de mauvais soldats, ce qu'il appelait « des rossards. »

Elle était vraiment jolie cette Agnès de Bosmoreau, charmante cette Julienne Dorat, aimable, très aimable cette maison.

Comme il laissait sa pensée s'égarer dans les espaces ouverts devant lui, à la suite de cette Agnès et de cette Julienne, on frappa et sans attendre qu'on lui eût répondu une femme entra.

Elle s'était vivement retournée pour fermer la porte, il ne vit pas son visage : petite, alerte et souple, il y avait de la coquetterie et de la prétention dans sa mise peu élégante d'ailleurs ; mais ce manque d'élégance ne le frappa pas tout d'abord, tant il fut surpris par cette brusque entrée. — Une femme chez lui. Déjà ! Elle se retourna, et ce fut alors seulement qu'il la reconnut : madame Soubirous, la femme du marchand de meubles qui lui louait le mobilier garnissant sa chambre.

Ce n'est pas l'habitude, en effet, à La Feuillade, de mettre en location des chambres meublées : le propriétaire offre la chambre nue et le locataire la meuble à son gré en s'adressant aux marchands qui lui fournissent le mobilier dont il a besoin moyennant un sou de loyer par jour pour chaque objet; un lit un sou, un matelas un sou, ce qui n'est vraiment pas cher, mais, comme d'autre part, un bougeoir en zinc se loue aussi un sou, et une pincette un sou également, il s'établit une moyenne qui, au bout de l'année, est plus que rémunératrice pour le marchand, et fort coûteuse pour le locataire qui, en quelques mois, a payé et au delà un objet sans valeur.

— Je viens voir ce qui manque à M. le lieutenant Bonnet, dit-elle avec son sourire le plus engageant, pour qu'il ait une chambre qui lui fasse honneur.

— Mais il ne me manque rien, répondit Bonnet en regardant autour de lui avec conviction.

— Oh!

Et la petite madame Soubirous leva au ciel ses mains tremblantes de pitié indignée :

— Mais regardez donc, mon lieutenant, regardez.

En réalité il n'était guère luxueux ce mobilier auquel il ne manquait rien : un lit en fer avec un sommier et un matelas, une table de toilette en acajou, une table ronde de milieu, quatre chaises foncées en paille, un fauteuil Voltaire ; sur la cheminée un bougeoir, au mur, un portemanteau auquel étaient accrochés des uniformes recouverts d'une serge verte.

Le regard de la marchande de meubles en disait long, cependant elle poursuivit :

— Mon lieutenant recevra des amies, à La Feuillade, messieurs les officiers ont des amies facilement ; il lui faut une descente de lit bien moelleuse au pied en bonne laine, nous en avons de superbes ; il lui faut aussi un miroir à main pour remettre le chignon ; on oublie toujours l'heure, il faut une pendule avec deux flambeaux de chaque côté ; il faut...

Elle allait continuer son énumération, mais Bonnet l'interrompit en riant.

— Il ne faut rien.

— Comment il ne faut rien, s'écria-t-elle en allant vivement à la fenêtre, prétendez-vous vous contenter de ces petits rideaux de vitrage, il vous faut des grands rideaux en reps à draper.

— Je vous dis qu'il ne me faut rien, absolument rien.

Elle insista avec volubilité en lui représentant que « les amies » ne pouvaient pas se contenter de cette simplicité.

Sans se fâcher il rit plus fort, si bien qu'à la fin il fallut qu'elle renonçât à lui imposer sa descente de lit moelleuse au pied et son miroir pour le chignon.

Mais elle ne partit point encore, car pour elle, si le lieutenant ne voulait pas accepter tout ce qu'elle lui proposait, c'était simplement parce qu'il n'avait pas d'argent. Alors, il devait être tout disposé à s'en procurer, c'est-à-dire à vendre des vieux uniformes, des galons, un sabre, n'importe quoi.

Cependant malgré toute son éloquence et son insistance elle ne parvint pas à le décider.

Quel drôle d'officier! Elle n'avait jamais vu son pareil : dans la vie, quand on n'achète pas, on vend.

— Allons, je vois aujourd'hui que je ne ferai rien avec mon lieutenant, mais avant peu, il aura besoin d'une bague, d'une broche, d'un bracelet, de boucles d'oreilles, qu'il pense à moi; nous avons toujours un assortiment de bijoux neufs ou d'occasion très avantageux... et à crédit.

IX

En pensant aux deux sœurs, Bonnet retrouva dans sa mémoire quelques mots de Drapier auxquels il n'avait pas tout d'abord prêté attention, mais que la réflexion lui fit paraître étranges.

« La mère pour certaines raisons ne compte pas. »

Que voulait dire cela? Pourquoi madame de Bosmoreau ne comptait-elle pas? Quelles raisons l'en empêchaient?

A la vérité, ces raisons ne l'intéressaient pas : c'était aux filles qu'il pensait, non à la mère. Sans doute la sottise de son mariage lui avait enlevé toute autorité dans un monde prosaïque et bourgeois, où la fortune est tout et où l'amour n'est rien; s'enthousiasmer pour un bel homme au point de lui sacrifier vingt mille francs de rente, n'est-ce pas pure folie!

et aux yeux des gens de La Feuillade, madame de Bosmoreau devait être un peu folle, semblait-il.

Cependant il ne s'était pas contenté de cette explication qu'il se donnait lui-même, et sous une impression de curiosité qui cependant n'était pas habituellement dans sa nature, il avait voulu savoir. En somme rien n'était plus facile, il n'y avait qu'à questionner Drapier ou sa femme. Justement celle-ci lui avait fait promettre, en se quittant, de ne pas oublier son jour, qui était le mercredi. Il lui ferait visite, et ce serait une occasion pour parler de madame de Bosmoreau, qui vaudrait mieux que de questionner franchement Drapier, dont il voyait déjà le sourire railleur comme il entendait ses exclamations : « Ah ! ah ! la belle Agnès produit son effet obligé . » Il n'était point d'humeur farouche et supportait volontiers la plaisanterie, mais à condition pourtant que ce ne fût point à propos de femmes. Il eût été mal à l'aise qu'on supposât que Julienne et Agnès eussent produit sur lui « leur effet », comme disait Drapier, car dans sa position, il y eût eu plus que du ridicule à laisser croire qu'il pensait à se faire aimer par l'une ou par l'autre de ces jeunes filles, celle qui avait trente mille francs de rente, aussi bien que celle qui n'avait que cent mille francs de dot. Ce n'était pas en vue d'un beau mariage qu'il s'était fait soldat : il eût été profondément humilié d'avoir de pareilles visées, et plus encore, qu'on pût l'en croire capable.

Il avait été un peu étonné que la femme d'un lieutenant eût un jour de réception comme la femme d'un général ou d'un colonel, mais ignorant l'origine de madame Drapier et ne sachant rien de la misère de son intérieur, il s'était dit que ces réceptions du mercredi étaient sans doute une conséquence obligée de sa situation de fortune; la femme d'un lieutenant n'est rien, riche elle est ce qu'elle veut être.

Comme il n'avait pas eu le temps de faire une nouvelle visite à madame Drapier, qui n'était pas à La Feuillade, lorsqu'il s'était présenté chez elle une première fois, il fut surpris qu'on lui indiquât le troisième étage. Un troisième étage dans une maison qui n'en avait pas quatre, c'était vraiment bien modeste pour une femme qui recevait.

Il monta un escalier en carreau rouge avec bordure de chêne; devant les portes de chaque palier un paillasson. Décidément, c'était plus que de la modestie.

A son coup de sonnette ce fut un soldat, l'ordonnance de Drapier, qui lui ouvrit la porte. L'antichambre était digne de l'escalier; même carreau rouge, même peinture verte aux murs, pour tout meuble un coffre en bois noir et une console autrefois dorée, mais sur cette console s'épanouissait, dans un vase en barbotine, un gros bouquet de fleurs et de plantes aquatiques, des spirées, des iris, des roseaux à quenouille et à plumet qui égayait cette pièce nue et lui donnait un accent personnel.

— M. le lieutenant Bonnet, annonça l'ordonnance en ouvrant la porte.

Bonnet qui n'était point fait à ces nobles façons crut qu'il entrait dans un salon plein de personnages importants; il fut surpris de n'apercevoir que la seule madame Drapier assise au coin de sa cheminée, dans l'attitude d'une femme qui attend. Elle était en toilette parée, avec un petit bouquet de roses sauvages au corsage. Dans le salon se voyaient partout des fleurs des champs, sur la cheminée, sur la table, dans les encoignures; le piano était ouvert avec de la musique sur le pupitre, des albums étaient disposés dans un désordre plein d'art, sur la table et sur une petite étagère en peluche orange; bien que la pièce fût exposée au plein nord, des rideaux étaient savamment drapés sur des stores, de manière à ne laisser pénétrer qu'un demi-jour... distingué.

Elle ne se leva point pour recevoir Bonnet, mais un sourire de satisfaction orgueilleuse épanouit si complètement son visage qu'elle sembla venir à lui confuse de joie.

— Comme vous êtes aimable d'avoir pensé que c'était mon jour, dit-elle en lui tendant sa main gantée.

Et sa voix frémissait comme sa main.

Il la regarda tout surpris, se demandant comment une simple visite à une femme le jour où celle-ci était chez elle pour tout le monde pouvait causer une telle satisfaction.

C'est qu'il ne savait pas que, pour madame Drapier, son salon et son jour étaient toute sa vie. Fille de paysan, mais élevée gratuitement dans un couvent à la mode où une de ses tantes était religieuse, elle avait pris au contact de ses camarades des idées de grandeurs mondaines et d'ambition que le mariage seul pouvait réaliser : elle vivrait à la ville, elle irait dans le monde, elle recevrait, on parlerait de ses toilettes et de ses succès.

De dix-huit à vingt-un ans, lorsqu'elle était rentrée à la maison paternelle, elle avait vécu de ces rêves. A la vérité le milieu dans lequel elle se trouvait était peu fait pour leur donner une haute volée, mais elle ne voyait pas ce milieu pas plus que la coiffe de sa mère, les sabots de son père, et le tas de fumier sur lequel il fallait marcher pour entrer dans la maison : ce tas de fumier était champêtre, cette coiffe était patriarcale ; les travaux des champs ont leur poésie à condition qu'on les regarde de loin, ce qui était son cas. Pour rien au monde elle n'eût ramassé les œufs dans le pondoir, ou touché au manche d'un rateau.

Dormant la grasse matinée, elle se mettait en toilette aussitôt levée et restait dans sa chambre à laquelle elle avait, avec presque rien, donné un aspect d'élégance et de bien-être, ce qu'elle appelait une « tournure mondaine. » Là les rideaux clos l'été, devant le feu l'hiver, elle lisait les quelques livres qui formaient le fonds de sa petite bibliothèque et de temps en temps, quand elle pouvait se le procurer, un roman en vogue, ou bien le Journal de mode auquel elle était abonnée et dont elle apprenait par cœur les descriptions de toilette et les indiscrétions sur le monde de la haute vie. Fatiguée de la lecture, elle achevait d'interminables lettres à deux ou trois de ses anciennes camarades de couvent qui avaient comme elle le besoin d'épancher leurs espérances.

Quand elle consentait à sortir de cette chambre

pour aller voir son père et sa mère travailler à leurs foins ou rentrer leurs blés, c'était gantée jusqu'au coude, voilée de gaze épaisse, la tête abritée par une belle ombrelle rouge qui effrayait les bœufs. Avec cela, bonne fille cependant, affectueuse pour ses parents comme s'ils n'avaient point parlé patois, mais férue de ses idées de grandeur bourgeoise, au point de refuser trois ou quatre mariages pour elle superbes. Comment se fût-elle résignée à être la femme d'un paysan, si riche qu'il fût, à vivre aux champs ou dans un bourg ? Il lui fallait la ville et pour le moins une sous-préfecture, car elle mettait une sage modération dans ses ambitions et n'exigeait point l'impossible : Bordeaux ou Toulouse.

Quand le lieutenant Drapier était venu loger à la ferme tout couvert de poussière, elle avait commencé par ne pas faire grande attention à lui, un lieutenant ! Mais lorsqu'il s'était montré empressé et galant auprès d'elle, le simple lieutenant était devenu un mari, possible dans le présent, enviable dans l'avenir : femme d'un colonel, d'un général ! Elle avait changé d'attitude et le mariage s'était fait.

— Nous aurons un salon.
— Tout ce que vous voudrez.
— Nous recevrons.
— Tous ceux que vous voudrez.
— Il sera en tapisserie de Beauvais.
— Va pour du Beauvais.

Ç'avait été une affaire d'organiser ce salon. Le mari n'avait que des dettes avouées, ou à peu près, le lendemain de son mariage ; au lieu des trente mille francs de dot qu'elle devait apporter, la femme avait pour tout capital dix-huit cents francs que ses parents, en se saignant aux quatre veines, avaient pu lui donner. Comment, avec cela, meubler un salon, quand tant d'autres besoins criaient l'urgence immédiate. Cependant elle en était venu à ses fins. Dans la période de la lune de miel son mari n'avait rien à lui refuser, et d'ailleurs il comptait encore sur la dot. D'autre part, elle était si peu exigeante pour tout le reste qu'elle ne demandait rien autre chose : son salon, rien que son salon.

Elle l'avait eu, peu brillant, peu confortable surtout, des petits meubles dépareillés, sortant des magasins de nouveautés où les peluches de couleurs fausses étaient mêlées à des imitations de toute sorte de choses : un canapé faisant vis-à-vis à la cheminée, deux fauteuils, quelques chaises de formes bizarres, un guéridon, une étagère, aux fenêtres des stores à l'italienne en andrinople, qui faisait la pièce toute rouge. Son grand désir avait été un piano, mais ne pouvant l'acheter elle l'avait loué et, si ses notes étaient un peu fêlées, sa caisse en palissandre n'avait pas mauvaise figure.

Quand tout avait été prêt, elle avait fait ses visites et naturellement on les lui avait rendues. Quelle joie en voyant réunies chez elles la baronne La Hontan et madame Maupec, la sous-préfète, assises l'une à côté de l'autre sur le canapé, la comtesse de La Genevrais, madame Collas, enfin tout La Feuillade ; on manquait de sièges. Quel triomphe pour la paysanne ! Elle était l'égale de ces femmes. Jamais elle n'avait aussi tendrement aimé son mari que ce jour-là, et ce fut avec un élan passionné qu'elle le serra dans ses bras quand ils se trouvèrent en tête à tête. Que ne ferait-elle pas pour lui prouver sa reconnaissance ! Qu'importait qu'il n'y eût qu'un pauvre lit en fer et deux chaises dans sa chambre de jeune mariée, une table boiteuse en bois blanc dans sa salle à manger ; elle avait son salon et son jour.

Mais les mercredis suivants n'avaient pas ressemblé à celui-là, les sièges n'avaient plus manqué, c'étaient les visiteurs et les visiteuses ; vainement elle avait attendu de trois à sept heures, personne n'était venu : on avait rendu à la femme du lieutenant sa visite de noces, mais qu'irait-on faire chez elle ? La baronne La Hontan n'allait pas se commettre ainsi, la sous-préfète avait bien d'autres visites à rendre et indispensables celles-là à la marche du gouvernement.

Pendant les premiers mercredis, Drapier était resté avec elle, mais quand il avait vu qu'on ne venait pas ou tout au moins qu'on ne venait guère, il était retourné au café où il passait son temps plus agréablement à jouer au bezigue ou aux dominos et surtout plus utilement car il était assez fort à ces deux jeux pour ne perdre que rarement.

Alors elle avait attendu seule, sans se décourager, avec une patience résignée qui était le fond même de son caractère sans révolte, sans aigreur et sans plaintes : avec le temps elle réussirait.

Dès midi, elle faisait le ménage de son salon aussi coquettement qu'il lui était possible, puis elle s'habillait pour être prête à s'installer dans son fauteuil à trois heures. Alors elle attendait, l'oreille aux aguets, écoutant les bruits de l'escalier; on montait, c'était pour elle sûrement; non; ce serait pour plus tard.

Et de temps en temps elle jetait un regard mélancolique sur les fleurs qu'elle avait arrangées dans tous les vases dont elle disposait, se demandant si personne ne les verrait. Elles lui coûtaient tant de peines et de fatigues. Ne pouvant pas les acheter comme tout le monde chez les fleuristes de la ville, elle allait elle-même les cueillir le mardi dans les prés, le long des haies ou à travers champs. Au printemps le choix était abondant, en été plus restreint, en hiver plus difficile encore. Mais rien ne l'arrêtait, sa course était plus longue voilà tout. Et dans l'après-midi ses voisins la voyaient revenir portant à pleine brassée sa récolte de fleurs ou de feuillages verts selon la saison.

X

Plus d'une fois elle s'était demandé si Bonnet se souviendrait qu'elle lui avait indiqué son jour, mais jamais elle n'aurait osé se fier au pressentiment qui lui disait qu'elle le verrait. Elle avait été si souvent trompée par ses pressentiments. Elle avait tant de fois attendu la visite de gens qu'elle était certaine de voir chez elle, et qui cependant n'étaient jamais venus.

A la vérité, son mari et Bonnet avaient été camarades d'École et de là étaient nés des liens d'intimité entr'eux, mais Cholet aussi avait été un camarade, et cependant elle pouvait compter les fois où il avait daigné venir.

Par son mari elle avait souvent entendu parler de Bonnet comme il ne parlait de personne, de son intelligence, de sa droiture, de sa fierté et aussi de la mauvaise fortune qui l'avait poursuivi, mais pour avoir les qualités qui font le bon officier ou le galant homme, il n'en résulte pas qu'on a des goûts mondains; et c'était à ce seul point de vue qu'en ce moment elle avait à s'occuper de Bonnet.

Quand elle avait entendu un pas hésitant dans l'escalier, celui de quelqu'un qui vient dans une maison pour la première fois, elle n'avait pas cherché : c'était lui ! De là son accueil.

Il y eut un moment de silence lorsqu'il se fut assis sur le siège qu'elle lui avait indiqué près d'elle, car ne se trouvant pas à l'unisson de la joie qu'elle montrait, il n'osait rien dire de peur de lâcher quelque fausse note. Cette jeune femme à l'air doux et mélancolique qu'il avait vue si rudement secouée par son mari, lui avait inspiré une certaine sympathie et il eût été fâché de la peiner. C'était assurément parce qu'il avait été le camarade de Drapier qu'elle était si satisfaite de le voir, et cela révélait un amour dont il était touché : l'un si dur, l'autre si tendre ! pauvre petite femme, il allait s'observer et ne rien dire de ce mari aimé qui pût l'atteindre dans son amour.

Mais à sa grande surprise, ce ne fut pas de Drapier qu'il fut question comme il l'avait supposé ce fut de lui :

— Comment trouvez-vous La Feuillade?

La question s'imposait, pour Bonnet elle était d'autant plus heureuse qu'elle conduisait tout naturellement à madame de Bosmoreau et à ses filles ; il n'avait qu'à laisser venir.

Mais il eut à attendre assez longtemps car ce n'était pas seulement pour la gloire d'avoir quelqu'un dans son salon que madame Drapier tenait à son jour de réception, c'était aussi pour le plaisir de la conversation.

Cette fille de paysans n'avait pas perdu son temps au couvent: elle avait travaillé, appris et son esprit ouvert s'était vite façonné ; elle savait raisonner, elle savait causer, et ce qu'elle ignorait elle le devinait avec une subtilité, une finesse et en même temps un sens droit qui eussent charmé un mari autre que le sien. Malheureusement, Drapier reportait sur sa femme toute la responsabilité des embarras qui l'accablaient et il lui faisait payer par l'indifférence ou la dureté les trente mille francs qu'elle n'avait pu payer en espèces réelles. Ce n'était pas avec un mot spirituel de sa femme qu'il pouvait le premier du mois répondre au capitaine-trésorier, quand celui-ci lui retenait les sommes qui grevaient son bordereau de paiement, pas plus que ce n'était par une de ses réflexions ingénieuses qu'il pouvait renvoyer les créanciers dont les réclamations et les plaintes le harcelaient jusqu'à son café : un mot spirituel, une réflexion ingénieuse, un doux sourire cela ne lui mettait pas en poche les douze ou quinze cents francs de rente sur lesquels il avait compté et dont il avait si grand besoin.

C'était ce besoin incessant, cette poursuite des créanciers qui l'aigrissaient et l'exaspéraient contre sa femme ; elle l'avait perdu, quand il avait cru qu'elle le sauvait ; et bien qu'elle écoutât ses reproches avec une douce résignation, bien qu'elle ne se révoltât jamais sous la main qui lui meurtrissait le cœur, il ne pouvait pas lui pardonner : c'était sa faute, la faute de sa folle vanité de fille ambitieuse ; s'ils souffraient de la misère, si sa position était menacée, si son avenir était compromis, si un jour ou l'autre on l'obligeait à donner sa démission, car le colonel Bayon était impitoyable pour ses officiers endettés, c'était et ce serait parce qu'il avait eu la faiblesse aveugle de se marier. « Si je n'avais pas fait cette bêtise ! » répétait-il dix fois par jour ; et jamais elle n'avait répondu que leur situation serait moins difficile si elle n'était pas chargée des lourdes dettes contractées avant « cette bêtise. » Avec la solde elle eût fait marcher son ménage, elle se fût habillée, elle eût assuré à son mari une tenue décente ; mais que pouvait-elle avec le peu qu'il lui apportait quand le terrible capitaine Bontemps avait prélevé les retenues.

Précisément parce qu'elle avait été durement rabrouée par son mari devant Bonnet, elle était bien aise de montrer à celui-ci qu'elle n'était pas la pauvre créature qu'il avait dû supposer : les sujets ne manquaient pas ; en plus de la ville, elle avait le régiment et surtout les femmes des officiers.

— Comment, vous n'avez pas trouvé chez elle la baronne La Hontan ? Il faut y retourner.

— Ce soir même en sortant de chez vous.

— C'est la bonne heure ; de six à sept elle reçoit tous les jours, ce qui est plus chic que d'avoir comme nous un jour par semaine, et vous savez qu'elle a la prétention d'être la plus haute personnification du chic qui était à la mode il y a vingt ans, le chic Metternich qu'elle a conservé dans toute sa pureté et qu'elle copie au point de chercher à ressembler à la princesse dont elle imite les toilettes et les manières, et très exactement, très fidèlement disent les gens d'un âge avancé qui ont vu ces temps éloignés. Elle n'aura pas dit trois phrases qu'elle vous exprimera son regret qu'il n'y ait plus de cour et vous laissera entendre qu'elle y brillerait autant par son esprit que par sa grâce et surtout par son... chic. Vous allez la trouver étendue sur une chaise-longue, montrant ses pieds qui sont ce qu'il y a de mieux en elle. Quand vous serez là depuis cinq minutes, le baron fera son apparition le front penché en homme que le travail accable. Elle lui tendra la main comme si elle le voyait pour la première fois de la journée et lui dira une phrase qui est toujours la même: « Bonjour, Théo, vous allez bien ? » A quoi il répondra par une phrase qui ne varie jamais non plus : « Très bien, et vous baronne, vous avez passé une bonne nuit ? » exactement comme si cette nuit, ils ne la passaient pas dans la même chambre et, ce qui est mieux encore, dans le même lit. Pour la première fois, cela vous amusera, et, à vrai dire, plus que ses dîners, bien qu'elle les fasse faire par les jeunes cuisiniers qu'elle accapare pour son service particulier, quand ils arrivent au régiment et qu'ils ne se sont pas encore gâté la main.

Elle regardait Bonnet sourire et un regret se mêlait à la joie de son petit succès : pourquoi son mari n'était-il pas présent, il verrait qu'elle n'était pas tout à fait la femme nulle qu'il croyait. Bonnet, de qui il disait tant de bien, n'était point un sot, et il riait.

Elle était trop bien encouragée pour ne pas continuer ; après la femme du lieutenant-colonel, vint celle du commandant du bataillon auquel appartenait Bonnet, madame Collas, puis celle du capitaine de sa compagnie, madame la comtesse de La Genevrais.

— S'il m'est permis de vous donner un conseil, soyez circonspect avec madame Collas, et n'oubliez pas que c'est d'elle que la baronne La Hontan, qui nous baptise tous de surnoms drôlatiques, a dit qu'au lieu d'enlever les taches qui peuvent ternir la réputation de quelques femmes des officiers du régiment, comme son nom l'y oblige, — (la Benzine Collas) elle en ajoute de nouvelles et en jette sur celles qui n'en ont jamais eu. Quant à madame de La Genevrais, ne vous laissez pas tromper par son abord un peu froid; au fond, c'est une très bonne et très excellente femme, je dirais volontiers la meilleure des femmes; malheureusement, bien qu'elle soit, comme son mari, d'une grande naissance, elle est pauvre, très pauvre, puisqu'ils n'ont que la solde du capitaine pour vivre, et c'est là ce qui lui impose sa froideur : on permet tout à ceux qui ont de la fortune, on exige tout de ceux qui n'en ont pas ; si madame de La Genevrais était trop aimable avec nous, on dirait qu'elle s'abaisse ; c'est pour cela que tout en étant très polie, affectueuse même avec les femmes des officiers du régiment, elle garde ses distances.

Si intéressants que fussent ces portraits des femmes de ses camarades, Bonnet n'oubliait pas madame de Bosmoreau ; c'était pour elle qu'il était venu, non pour la baronne La Hontan ou pour la comtesse de La Genevrais.

— Puisque vous connaissez si bien celles avec qui je vais me trouver en relations, permettez-moi donc de vous demander ce que signifient quelques mots de Drapier sur madame de Bosmoreau que je n'ai pas compris et qui depuis me sont revenus : Pourquoi ne compte-t-elle pas ? Comment sa tête n'était-elle pas très solide lors de son second mariage ?

Elle le regarda assez longtemps, puis avec un sourire :

— Elle vous intéresse, madame de Bosmoreau ? demanda-t-elle.

— Elle m'inspire de la sympathie. Je trouve cet intérieur, avec la grand'mère, la mère et les deux filles dans le joli cadre qui l'entoure, tout à fait curieux.

— Vous en avez rêvé ? demanda-t-elle en accentuant son sourire.

— C'est beaucoup dire, au moins j'y ai pensé.

— C'est quelque chose ça, mais ce n'est pas assez ; il faut y penser un peu, beaucoup, passionnément.

— A madame de Bosmoreau ?

— Mais non, à ses filles.

— A toutes les deux.

— Mais non, à l'une ou à l'autre.

— Voilà l'embarras !

— Depuis notre soirée chez madame de Bosmoreau, nous avons souvent parlé de vous Edmond et moi, à vrai dire nous n'avons parlé que de vous ; vous savez quelle est la passion d'Edmond pour ses camarades d'École, et de tous ses camarades, vous êtes celui sur qui il a bâti le plus d'espérances.

— Il est bien bon, mais si vous le voulez, nous mettrons « le plus de châteaux en Espagne. »

— Je maintiens « espérances », car elles reposent sur un terrain solide, fait de l'estime et de la confiance que vous lui avez inspirées. Enfin il croit à un bel avenir pour vous et il trouve qu'un bon mariage le servirait grandement. C'est pour cela que nous avons arrangé ce mariage.

— Et avec laquelle, je vous prie ? demanda-t-il en riant.

— Nous ne sommes pas d'accord : Edmond désire Agnès, moi je voudrais Julienne. Certainement Agnès est une très belle fille, brillante, éblouissante, faite pour séduire, je le reconnais comme tout le monde, mais pour être moins tapageur, le charme de Julienne n'est pas moins réel. Notez que je ne me place pas au point de vue de la fortune, et que je ne préfère pas Julienne uniquement parce qu'elle est riche, tandis qu'Agnès ne l'est pas, bien que cette considération, à mérites égaux, ait son poids. Non, je trouve que, justement, les mérites des deux sœurs ne se balancent pas, et que ce sont ceux de Julienne qui l'emportent. Vous demandiez tout à l'heure pourquoi madame de Bosmoreau ne compte pas? Parce que la pauvre femme a la tête dérangée sinon assez pour qu'on puisse soutenir qu'elle est folle, en tout cas de telle sorte qu'elle est incapable de suivre une volonté raisonnable : quand vous la connaîtrez, vous la verrez tout à coup et sans motif laisser partir un petit éclat de rire avec un visage calme, ou bien s'interrompre en vous parlant : « Laissez-moi, je vais vous dire des bêtises. » Dans ces conditions, avec sa grand'mère paralysée par la surdité, avec sa mère privée de volonté, Julienne a pris en main la direction de la maison et s'est faite mère de famille : la façon dont elle s'acquitte de son rôle vous a certainement montré ce qu'il y a en elle d'intelligence, de cœur, de bonté, de sérénité. Ce sont ces qualités qui me font préférer Julienne malgré la beauté d'Agnès. Et ne soyez pas surpris que j'aie pensé que vous puissiez devenir son mari. A La Feuillade, il n'y a personne qui soit digne d'elle, puisque personne jusqu'à présent ne l'a décidée à se marier, vous arrivez...

— Mais je n'arrive pas avec la pensée de me marier, que je n'ai jamais eue; d'ailleurs je n'arrive pas seul, Derodes aussi fait son entrée à La Feuillade.

— Je n'ai pas à m'occuper de M. Derodes; il n'est ni le camarade ni l'ami d'Edmond, et d'ailleurs avec une fortune comme la sienne, Agnès et même Julienne ne seraient que de bien pauvres partis pour lui. Maintenant n'allez pas vous imaginer que si j'ai arrangé ce mariage pour vous c'est que je suis une marieuse de profession. C'est la première fois que je me mêle de mariage, et l'idée ne m'en est venue que par ce qu'Edmond m'a dit de vous quand vous lui avez écrit pour lui demander des renseignements sur La Feuillade. Elle s'est confirmée quand je vous ai vu. Bien entendu, je ne sais si vous l'adopterez et je ne me permets pas de vous le demander. Mais si jamais vous avez besoin d'une confidente, je suis là; ce n'est pas un rôle de premier plan et qu'on se dispute ordinairement; je serai heureuse de le prendre si vous me le donnez.

XI

Ce fut le samedi soir que Bonnet et Derodes, accompagnés de Cholet qui avait voulu remplir les fonctions d'introducteur, allèrent faire visite à madame de Bosmoreau.

Ils la trouvèrent avec sa mère et ses filles sur la terrasse, où, à chaque jour, dans la bonne saison, elles passaient la soirée. Le long du mur à balustres s'alignaient des sièges de jardin entre les orangers, et sur une table était posé un plateau avec des verres. C'était là, en effet, qu'elles recevaient ordinairement les amis qui venaient les voir à cette heure et l'endroit, par un beau jour, était à souhait pour le repos et la causerie; adossé au magnolia dont les branches étalées formaient une voûte de feuillage et de fleurs parfumées, on avait devant les yeux et à perte de vue la vallée d'où montait la fraîcheur du soir.

Comme les trois officiers allaient prendre des chaises, Julienne s'adressa à Bonnet :

— Ne préférez-vous pas que nous rentrions? demanda-t-elle.

— Il me semble que nous sommes très bien ici, répondit-il un peu surpris de cette question.

— Ces messieurs et nous, oui sans doute, mais vous, monsieur, qui arrivez d'Afrique, ne craignez-vous pas le froid du soir. Quand nous avons appris que c'étaient les fièvres qui vous avaient forcé de quitter l'Algérie, nous nous sommes reproché de vous avoir fait danser une partie de la nuit en plein air.

Bonnet, qui n'avait jamais été gâté par les attentions et les prévenances, fut touché de cette sollicitude :

— Ne dérangez personne pour moi, je vous prie, mademoiselle, je n'ai rien à craindre du climat de La Feuillade; il est probable que si j'avais commis ailleurs l'imprudence de danser une partie de la nuit en plein air, je l'aurais payée d'un bon accès de fièvre, mais ici, la fraîcheur du soir, sans rosée et sans humidité ne m'est pas contraire; je serais fâché de ne pas jouir de cette belle vue dont j'ai rêvé.

— Vraiment !

Cette soirée était si charmante dans son cadre

original au milieu de ce vieux cloître, avec la verdure, les lanternes et la lumière de la lune qui blanchissait les fenêtres que tout cela m'a rempli l'esprit.

La vieille madame Amilhau écoutait Bonnet comme si elle pouvait l'entendre, le regardant dans les yeux avec un vague sourire.

— Vous ne vous êtes pas trouvé indisposé après notre soirée? demanda-t-elle.

— Pas du tout, madame.

Mais ce ne fut pas la réponse que Julienne écrivit sur le carnet de sa grand'mère : « M. Bonnet dit qu'il en a rêvé. »

La physionomie de madame Amilhau toujours grave s'épanouit :

— Eh bien on fera en sorte de vous en offrir d'autres, dit-elle avec bonne grâce, je tâcherai d'ici là de donner un peu de souplesse à mes doigts.

Tandis qu'ils s'entretenaient ainsi, Derodes et Cholet s'étaient assis devant madame de Bosmoreau et devant Agnès, mais en tournant le dos à la balustrade, de sorte que Bonnet se trouvait vis-à-vis d'Agnès : c'était la première fois qu'il la voyait à la lumière du jour et soit qu'il se fût laissé influencer par ce qu'on lui avait dit d'elle, soit que les dernières lueurs du couchant qui l'éclairaient missent en pleine valeur sa beauté, l'impression de la réalité fut beaucoup plus vive que ne l'était celle du souvenir : quelle jolie fille vraiment! en parlant à Derodes son teint s'était animé, on voyait le sang velouter de rouge sa peau satinée et ses yeux bleus lancer des éclairs; combien brillante ainsi et éclatante différait-elle de sa sœur si douce et si calme ; certes il ne changeait pas de sentiment sur Julienne mais Agnès l'éblouissait, et la regardant sans parler il se répétait tout bas :

— La jolie fille ! la jolie fille !

Bientôt la conversation devint générale, car si Agnès paraissait vouloir accaparer Derodes, il semblait qu'elle ne permettait pas à sa sœur de garder Bonnet ; il fallait qu'ils fussent à elle tous les deux et même tous le trois : Derodes et Cholet n'ayant jamais été en Algérie, elle fit parler Bonnet de la vie des villes et de celle du désert en Afrique.

— Avait-il tué beaucoup d'Arabes ? avait-il rapporté une collection d'armes ?

Comme il était tout à son récit, il crut remarquer que les mains de madame de Bosmoreau étaient agitées par un tremblement bizarre : tout à coup, elle jetait les bras en avant, puis, quand elle les reposait sur ses genoux, ses doigts se fermaient ou s'allongeaient avec des mouvements involontaires ; alors Julienne se leva, et prenant le bras de sa mère, elles s'éloignèrent toutes les deux, tandis qu'Agnès, sans se déranger, le priait de continuer.

Il continua donc, mais il n'avait dit que quelques mots quand il entendit un éclat de rire strident partir du côté où madame de Bosmoreau et Julienne avaient disparu ; si madame Drapier ne lui avait pas parlé de ce rire, il se serait assurément interrompu, mais, étant prévenu, il ne laissa paraître aucune surprise et continua son récit comme s'il n'avait rien entendu.

Julienne fut assez longtemps sans revenir; quand elle reparut elle était seule.

Bonnet et Cholet, qui connaissaient la maladie de madame de Bosmoreau, ne dirent rien, mais Derodes qui l'ignorait crut devoir adresser quelques paroles de sollicitude à Julienne, qui, sans embarras, répondit que sa mère un peu souffrante s'était mise au lit, et ce fut tout.

Naturellement la visite des officiers se trouva abrégée, et malgré l'insistance d'Agnès qui voulait les retenir, ils se retirèrent

— Pourquoi n'as-tu pas ramené maman avec toi? demanda Agnès à sa sœur lorsqu'ils furent partis.

— Elle était réellement fatiguée.

Agnès fit une moue mécontente et sans en dire davantage elle monta à sa chambre, mais ce ne fut pas pour se coucher; poussant un fauteuil jusqu'à la fenêtre qui était grande ouverte, elle s'allongea nonchalamment et resta là engourdie dans la mollesse du soir

Au bout d'une demi-heure environ, Julienne vint la rejoindre.

— Que fais-tu là? demanda-t-elle affectueusement.
— Rien.
— Tu rêves?
— Oui et non.

Prenant une chaise, Julienne s'assit auprès de sa sœur.

— Comment le trouves-tu ? dit-elle.
— Et toi?
— Très bien, tout à fait bien; la seconde impression

a confirmé la première; c'est un homme que toute jeune fille doit désirer pour mari...

— N'est-ce pas?

— Tu l'accepterais donc, s'il te demandait?

Agnès se mit à rire :

— S'il me demandait...

— Tu es assez jolie, il me semble, et d'autre part, il me semble aussi que s'il est en situation de se marier, ce mariage serait assez avantageux pour le tenter.

— Alors, c'est de M. Bonnet que tu parles?

— Et de qui veux-tu que ce soit? demanda Julienne stupéfaite.

— Comme c'est toi! s'écria Agnès. Ah! comme c'est toi!

Julienne la regarda interdite.

— Comment, dit Agnès en riant, tu t'imagines que je vais penser à un homme qui n'a rien quand, près de lui, j'en vois un autre qui a un nombre respectable de millions!

— M. Derodes?

— Pourquoi pas?

— Tu as cru que je te parlais de M. Derodes!

— Et pourquoi ne l'aurais-je pas cru; si je suis assez jolie pour M. Bonnet, ne le suis-je point assez pour M. Derodes? Diras-tu cela?

— Il ne s'agit pas de la beauté, il s'agit de la fortune; M. Derodes est, dit-on, un fils de famille très riche..

— Société des verreries et manufactures de glaces d'Ostrevent, dix fours de fusion, verres à vitres de toutes espèces; fabrique de glaces polies, étamées et argentées; fabrique de produits chimiques; voilà la raison sociale Derodes et Cⁱᵉ. Tu vois que je la connais bien, et tu dois comprendre alors que je préfère M. Derodes à M. Bonnet, fils d'un meunier.

— Oh! Agnès!

— Quoi! Agnès. M. Derodes n'est-il pas un homme que toute jeune fille doit désirer pour mari... surtout quand elle n'a pas le sou.

— Il me semble que sans le sou n'est pas ton cas.

Agnès se leva vivement et venant à sa sœur, elle l'embrassa :

— Ne crois pas que j'oublie ce que tu fais pour moi et que je ne t'en sache pas gré; je n'imagine pas de sœur meilleure que toi, et je n'en ai jamais vu de plus généreuse. Mais ce n'est pas parce que tu fais quelque chose pour moi, beaucoup même, que de mon côté je ne dois rien faire. Laisse-moi chercher un mariage qui réalise mes désirs, mes rêves si tu veux, et qui me donne l'existence qu'exigent mes goûts et mon éducation.

— Où le trouver, ce mari? Montre-le-moi et sois sûre que je t'aiderai.

— Justement je te demande de ne pas m'aider et de me laisser libre, car nous n'avons ni les mêmes idées, ni les mêmes exigences : ainsi, quand je te parle mariage, tu me réponds mari; comment veux-tu que nous nous entendions?

— Tu me fais peur.

Agnès se mit à rire :

— Compte un peu combien de fois déjà je t'ai fait

peur, et compte aussi les accidents... graves qui me sont arrivés, tu verras que tu peux avoir confiance. Pour avoir quatre ans de plus, pour être ma grande sœur, il ne faut pas croire que je suis une petite fille. Je reconnais que, pour les choses de la vie et pour tout ce qui est affaire tu es mon aînée et de beaucoup, mais pour le mariage nous sommes du même âge, et je crois même que l'aînée c'est moi. Ce sont les heures vécues qui font la vie n'est-ce pas, non les autres. Eh bien ! il n'est pas une heure, depuis que je ne suis plus une enfant inconsciente, où je n'aie pensé au mariage en général, et au mien particulièrement, très particulièrement. C'est pour cela que tu m'as vue si ferme à refuser les mariages que tu m'as proposés jusqu'à présent, bien plus parce qu'ils ne s'accordaient pas avec mes idées que parce que les maris me déplaisaient. Je n'avais aucun reproche à adresser à Jacques Civiel, mais il était commerçant et je ne serai jamais la femme d'un homme qui vend quelque chose. Il n'y avait rien à dire contre M. Dameron, mais il était procureur de la République et le temps n'est plus où une fille avisée épouse un fonctionnaire qui, demain, peut-être, sera révoqué pour une raison quelconque ou sans raison; quel parti veux-tu qu'une femme tire d'un homme qui, devenu magistrat parce qu'il était mauvais avocat, retombe avocat.

Elle dit cela d'un ton dogmatique qui fit sourire Julienne.

— Crois-tu donc, continua Agnès, qu'une fille qui veut se bien marier, n'apprend pas à connaître la vie et même la politique. Le monde marche; ce qui était bien il y a vingt ans, est impossible aujourd'hui. Par le temps qui court, il n'y a que trois sortes de fonctionnaires que la fille avisée dont je parle puisse épouser : l'ingénieur, le professeur et l'officier; fille de soldat c'est le soldat que je préfère, et c'est pour cela que j'ai décidé que M. Derodes serait mon mari; il a la position et il a la fortune.

— Il n'a que trop de fortune.

— Cela n'est pas pour me déplaire, dix fours de fusion, verres à vitres, glaces, produits chimiques, ma fierté ne va pas jusqu'à reprocher aux parents de mon mari de vendre quelque chose, surtout quand ils gagnent de l'argent, beaucoup d'argent; ce sera le beau-père, noble d'ailleurs qui sera commerçant; nous, nous serons commandant, colonel, général, et j'aurai l'agréable vie d'une femme d'officier... qui est riche.

— Et si M. Derodes ne veut pas se marier?

— C'est à voir : l'histoire rapporte, n'est-ce pas que des hommes qui ne voulaient pas se marier se sont pourtant mariés sans le vouloir et même sans trop savoir comment ils ont été entraînés; pourquoi M. Derodes ne ferait-il pas comme eux. Je ne serais pas la première fille pauvre qu'un homme riche aimerait et épouserait, il me semble

Julienne resta un moment sans répondre :

— Alors tu renonces à M. Bonnet, dit-elle enfin; comme j'aurais été plus heureuse et plus tranquille de te voir décidée à être pour lui ce que tu veux être pour M. Derodes

— Je ne renonce ni à M. Bonnet ni à personne, d'abord parce que je ne sais pas si la combinaison Derodes réussira, et puis ensuite parce que M. Bonnet peut m'être utile pour faire avancer M. Derodes... au cas où celui-ci n'irait pas assez vite.

FIN DE LA PREMIÈRE PARTIE

DEUXIÈME PARTIE

I

Quelques rencontres fortuites avec Derodes, quelques réunions improvisées comme celle qui avait suivi la réception ne suffisaient pas à Agnès ; ce qu'il lui fallait pour mettre son plan à exécution c'était se trouver avec lui aussi souvent que possible et surtout d'une façon régulière.

Elle avait foi dans sa beauté et, par expérience, elle savait ce qu'elle en pouvait attendre, mais sa confiance n'allait pas cependant jusqu'à l'infatuation.

Derodes la trouvait jolie, elle le savait, et très justement elle avait mesuré l'effet qu'elle avait produit sur lui, mais pour cela il n'en résultait pas qu'il devait la demander en mariage tout de suite : plaire à un homme est une chose ; se faire épouser en est une autre ; et elle voulait se faire épouser ; quelle meilleure occasion trouverait-elle de réaliser les rêves ambitieux de sa jeunesse et de mener la grande vie pleine de chic que les récits de la baronne La Hontan lui peignaient tous les jours, sans qu'elle se lassât jamais de les entendre, si démodés qu'ils fussent : la cour disparue (celle-là ou une autre) reviendrait un jour, elle brillerait, elle serait de l'intimité du Roi ou de l'Empereur (peu lui importait), au mieux avec les princes ; en attendant Parisis parlerait d'elle, Robert Milton la nommerait aux courses ; le monsieur de l'orchestre décrirait ses toilettes de première représentation ; les de Rodes devaient avoir un titre, elle le ferait revivre ! L'arrivée de ce garçon, à La Feuillade était vraiment providentielle, il n'en fallait pas douter un instant ! Jamais chance aussi splendide ne s'était présentée ; la laisserait-elle échapper ?

Quelles difficultés rencontrerait-elle ? Elle les ignorait, mais il était prudent de prévoir qu'elles seraient sérieuses ; il était riche, elle n'avait rien ; les années de jeunesse, si longues et si lourdes pour les filles à marier, sont courtes et légères pour les hommes ; voudrait-il abréger les siennes ? C'était folie de croire que la beauté seule suffirait à provoquer ce sacrifice, et si elle pouvait commencer la séduction, ce serait l'adresse qui devrait l'achever.

En disant à sa sœur qu'elle en savait plus qu'elle sur le mariage, Agnès ne se vantait point, et c'était précisément son savoir qui l'avertissait qu'il ne suffisait pas que Derodes la vît de temps en temps pour être subjugué. Autant qu'elle pouvait le juger d'après son air vainqueur et son nez au vent, c'était un garçon aussi indépendant de caractère que d'allure, et qui, bien certainement, n'avait admis le mariage que dans un avenir éloigné, très éloigné, à supposer même qu'il eût jamais cru qu'il pouvait se marier un jour ; pour lui insinuer cette pensée, pour la faire germer dans son esprit, la cultiver et l'amener à passer d'une conception vague à un besoin de mise à exécution immédiate, il y avait un joli travail qui ne s'exécuterait pas en quelques journées.

C'était donc à organiser des réunions où elle le rencontrerait souvent qu'elle devait s'employer, et la chose était assez délicate pour être menée avec précaution : les officiers, les jeunes surtout, vont volontiers où on les invite, mais ils ne retournent que là où on les amuse ; une expérience venait d'être faite, qui prouvait combien ce retour était difficile à obtenir.

L'année précédente, dans une jolie maison aux portes de la ville, était venu s'établir un officier supérieur, le général Caruel, nouvellement mis à la retraite. Les hasards de la vie militaire lui avaient fait passer, peu de temps auparavant, une année à La Feuillade ; le pays lui parut aimable, créé exprès pour y mener sans grandes dépenses une existence plantureuse. Comme il exerçait alors un commandement, il avait été très entouré et les officiers aussi bien que le monde de la ville avaient afflué chez la générale qui aimait à recevoir. A l'heure où sonnerait la retraite, ce serait évidemment une ville où il ferait bon se retirer ; où pouvait-on être mieux ? Où pouvait-on avoir des relations plus agréables ? C'est quand on n'est plus rien, on ne fait plus rien, on ne peut plus rien, qu'elles ont tout leur prix. Mais il s'était trouvé quelles n'avaient pas du tout été ce qu'ils imaginaient d'après le passé : c'était auprès du général commandant la brigade qu'on s'était montré empressé ; maintenant qu'il n'avait ni autorité ni influence, et qu'il était ce que les lieutenants irrévérencieux appelaient « un pauvre vieux à l'oreille fendue », pourquoi se serait-on dérangé ? A la première soirée qu'il avait donnée, personne n'avait manqué ; à la seconde, les absences étaient inquiétantes ; à la troisième, on se comptait ; le moment semble proche où ils resteraient en tête à tête en face l'un de l'autre dans leur salon vide.

L'exemple était typique pour Agnès, mais il n'était pas décourageant ; si la générale avait su amuser ses invités, ils seraient revenus : le mot de la situation avait été dit par un sous-lieutenant indépendant : « On s'embête à crever là-dedans, ça sent le moisi. » Il en est, en effet, des officiers de la nouvelle armée, comme il en était de ceux de l'ancienne : pour le plus grand nombre le service fini tout est dit, le plaisir devient leur seul souci.

Autrefois, quand les changements fréquents de garnison leur imposaient la vie nomade, le café était leur unique lieu de récréation ; où auraient-ils été dans une ville où ils ne connaissaient personne et où ils ne faisaient que passer. Mais depuis que les régiments sont établis dans des résidences fixes où l'officier est assuré de rester de longues années, ces habitudes ont changé : il a des relations, des amis, une famille souvent et le café n'est plus son unique lieu de réunion. A la vérité, le type de l'étrangleur de perroquets n'a pas disparu, il y a toujours des officiers qui passent leur temps à fumer des pipes et à taper des dominos sur le marbre poisseux d'une table, mais le nombre en a diminué depuis quelques années et il diminue tous les jours.

A côté des anciens élèves de la rue des Postes qui, par principes ne vont pas au café et ne fument pas en public, il y a d'autres officiers qui aux dominos et aux perroquets, préfèrent des distractions moins primitives; dans certains régiments on fait de la peinture; dans d'autres, c'est de la sculpture. A La Feuillade, la distraction à la mode depuis quelques mois était l'aquarelle : un beau matin, un lieutenant s'était levé avec des dispositions extraordinaires pour la peinture à l'eau ; un autre l'avait suivi, puis un troisième, un quatrième; quelques femmes qui copiaient de vieilles tapisseries avec un talent remarquable avaient abandonné l'aiguille pour les pinceaux : c'était une rage, tout le monde s'était mis à l'aquarelle; on commençait à parler d'une exposition au profit des pauvres de La Feuillade; le sous-préfet qui voyait grand, ou au moins le disait, voulait que ce fût au profit des pauvres de l'arrondissement.

Mais si bien emballé que fût le régiment sur cette piste artistique, le temps des officiers qui s'étaient jetés dans l'aquarelle n'était pas si étroitement pris qu'il ne leur en resiât pas à donner à d'autres distractions : c'est un artiste de profession qui peut travailler toute une journée; à l'amateur, quelques heures suffisent et encore bien souvent lui paraissent-elles un peu longues. C'était le cas des officiers aquarellistes; s'ils n'allaient plus chez la générale malgré les avances de celle-ci, c'était parce qu'ils s'ennuyaient chez elle : rester trois heures devant une table de whist ou de trictrac, écouter la générale raconter les histoires de son bon temps quand elle collait les aides de camp de son mari sur l'Annuaire qu'elle appelait le Codex, on n'avait jamais su pourquoi : « Mon petit monsieur, je sais ce que je dis, je l'ai lu dans le Codex », étaient des plaisirs qui manquaient un peu d'entrain pour des officiers. Qu'on leur offrît des distractions qui les amuseraient, et on les aurait.

Lesquelles?

Ce n'était point son habitude, lorsqu'elle voulait une chose de consulter personne des siens, ni sa grand'mère, ni sa mère, ni même sa sœur; elle disait ce qu'elle avait décidé et c'était tout, on l'acceptait ou on le repoussait; quelquefois madame Amilhau se permettait une critique, quelquefois aussi Julienne risquait une observation amicale, jamais madame de Bosmoreau ne faisait la plus légère opposition : de sa fille aimée tout était bien, ce n'était pas comme Julienne qui la contrariait toujours et à propos de tout. Cependant, dans cette circonstance, Agnès crut devoir faire part de son projet à sa sœur, dont elle aurait d'ailleurs besoin :

— Tu veux attirer M. Derodes ici! s'écria Julienne aux premiers mots.

— Sans doute.

— Tu n'y penses pas.

— Je ne pense qu'à cela, et je compte sur toi pour m'aider.

— Ce n'est pas sérieux.

— Rien n'est plus sérieux. Tu veux que je me marie, n'est-ce pas?

— Sans doute.

— Eh bien, comment veux-tu que le mariage d'une fille de ma condition se fasse tout seul avec un homme qui est dans la position de M. Derodes?

— Tu comprends toi-même combien ce mariage est difficile.

— Oui, mais il n'est pas impossible... si tu veux m'aider.

— Que puis-je?

Agnès expliqua son plan; à mesure qu'elle parlait le visage de Julienne s'assombrissait.

— Quelle peine tu me fais, dit-elle tristement quand sa sœur se tut.

— Et pourquoi? en quoi? demanda Agnès toute surprise.

— J'aurais voulu pour toi un mariage autre que celui-là.

— Ma chère, en fait de mariage, il ne faut pas être trop exigeante et savoir se contenter de ce qu'on trouve; en tous cas celui-là me donnera la vie que j'ai toujours rêvée et que je veux.

— Te donnera-t-il le bonheur?

— Sans doute puisque mon rêve sera réalisé.

— N'as-tu donc jamais rêvé autre chose que la fortune et la vie brillante?

Agnès secoua la tête d'un mouvement de colère :

— Il ne s'agit pas de cela ; d'ailleurs, il me semble que M. Derodes est un mari qu'on peut aimer.

— L'aimes-tu ?

— Je l'aimerai quand il m'aimera.

— Tu raisonnes comme si tu n'avais qu'à vouloir pour qu'il t'aime; il n'en est pas moins vrai que, malgré ta beauté il se peut très bien qu'il ne t'aime jamais.

— C'est à voir.

— Tu ne le connais pas; tu ne sais pas ce qu'il est, quels sont ses sentiments, quelles sont ses idées; ce qu'on raconte de lui n'est guère rassurant : cette installation luxueuse, ces meubles de prix qu'il a fait venir de Paris, ses chevaux, ses voitures, sa tenue plus que recherchée lorsqu'il s'habille en bourgeois, tout cela est inquiétant.

— En quoi? Tout cela montre qu'il est l'homme brillant que j'ai toujours désiré : tu ne vas pas lui reprocher sa fortune.

— On raconte qu'une comédienne est venue de Bordeaux pour le voir.

— Je ne lui demande pas de n'avoir pas eu des maîtresses.

— Et s'il en a encore une qu'il aime ? Tu veux qu'il vienne ici pour se faire aimer, s'il ne t'aime point.

— Eh bien, je renoncerai à mon idée.

— Et s'il est trop tard, si tu l'aimes, toi. Tu n'as pas pensé à cela, n'est-ce pas? Tu veux le prendre; qu'arrivera-t-il si c'est lui qui te prend? Tu me disais que M. Derodes était un mari qu'on pouvait aimer, je le dis comme toi; qu'il devienne ton mari et que tu l'aimes, c'est parfait; mais que tu l'aimes sans qu'il devienne ton mari, c'est le danger.

Agnès eut un sourire de confiance.

— Enfin c'est possible, continua Julienne, et voilà ta jeunesse désolée, sans compter que ce mariage manqué rendrait les autres difficiles sinon impossibles. Réfléchis à cela avant de te lancer dans une aventure aussi périlleuse.

— J'ai réfléchi et j'ai décidé que M. Derodes serait mon mari; tu es vraiment un peu naïve, ma pauvre Julienne, en te scandalisant et en te tourmentant ainsi; je ne suis pas la première fille qui gagne son mari à la sueur de son front; pour que je réussisse il me faut ton aide, me la refuses-tu?

— Tu sais bien que je ne te refuse rien.

— Eh bien alors je réussirai.

II

Lorsque Julienne eut, comme toujours, cédé à sa sœur, il ne resta plus qu'à discuter les moyens à employer pour attirer Derodes et pour le retenir.

— J'aurais dû te refuser l'aide que tu me demandes, dit Julienne, car j'ai un pressentiment qu'il ne peut sortir rien de bon de ton projet.

— Nous allons recommencer?

— Non; seulement, puisque tu me demandes

quelque chose, j'ai bien le droit de ne te l'accorder que sous condition.

— Cela n'est guère généreux.

— Au moins cela est-il sage, et c'est assez pour que j'y tienne ; ma condition est que dans ce que nous allons décider il n'y ait rien de particulier à M. Derodes et que ce que nous ferons en réalité pour lui paraisse fait pour tous ses camarades.

— Bien entendu.

— Si M. Derodes vient souvent ici, M. Bonnet, M. Cholet, M. Drapier, M. Montariol, M. Carrelet, M. Vezin, tous ceux qui sont jeunes et qui veulent s'amuser y viendront aussi.

— Ce que tu veux, j'allais te le proposer. Mon intention n'est pas de m'enfermer dans une pièce sombre avec M. Derodes et de le charmer comme une odalisque en allumant son narguilé ou en dansant des pas orientaux en m'accompagnant d'un tambourin : Boum, boum, dzing, dzing, psi, psi, psi, boum, boum.

En chantant cet air, elle dansait autour de sa sœur avec des déhanchements si langoureux et si passionnés que Julienne se mit à rire franchement.

— Mauvaise manière celle de l'odalisque, continua Agnès, ça ne réussit pas et ça m'ennuirait. Pas de ça. J'entends comme toi que tous ceux qui voudront venir, viennent, plus nous aurons de monde mieux cela vaudra... pourvu qu'ils soient amusants cependant ; aux officiers nous ajouterons M. de Rosseline, le sous-préfet, sa femme qui feront un noyau. Je tâcherai d'être aussi aimable pour MM. Bonnet et Cholet que pour M. Derodes et s'il y a une nuance en faveur de celui-ci, sois certaine qu'il sera seul à le voir. Je ne dis pas que quelquefois même je ne serai pas plus aimable pour M. Bonnet ou pour M. Cholet, cela dépendra.

— Je te disais de prendre garde à toi, maintenant, je te dis de prendre garde à M. Bonnet.

— M. Bonnet ! Mais qu'est-ce que tu veux que ça me fasse, M. Bonnet, — le fils d'un meunier.

— M. Bonnet est un officier d'avenir, M. Derodes est un officier... comme beaucoup d'autres.

— Dans l'avenir, M. Derodes aura quelques millions de plus qu'en ce moment, et M. Bonnet aura les 7,500 francs de la solde d'un colonel, ou les 6,000 francs d'un lieutenant-colonel ; M. Bonnet végétera jusqu'à cinquante ans en province. M. Derodes marié donnera sa démission et vivra à Paris, où il sera ce que sa femme voudra ; tu vois que je n'ai pas à prendre souci de M. Bonnet, s'il m'aime, tant mieux pour moi, tant pis pour lui.

— Si tu savais quelle peine tu me fais en parlant ainsi.

— Alors, parlons d'autre chose, revenons à notre sujet, cela vaudra mieux.

Ce n'était pas la première fois qu'il était question entre les deux sœurs d'organiser des réunions et des fêtes qui amèneraient chez elles tout ce qui avait un nom et comptait à un titre quelconque dans le monde de La Feuillade. Dès qu'elle avait atteint ces quinze ans, Agnès qui depuis trois ans au moins pensait au mariage et bâtissait ses châteaux « pour le temps où elle serait grande » avait voulu que sa sœur ouvrît sa maison. Elles arrivaient à La Feuillade ; M. de Bosmoreau était mort depuis un an ; depuis un an aussi, Julienne jouissait de sa fortune, il fallait offrir aux épouseurs les moyens de se présenter et les conditions étaient d'autant plus favorables que ce n'était pas en étrangères qu'on les avait accueillies ; elles revenaient dans leur pays et elles arrivaient entourées des souvenirs qu'avaient laissés M. Amilhau, le père de madame de Bosmoreau, et M. Dorat, le père de Julienne.

Tout d'abord, Julienne avait refusé : avec une grand'mère sourde, une mère malade, qui devait être entourée de tant de ménagements, il lui semblait que leur maison ne devait point être ouverte et qu'il convenait que leur vie fût discrète. Mais Agnès avait insisté : « Avec ta vie discrète, comment veux-tu que je me marie, qui viendra me chercher dans ton couvent ; » et elle s'était rendue à ces raisons. Elles étaient femmes, le plaisir leur était naturel.

D'ailleurs, les médecins avaient toujours recommandé de distraire madame de Bosmoreau, et de ne pas la laisser tomber dans la mélancolie. Elles avaient donné une fête, tout le monde était venu ; une seconde, une troisième, il n'y avait pas eu de manquants. Alors, elles avaient de temps en temps improvisé des petites réunions plus intimes, comme celle qui avait suivi la réception, et au lieu qu'on s'en lassât, on leur en avait demandé d'autres, non seulement le soir, mais aussi dans la journée ; leur maison n'était-elle pas celle où l'on s'amusait le mieux à La Feuillade, et même, à dire vrai, la seule où l'on s'amusât franchement, où tout le monde pût se rencontrer en terrain neutre, où l'on fût jeune.

Parmi les distractions qu'on avait demandées à Julienne, il y en avait une qu'elle avait toujours refusée, même à sa sœur : c'était un jeu de croquet ; elle avait livré son piano à queue à toutes les mains qui avaient voulu tapoter sur le seul Erard qu'il y eût à La Feuillade ; elle avait offert son billard même à ceux qui en crevaient le drap ; elle avait organisé un tir dans le cloître ; elle n'avait jamais consenti à installer un croquet sur l'esplanade qui s'étend entre les trois corps de bâtiment et qui semble disposée exprès, avec son terrain plane et son sable fin, pour faire rouler des boules.

A toutes les demandes, elle avait répondu que cette installation ne serait possible qu'en arrachant une superbe touffe de lagerstroemia qui occupait le centre de la place où l'on pouvait jouer et qu'elle tenait à son arbuste ; il avait été planté par son père, le jour même où elle était née et comme la terre dans laquelle il enfonçait ses racines était excellente, comme l'exposition lui convenait, il avait pris un vigoureux développement ; rien n'était plus beau et plus gracieux au commencement de l'automne que ses longs rameaux couverts de fleurs ; comme les fusées d'un bouquet de feu d'artifice, ils jaillissaient de sa touffe épaisse, et au soleil couchant, l'intensité de la couleur était si vive qu'elle teintait de rose toute la façade de la maison. — « Puis-je arracher ce bel arbuste ? » disait-elle à ceux qui lui parlaient de croquet, et personne n'insistait.

— Sur quelles distractions comptes-tu ? demanda Julienne, pour attirer tes invités ?

— C'est à chercher.

— Nous ne pouvons pas donner un bal toutes les semaines, on en aurait bientôt assez.

— Assurément.

— Si nous étions en hiver nous pourrions monter une comédie.

— Par la température qu'il fait nous ne trouverions personne qui voulût s'enfermer. Réservons la comédie pour plus tard, car il ne s'agit pas d'une affaire d'un jour; c'est pour plus tard aussi que je réserve l'escrime.

— Tu veux ?...

— Bien certainement. Ce n'est pas pour rien que mon père m'a tant fait travailler, et si depuis quelques mois je n'ai plus pris de leçons, je vais m'y remettre; tu vas voir le correct Lafleurance revenir ici, et tu vas l'entendre crier de sa voix éraillée : « Ça ne va pas mademoiselle; tonnerre de Dieu » ; crois-tu que ça ne sera pas chic un assaut entre mademoiselle Agnès de Bosmoreau en jupe courte, avec des bas rouges, et MM. Bonnet, Cholet ou Derodes, surtout Derodes.

— Tu ne feras pas cela.

— Je le ferais tout de suite, si je croyais que par ces trente degrés de chaleur, M. Derodes voulût endosser un plastron et s'étouffer avec un masque ; c'est réservé comme l'est réservée la comédie ; ce qui nous faut pour le moment, c'est un amusement en plein air qui soit jeune et pas trop échauffant. Ah! si nous étions logés autrement!

— Que ferais-tu?

— Tu achèterais un jeu de lawn-tennis; c'est très chic, je me vois avec une veste en flanelle blanche et un béret, un petit béret sur le coin de l'oreille et sa houppe bleue dans les cheveux, je ne te dis que ça; la jupe courte, bien entendu; des bas de soie bleue et des cordons blancs croisés sur la jambe pour attacher les chaussures.

Elle s'arrêta tristement.

— Mais tout cela est inutile; on ne joue pas au lawn-tennis sans un bel emplacement.

Julienne réfléchit un moment sans répondre :

— Je ferai arracher le lagerstroemia, dit-elle.

— Oh! Julienne!

Agnès sauta au cou de sa sœur qu'elle embrassa.

— Tu ferais cela?

— Je le ferai.

— Ton arbre.

— Tu crois que si tu pouvais voir M. Derodes il deviendrait ton mari?

— Je l'espère.

— Eh bien! je dois sacrifier ce pauvre arbre.

— Sacrifier!

— Tu sais combien j'y tiens, tu sais quelles raisons m'attachent à lui, mais tu sais aussi combien je t'aime, et ce n'est pas quand il s'agit d'assurer ton bonheur que je dois balancer entre un arbre et toi. Tu auras un lawn-tennis, tu auras un croquet, tu auras tout ce que tu voudras. Tu crois que si M. Derodes te voit il s'éprendra de toi. Évidemment cela est possible. Et il suffit que cette combinaison ait une chance de réussir pour que je n'aie pas le droit de la repousser, même quand je m'inquiète de ce mariage que je n'aurais pas fait, mais que je n'empêcherai pas. Tu n'es plus une enfant, et j'admets que tu saches mieux que moi ce qu'est le mariage et ce qu'est la vie. Pour moi je persiste à croire que le bonheur n'est pas uniquement dans la fortune, et qu'on n'est pas la plus heureuse des femmes par cela seul qu'on monte les Champs-Élysées dans une voiture correctement attelée, avec un beau cocher décoratif sur le siège de devant, et sur le siège de derrière, deux valets de pied dont la livrée et les mollets provoquent l'admiration ou l'envie des passants.

— C'est quelque chose, il me semble, dit Agnès en souriant.

— Peut-être ; mais enfin comme ma philosophie du mariage n'est pas la tienne, je demande à un mari autre chose que le luxe.

— Et que lui demandes-tu ?

— Avant tout, qu'il ait éveillé en moi, le désir d'associer ma vie à la sienne.

— C'est justement cette association avec M. Derodes qui m'irait bien, dit Agnès en riant : tu sais, dix fours de fusion, verres à vitres, etc.

— Eh bien ! après, quand tu seras l'associée de cet homme riche, quand tu partageras sa fortune, qui te paraît si enviable aujourd'hui parce que tu es pauvre, quelle existence sera la vôtre ; tu ne monteras pas les Champs-Élysées tous les jours dans ta belle voiture ?...

— Mais si, après les Champs-Élysées il y a le Bois, après le Bois il y a Dauville, après Dauville il y a...

— L'ennui d'une vie désœuvrée, inutile et vide, et je crains bien que ce ne soit celle-là seulement que M. Derodes puisse te donner.

— Tu ne le connais pas.

— Ni toi non plus ; et si j'ai tort de craindre qu'il devienne ton mari, tu peux avoir tort de ton côté en désirant qu'il le devienne. Voilà une des raisons pour lesquelles je désire ces réunions comme toi et autant que toi ; nous apprendrons à le connaître. D'ailleurs il ne sera pas seul, d'autres officiers se montreront auprès de lui, et nous pourrons faire des comparaisons...

— Avec M. Bonnet, n'est-ce pas.

— Justement, avec M. Bonnet.

— Mais si tu lui trouves tant de mérite, pourquoi n'en fais-tu pas ton mari ; ce serait pour lui un rêve presque aussi beau que le sera le mien si j'épouse M. Derodes.

— Tu sais que je ne me marierai que quand tu seras mariée toi-même, et si je trouve tant de mérite à M. Bonnet c'est en pensant à toi, non à moi. Avec celui-là, j'en suis certaine, la vie ne sera ni désœuvrée ni vide, et une femme pourra trouver le bonheur en s'associant à ses espérances.

— ...Et à sa misère.

— A sa misère, si tu veux, mais un jour elle en sera récompensée.

— Eh bien ! sois cette femme, c'est la grâce que je te souhaite... avec beaucoup d'enfants...

Puis passant le bras autour des épaules de Julienne pour atténuer ce qu'il y avait de moqueur dans ces paroles :

— Et ils ne pourront pas avoir de meilleure mère, cela est sûr.

III

Ce fut le lendemain à la pension des lieutenants, au déjeuner qu'il fut pour la première fois question des amusements qui se préparaient chez madame de Bosmoreau.

On aurait dû être à table depuis dix minutes déjà, mais dans la salle sombre où malgré les volets clos ronflait un bourdonnement de mouches, les lieutenants et les sous-lieutenants causaient en attendant les retardataires : Cholet, Derodes et deux autres. De temps en temps la porte s'ouvrait et avec le rayon de soleil qui entrait le bourdonnement des mouches partait plus fort pour s'apaiser quand elle se refermait ; c'étaient des sergents-major, des caporaux qui venaient pour communiquer les ordres, faire signer des pièces, et qui aveuglés par le grand soleil du dehors restaient un moment sans reconnaître dans l'obscurité de la salle les officiers à qui ils avaient affaire et ne se dirigeaient qu'à la voix qui les appelait.

Plus d'une fois déjà des protestations s'étaient élevées contre les retardataires :

— C'est donc jour de jeûne aujourd'hui.

— Comment diable, Cholet qui a toujours la dent si longue n'est-il pas arrivé.

— Il aura été retenu par de... Rodes.

Le nom de Derodes fut coupé en deux d'une façon ironique.

— Quand on a un valet de chambre pour vous préparer votre premier déjeuner qu'on arrose de Château-Yquem à quarante francs la bouteille, je comprends qu'on n'ait pas faim pour la cuisine de la gargote.

— Quarante francs la bouteille? Quelle blague!

— Parfaitement, j'ai vu la facture du marchand de Bordeaux.

— Il la montre?

— Parbleu; il ne boit le vin que pour montrer la facture.

— On crève de faim, répéta le jeune sous-lieutenant dont l'estomac avait déjà crié.

— C'est la faute du chef de calotte.

Dans les pensions militaires, on appelle « chef de calotte » le plus ancien et le plus élevé en grade des officiers qui mangent ensemble; il est président de table; il a autorité absolue sur tout le monde; il prévient les discussions orageuses, impose silence et au besoin même il punit; on lui obéit militairement.

Le chef de calotte de la pension des lieutenants

et des sous-lieutenants était un officier à cheveux gris, un vieux lieutenant de quarante-cinq ans, décoré, sorti des rangs, appelé Hoctrue, qui, plus âgé de quinze ans que la plupart de ses camarades et n'ayant point comme le plus grand nombre d'eux passé par l'École, se trouvait aussi orgueilleux qu'embarrassé de ses hautes fonctions de président de table. Orgueilleux, il l'était quand, tout seul dans sa chambre et fumant sa pipe, il se rappelait les temps durs où son ambition n'allait pas plus loin que d'arriver à être fourrier; embarrassé, il l'était quand à table quelque gamin qui venait de quitter l'École s'amusait avec d'autres gamins à lui monter une scie en engageant une discussion sur une question plus ou moins scientifique ou historique, à laquelle il n'entendait rien et qu'il devait décider comme juge.

— Comment, c'est ma faute? s'écria-t-il répondant à cette accusation; en quoi? Vous avez décidé il y a six mois qu'on n'attendrait plus les retardataires, on s'est mis à table à l'heure, et j'y ai veillé; est-ce vrai, messieurs?

— C'est vrai.

— Il y a huit jours vous avez décidé qu'on les attendrait; on les attend; tâchez de savoir ce que vous voulez.

— Voilà le suffrage universel dans toute sa beauté.

— Messieurs, pas de politique, dit Hoctrue sévèrement.

Puis tout de suite reprenant le ton conciliant.

— Dans trois minutes je fais servir.

La porte s'ouvrit et Derodes entra nonchalamment en homme qui n'est pas pressé.

— Monsieur Derodes vous êtes en retard, dit Hoctrue.

— Je ne me défends pas, prenez ma tête.

Puis quand ses yeux commencèrent à s'habituer à l'obscurité il promena dans la salle un regard moqueur :

— Il me semble, qu'il me semble, que je ne suis pas le dernier, dit-il.

Et jetant un coup d'œil sur la nappe d'une blancheur douteuse où dans des raviers se montraient des sardines et des ronds de saucisson :

— On arrive toujours assez tôt pour un pareil festin, dit-il, à mi-voix.

Depuis que Derodes, pour obéir à la volonté paternelle, s'était fait soldat, la pension était un de ses gros ennuis, celui qui lui tenait le plus au cœur avec le lever matin. N'était-il pas absurde vraiment, que lui, qui avait un intérieur élégant, et même luxueux, fût obligé de le quitter deux fois par jour pour venir s'enfermer dans une salle de restaurant malpropre, froide, en hiver, chaude en été, imprégnée d'une odeur de cuisine et d'eau de vaisselle. Il aurait pu se faire servir chez lui les mets qu'un cuisinier habile lui eût préparés d'après sa fantaisie du moment et il fallait qu'il vînt manger du bout des dents à une gargote dont son valet de chambre n'aurait pas voulu; canaille de règlement! C'était le mot qu'il répétait à chaque instant, et le sujet de ses discussions : n'est-il pas absurde que l'officier doive prendre ses repas à la pension avec ses camarades, et que ce soit seulement quand il est marié, qu'il ait la liberté de vivre chez lui, à son gré ; n'est-il pas barbare que celui qui a son père et sa mère dans la ville où il tient garnison, ne puisse dîner avec eux que de temps en temps, et que ces jours de fête soient limités.

— Il est l'heure, cria le sous-lieutenant affamé.

— Servez, commanda Hoctrue en s'asseyant.

— Enfin.

Il y eut un brouhaha et chacun prit sa place ; les bonnes qui n'attendaient que le commandement « servez » entrèrent dans la salle apportant des plats d'œufs durs à la sauce blanche et commencèrent à tourner autour de la table.

Tout à coup partirent des exclamations et des rires :

— A l'amende, Carrelet.

Carrelet était le jeune sous-lieutenant qui avait réclamé plusieurs fois que le déjeuner commençât ; poussé par la faim ou par une distraction, il venait de se servir avant que Bonnet, son supérieur, se fût lui-même servi, — ce qui est un manquement à l'usage.

— C'est bon, je la paierai, dit Carrelet la bouche pleine, mais vous conviendrez que la faim est une circonstance atténuante ; on ne condamne pas l'affamé qui casse une vitre pour voler un pain chez un boulanger.

Derodes avait pris des œufs, mais les ayant ouverts il les repoussa sur le bord de son assiette.

— Je ne connais qu'une chose qui infecte autant que ces œufs, dit-il, c'est l'hydrogène sulfuré de la...

Mais Bonnet lui coupa la parole :

— Si vous n'en voulez pas, n'empêchez pas les autres d'en manger, dit-il.

— Il me semble que j'ai bien le droit d'exprimer mon opinion, répliqua Derodes avec hauteur.

— Pas quand elle blesse vos camarades, monsieur.

— Je persiste à dire...

Mais Hoctrue jugea à propos de faire intervenir son autorité de président :

— Monsieur Derodes, n'insistez pas, votre observation est dégoûtante.

La porte, en s'ouvrant, coupa court à cet incident, c'était Cholet qui arrivait; il y eut une exclamation générale :

— Il n'est pas trop tôt!

— Vous me coûtez trois bouteilles de Champagne, s'écria Carrelet.

— Ce n'est pas ma faute, dit Cholet, j'ai rencontré madame Drapier qui revenait des prairies, en portant une botte de fleurs bien serrée sur son petit bedon, et elle m'a arrêté.

— C'est vrai, dit un sous-lieutenant, c'est demain son jour.

— Eh bien, je vous promets, continua Cholet, que sa garniture de fleurs sera jolie.

— Et pour personne, dit un autre, ce qu'il y a d'admirable, c'est que ça ne la décourage pas.

— Moi j'irai, dit Bonnet.

— Moi aussi, dit Cholet.

— Moi je n'irai pas, répliqua Derodes.

— Et peut-on savoir pourquoi elle vous a arrêté? demanda Carrelet.

— Pour me raconter qu'il se prépare des choses extraordinaires chez madame de Bosmoreau, à l'intention de ceux qui veulent s'amuser, on arrache les arbustes de la cour pour y organiser des jeux de croquet et de lawn-tennis.

— Ça c'est gentil.

— On jouera une fois ou deux par semaine.

— Et vous trouvez ça gentil? dit Derodes.

— Il y a des maisons où l'on s'ennuie, il y en a d'autres où l'on s'amuse; chez madame de Bosmoreau on s'amuse toujours. Si vous trouvez qu'une maison de ce genre ne mérite pas la reconnaissance, c'est bien ; moi je la bénis.

— Et moi aussi.

— Et moi aussi.

— Il y a assez d'heures dont on ne sait que faire, il est agréable de les passer en compagnie de jolies filles.

— A quand la première partie?

— On dispose l'emplacement aujourd'hui, mais comme la belle Agnès se fait faire un costume dont madame Drapier raconte les merveilles, il faut attendre que la couturière l'ait livré.

— Et qui la belle Agnès veut-elle séduire? demanda Derodes.

— Vous, Bonnet, moi, tous.

— Quand elle voudra, dit Derodes avec un balancement fat.

— Et jusqu'où elle voudra?

— Ça, c'est une autre affaire: il n'y a que deux heures par jour où j'admets la possibilité du mariage, c'est à cette table; au moins, quand il est marié, l'officier échappe à la vie de pension, et peut dîner où il veut... avec sa femme ou avec celles des autres. Aglaé, une bouteille de Saint-Émilion.

La bouteille apportée, Derodes en offrit à ses deux voisins de droite et de gauche, mais non à ses vis-à-vis, comme c'est la coutume, car l'un de ces vis-à-vis était Bonnet, qui, dès les premiers jours, avait refusé les largesses de son camarade, ne voulant pas et ne pouvant les lui rendre.

Cependant, le service de la table continuait; il était fait par deux bonnes en tablier blanc à bavettes; l'une, Aglaé, une grosse gaillarde de trente ans, aux appas tremblants dans son corset bien sanglé, à la mine effrontée, à l'œil hardi d'une fille qui, depuis dix ans, est au service de « MM. les lieutenants »; l'autre, une débutante de dix-neuf ans, assez jolie, timide, avec des mouvements embarrassés et des regards effarés ou ahuris; à un certain moment, comme elle présentait le plat, à l'aide-major, elle le renversa sur l'épaule de Carrelet et une clameur s'éleva mêlée de cris et de rires.

— Qu'est-ce qu'il y a, demanda Hoctruc, qui n'avait rien vu.

— C'est Vézin qui est insupportable, il a chatouillé la petite bonne, et elle a flanqué son plat dans le dos de Carrelet.

— C'est pour lui apprendre le service, dit Vézin.

— Pour apprendre le service aux jeunes bonnes, dit le lieutenant Guitteau, il y a quelque chose qui vaut mieux que les chatouillements, c'est des histoires.

Et à pleine voix il entonna un récit ordurier à mettre en fuite tous les sapeurs du régiment, mais qui fit rire aux éclats la grosse Aglaé.

Comme les récits de Guitteau n'amusaient pas tout le monde, une discussion particulière d'un genre tout différent s'engagea entre plusieurs sous-lieutenants, et arrosée par le champagne que payait Carrelet, elle ne tarda pas à monter de ton, bien que le sujet ne fût pas palpitant; il s'agissait de savoir si César était venu à Venabre dans sa campagne contre Vercingétorix; les uns soutenaient l'affirmative avec force raisons à l'appui, les autres avec des raisons non moins bonnes soutenaient la négative : on ne tarda pas à arriver aux arguments personnels :

— Vous n'entendez rien à la tactique.

— Vous n'avez pas lu les *Commentaires* au Livre VII.

— Vous n'avez pas compris ce que vous avez lu.

— Toute la difficulté, dit Carrelet, vient de savoir si dans le texte il s'agit de la Gergovie des Eduens ou de la Gergovie des Arvernes; s'il s'agit de Moulins, César n'a pas pu passer à Venabre, au contraire, s'il s'agit de Clermont, il a pu y passer.

— Parbleu.

La discussion reprit plus violente, puis à un moment, Carrelet l'interrompit en proposant de soumettre le différend au chef de calotte, ce qui fit sourire tous les sous-lieutenants. Carrelet qui était un peu lancé, persista dans son idée et interpellant Hoc true, il lui expliqua le cas d'un air goguenard.

Ce n'était pas la première fois qu'on faisait des plaisanteries de ce genre au vieux lieutenant, et toujours il les avait supportées sans se fâcher sérieusement, mais la colère l'emporta :

— Monsieur Carrelet, je ne trouve pas convenable, que vous veniez me poser des colles d'un ton moqueur, vous me ferez vingt-quatre heures d'arrêts.

IV

La mise en état de l'emplacement où l'on jouerait fut courte, mais le travail de la couturière fut long, on n'habillait pas Agnès, c'était elle-même qui donnait ses dessins et qui surveillait leur exécution ; dans tout La Feuillade on parlait de ses essayages ; des femmes avaient attendu quelquefois jusqu'à trois heures la couturière, occupée avec mademoiselle de Bosmoreau, et pour une seule robe, ces essayages n'étaient jamais au-dessous de cinq ou six, souvent ils dépassaient ce chiffre ; le costume blanc et bleu ne valait que par l'exécution, il fallait qu'elle fût parfaite ; en même temps que la veste, la jupe et la ceinture, il y eut le béret qu'elle fit venir du pays basque, et les espadrilles qu'elle commanda à Salies-de-Béarn, car à La Feuillade, sur un terrain sablé, il eût été absurde de se servir des horribles caoutchoucs anglais à semelles gaufrées, qui n'ont leur raison d'être que sur un gazon humide de rosée ou de pluie.

Enfin, les différentes pièces du costume furent livrées, et elle voulut s'habiller seule dans sa chambre, portes closes, sans l'aide de Julienne.

— Quand je serais prête, tu verras.

Quand Julienne vit, elle fut émerveillée : Agnès avait le don de la toilette et, comme un couturier de talent, elle trouvait du premier coup ce qui convenait à sa beauté et la faisait valoir. Avec sa veste en flanelle blanche bombant sur la poitrine, sa ceinture bleue serrant la taille, sa jupe courte à plis plats comme celles des highlanders, ses bas de soie bleue treillagés de rubans blancs, son béret aplati en visière autour duquel débordaient ses cheveux blonds frisés en mousse, elle était vraiment éblouissante.

Ce fut le mot de Julienne.

— Alors, tu crois qu'il en tiendra ! s'écria Agnès.

— Si tu pouvais parler autrement.

— Comment ne pas dire ce que je pense.

— C'est là le mal.

— Moi je suis la fille de mon père. Je n'ai pas été élevée dans le régiment des saintes Nitouche.

Les invitations furent envoyées pour le surlendemain : au sous-préfet et à sa femme, à M. de Rosseline, au baron et à la baronne La Hontan, au comte et à la comtesse de La Genevrais et à un certain nombre de jeunes officiers, Derodes d'abord, Bonnet, Drapier et sa femme, Cholet, Carrelet, Vézin.

Les jeux de croquet et de lawn-tennis étaient arrivés de Londres, car Julienne avait voulu faire les choses aussi bien que possible et elle s'était adressée au meilleur fabricant qu'on lui avait indiqué : Lister, 75, Aldersgate street, mais en ouvrant les boîtes, elles avaient eu une déception : les règles des jeux étaient en anglais et elles ne savaient cette langue ni l'une ni l'autre. Pour le croquet, cela n'avait pas d'inconvénient, elles y avaient joué, mais pour le lawn-tennis, elles n'y connaissaient rien ; il faudrait donc attendre Derodes, le seul des officiers qui eût pratiqué ce jeu.

L'heure fixée était trois heures ; aussitôt après le déjeuner Julienne s'occupa de servir dans le cloître le lunch qu'elles offriraient à leurs invités, car ce n'étaient pas seulement sur le jeu qu'elle comptait pour les retenir c'était aussi sur la gourmandise : au milieu de la table un grand surtout chargé d'une pyramide de fruits : pêches, raisins, figues, prunes, encadrés de verdure et de fleurs : d'un côté un jambon glacé ; de l'autre une galantine de volaille à la gelée ; de place en place des assiettes de pâtisserie ; à chaque bout, des crèmes préparées par Julienne elle-même.

— Ta table vaut mon costume, dit Agnès.

Les invités commencèrent à arriver : madame Drapier la première et toute seule, son mari qui sortait peu avec elle, devait venir plus tard, le sous-préfet et sa femme, puis les officiers.

— Est-ce que vous comptez sur Derodes, demanda Cholet à madame de Bosmoreau.

— Il a été invité.

— Assurément il ne viendra pas, je viens de le voir

sortir de la ville dans son phaéton, accompagné de ses lévriers.

En entendant ces quelques mots, Agnès jeta sur son costume un regard de désappointement et de dépit.

Julienne qui l'observait vint à son aide pour sauver la situation :

— Qu'allons-nous devenir, dit-elle, nous comptions sur M. de Derodes pour nous apprendre le lawn-tennis, la règle du jeu que nous avons reçue de Londres est en anglais.

— Mais il doit y avoir plus d'un de ces jeunes gens qui sait l'anglais, dit le baron La Hontan. Cholet, vous savez l'anglais, hein?

— Non, mon colonel, je sais l'allemand.

— Moi aussi, dit Bonnet.

— Moi aussi, dit Vézin.

— Moi aussi.

— Moi aussi.

— Mais Carrelet sait l'anglais, dit Vézin.

— Comment, s'écria le lieutenant-colonel, vous savez l'anglais et vous ne dites rien, vous!

— C'est-à-dire, mon colonel, que j'ai eu le prix d'anglais, répondit Carrelet, mais je ne le sais qu'approximativement pour avoir entendu des personnes qui le parlaient fort bien....je crois; quant à moi en dehors de *Tickets please, I don't understand* et autres phrases du même genre, je ne suis pas très fort; pourtant si on veut bien me donner la règle, je vais essayer la traduction.

Il essaya en effet, lisant tout haut : « For the singlehanded game the Court is 27 ft. in width, and 78 ft. in length. » et il se mit à traduire : Pour le jeu l'espace est de dix-sept pieds en large et de soixante-dix pieds en long ; » puis s'interrompant :

— Je dois vous dire qu'il y a un mot que je ne traduis pas, c'est « singlehanded. »

— Ça va bien.

— Et il y en a un autre dont je ne suis pas sûr, c'est *court* que je rends par « espace ».

— Eh bien arrêtez-vous, mon garçon, dit le baron, ça suffit; il y a seize pages à la règle, si vous continuez de cette façon nous coucherons ici et nous ne saurons rien.

— Si ces demoiselles le veulent bien, j'emporterai la règle, et avec mon dictionnaire, j'arriverai à quelque chose.

— Approximativement, dit Bonnet.

— Sans doute.

Julienne consola le pauvre sous-lieutenant en le remerciant et en le priant de se charger de cette traduction.

Puis, comme il était impossible de jouer ce jour-là au lawn-tennis, on se rabattit sur le croquet.

Il n'était pas dans le caractère d'Agnès de bouder ni de montrer jamais de la mauvaise humeur; le premier moment de dépit passé, elle fit son deuil de l'absence de Derodes et remplaça celui-ci par Bonnet.

— Voulez-vous que nous plantions le croquet ensemble? demanda-t-elle en venant à lui avec son sourire le plus engageant.

— Avec plaisir, mademoiselle, si vous voulez me diriger, car je n'y entends rien.

— Ce n'est pas difficile : vous n'aurez qu'à faire ce que je vous dirai.

Avec un maillet, elle commença à prendre les distances que Bonnet marquait d'un trait dans le sable fin, tandis que Carrelet et Vézin s'empressaient autour d'Agnès. Les arches et les poteaux furent promptement plantés, et l'on fut prêt à commencer.

— Qui veut jouer ? demanda Agnès en prenant les fiches.

Le baron et la baronne La Hontan se récusèrent, le comte et la comtesse de La Genevrais refusèrent aussi ; le baron, parce qu'il fallait se baisser et se relever souvent, ce qui lui faisait peur pour ses reins, la baronne parce qu'elle n'essayait en public que ce qu'elle était certaine à l'avance, de réussir, le comte et la comtesse parce qu'ils refusaient tout ce qu'on leur offrait lorsqu'ils le pouvaient, sans impolitesse. Aussi pauvres l'un que l'autre, ils avaient adopté une existence de réserve et de discrétion qui avait quelque chose de navrant lorsqu'on en connaissait les dessous et qu'on savait que leur misère dans son genre valait celle du ménage Drapier.

Héritier d'un grand nom, La Genevrais, qui était soldat par tradition de famille, avait, à vingt-six ans, épousé une fille aussi noble mais aussi misérable que lui, sans dot, et depuis ils s'étaient contentés de la solde du mari. Partout à leur aise, toujours aimables et courtois, sans aigreur pour personne, affables, souriants, mais avec la fierté cependant de ceux qui ont à garder leur distance. Dans les villes qu'ils avaient habitées comme dans les régiments qu'ils avaient traversés cette fierté leur avait valu des inimitiés assez vives sans que jamais ils eussent rien changé à leurs manières, incapables qu'ils étaient l'un aussi bien que l'autre de se faire platement aimables pour qu'on leur pardonnât une naissance qui ne s'appuyait pas sur la fortune. Blagué par ses sous-officiers qui le traitaient de calotin parce qu'il allait ostensiblement à la messe avec sa femme, le capitaine se contentait d'être estimé de ses camarades et aimé de ses soldats qu'il ne bousculait jamais. De même, la femme supportait sans colère les regards dédaigneux dont les bourgeoises enveloppaient ses toilettes fanées, et il lui suffisait que les gens qui la connaissaient fussent forcés à la longue de se soumettre à l'ascendant de ses manières et de s'incliner devant la dignité de sa vie.

Comme tous les invités ne pouvaient pas jouer dans la même partie, on les divisa en deux séries : ceux qui ne seraient pas de la première seraient de la seconde.

En voyant qu'elle était de la première, madame de Bosmoreau laissa paraître une joie qui surprit Bonnet ; il ne savait pas que, depuis sa maladie, elle était pour le plaisir et le jeu quels qu'ils fussent, plus jeune que ses filles, et que le moyen le plus sûr d'empêcher ses accès était de l'amuser comme une enfant. Elle eut un mot révélateur :

— Je suis avec Julienne. Ah ! quel bonheur !

C'est qu'elle savait qu'avec Julienne elle n'avait pas à craindre d'être rembarrée et bousculée.

— Ainsi, dit Agnès, c'est bien entendu : premier camp, madame Maupeo, maman, Julienne et M. de Rosseline; deuxième camp, madame Drapier, M. Bonnet, M. Cholet et moi, l'armée contre la garde nationale, en avant!

Comme Bonnet ne se doutait pas de ce qu'était le croquet, Agnès se déclara son professeur : elle lui apprit à tenir son maillet, à mettre le pied sur la boule pour croquer, et quand il n'exécutait pas bien la leçon qu'elle lui avait donnée, elle le grondait ou elle l'encourageait, et tout cela si gentiment, si gaiement qu'il était émerveillé de sa grâce mutine et de son entrain.

A un certain moment, comme il la regardait jouer avec une admiration qui se trahissait dans ses yeux et dans son attitude, Julienne s'approcha de lui :

— N'est-ce pas que la toilette de ma sœur est charmante, dit-elle.

— Ce n'est pas seulement la toilette qui est charmante; je n'avais jamais imaginé qu'on pût être aussi...

Il hésita un court instant, puis n'osant pas dire le mot qui lui était monté aux lèvres :

— ...Aussi gracieuse.

— Vous ne l'aviez vue que le soir et le plein jour donne de l'éclat à...

Elle non plus n'osa pas dire le mot qu'elle avait sur les lèvres, car si elle était heureuse de voir Bonnet sensible à la beauté d'Agnès, elle ne voulait pas le pousser trop loin. Qui pouvait savoir jusqu'où il irait? Était-il loyal de lui inspirer des sentiments qui le rendraient malheureux un jour si les espérances d'Agnès se réalisaient? Était-il honnête de l'encourager à aimer celle qui serait la femme d'un autre? Il y avait une mesure difficile à observer.

Elle acheva donc sa phrase autrement qu'elle ne l'avait pensée.

— De l'éclat à son teint, dit-elle.

V

Pourquoi Derodes n'était-il pas venu?

C'était la question que se posait Agnès tout en jouant, mais sans que rien traduisît au dehors sa préoccupation et pût donner à croire à Bonnet et à Cholet qu'elle n'était pas à eux entièrement.

Quelles raisons l'avaient retenu?

Fallait-il qu'elle renonçât à son projet avant même de l'avoir mis à exécution?

Et de temps en temps elle jetait des regard rapides sur sa jupe et sur ses espadrilles, en se disant que s'il l'avait vue dans son costume il serait certainement revenu une seconde fois, puis une troisième, puis toujours.

Maintenant, ce n'était pas de savoir s'il reviendrait qu'il s'agissait, mais de savoir s'il viendrait.

Et elle ne pouvait questionner personne, ni Bonnet, ni Cholet, ni même Drapier, bien que celui-ci se fût plus intimement lié avec Derodes qu'aucun des autres officiers.

Mais puisqu'il ne la verrait point, elle voulut qu'au moins il entendît parler d'elle par ses camarades, et elle se fit avec eux plus charmante, plus charmeuse qu'elle ne l'avait jamais été.

— Est-elle jolie! dit Bonnet à madame Drapier!

— Ne vous laissez pas éblouir, répondit celle-ci pendant un court instant où le voisinage de leurs boules les avait réunis. Je ne dis pas qu'elle ne soit pas jolie, mais je me demande quel mari aurait la confiance assez robuste pour être tranquille en la voyant ainsi. Regardez plutôt Julienne, elle ne s'est pas fait faire une toilette pour éblouir et séduire, mais malgré sa robe courte, toute simple, regardez-la bien et demandez-vous si son amabilité discrète n'est pas plus rassurante, et au fond plus captivante, que la coquetterie tapageuse d'Agnès.

— Ce n'est pas un mari, ni même un futur mari qui la regarde, dit-il en riant.

— En ce moment, mais plus tard?

Après la première partie on passa dans le cloître pour le lunch, et ce fut alors seulement que se montra madame Amilhau apportant une immense galette qu'elle avait voulu préparer elle-même ; quand on la vit paraître tenant précieusement, sur ses deux mains écartées, sa galette dont le parfum l'enveloppait et la suivait, il y eut une exclamation générale qu'elle n'entendit pas la pauvre vieille, mais dont elle devina le sens aux regards fixés sur elle. Elle sourit à tous et avec une belle révérence :

— C'est à la mode de ma grand'mère, dit-elle ; ces jeunes gens diront si la pâtisserie d'autrefois vaut celle de maintenant.

Le lunch n'obtint pas moins de succès que le croquet ; il n'y eut que des compliments pour la galette de madame Amilhau et pour les crèmes de Julienne.

— Elle sait faire les entremets, dit tout bas avec un sourire madame Drapier en passant derrière Bonnet ; demandez à Agnès si elle a aidé sa sœur.

Drapier, toujours sensible au côté positif et pratique des choses, résuma le sentiment général dans un mot à Agnès.

— Je sais quelqu'un qui regrettera de n'être pas venu.

C'était là l'ouverture qu'elle attendait depuis longtemps ; personne ne lui parlerait-il de Derodes ? Mais elle n'était pas assez naïve pour laisser paraître sa satisfaction, et même pour montrer qu'elle avait compris de qui il était question :

— Quelqu'un ? dit-elle. Qui donc ?

— Mais Derodes.

— Et pourquoi n'est-il pas venu, M. Derodes ?

— Je n'en sais rien ; ce matin, il m'avait dit qu'il viendrait ; il est assez fantaisiste, une autre idée lui aura passé par l'esprit et il aura oublié la première. Mais la prochaine fois, j'irai le chercher et je l'amènerai moi-même.

— Je le voudrais, car si nous n'avons que la traduction de M. Carrelet pour nous apprendre le lawn-tennis, je crains que nous ne puissions jamais jouer.

— Soyez tranquille, je me charge de lui.

Il y avait dans cette promesse de quoi la tranquilliser jusqu'à un certain point, car de toutes les interventions qui pouvaient agir sur Derodes, celle de Drapier devait être la plus efficace : si Derodes venait, ce serait Drapier qui l'amènerait.

Tandis que les jeunes officiers s'étaient tenus sur la réserve avec Derodes, Drapier ne les avait point imités, et une liaison intime ou tout au moins des relations de tous les instants s'étaient établies entre eux; partout on les voyait ensemble; et quand on ne les rencontrait pas flânant par les rues de la ville, ou bien se promenant aux environs tantôt à cheval, tantôt en voiture, — chevaux et voitures appartenant à Derodes bien entendu, on pouvait être certain qu'ils étaient en face l'un de l'autre dans la maison de Derodes occupés à cartonner.

Elle était curieuse cette maison et telle qu'aucun officier, ni les généraux, ni les colonels, n'avait eu la pareille à La Feuillade. Ne trouvant pas au centre de la ville le grand appartement qu'il voulait, Derodes s'était décidé à prendre dans le faubourg une jolie maison, avec jardin et communs dont le prix élevé empêchait la location depuis plusieurs années. Mais qu'importait le prix pour Derodes? Le plus souvent même c'était parce qu'une chose était chère qu'il la voulait. Aussitôt il avait fait venir des tapissiers et, en peu de jours, elle avait été installée dans un genre complètement inconnu à La Feuillade, non seulement parmi les officiers, mais encore dans le monde riche : un salon tout en vieux tapis d'Orient, meubles et tentures, un fumoir en cuir estampé or et argent, une salle d'escrime dont les murs étaient couverts d'une riche collection d'armes à feu et d'armes blanches; sous les remises trois voitures; dans les écuries quatre chevaux.

Ce luxe, qui avait écarté ses camarades effrayés d'un genre de vie qui ne pouvait pas être le leur, avait au contraire attiré Drapier, moins réservé et plus pratique; on pourrait s'amuser chez Derodes et avec Derodes. Les armoires du fumoir étaient toujours pleines de boîtes de cigares de la Havane, dans lesquelles on pouvait faire son choix largement; les caves étaient garnies de liqueurs de tous les pays; les chevaux étaient bien dressés, et ce qui avait une autre importance aux yeux de Drapier, Derodes était toujours disposé à prendre place à une table de jeu et à se laisser battre avec la belle humeur de ceux qui jouent pour le plaisir du jeu et non pour les besoins du gain.

Or c'était pour ses besoins que Drapier jouait, ce que les joueurs appellent la *matérielle*, autrement dit le pain quotidien et non pour son agrément et pour les émotions. Les émotions, il avait celles de la misère, et elles lui suffisaient sans qu'il lui fallût les compléter par celles du jeu. Quand après son mariage, il s'était, vers le 18 ou le 20 de chaque mois, trouvé sans un sou pour vivre pendant les dix ou douze jours qui leur restaient à finir, en lutte avec les créanciers qui l'assaillaient tous à la fois et de tous les côtés, il avait bien fallu qu'il cherchât les quelques pièces de cinq francs qui leur manquaient pour manger. A qui les demander? Les emprunter? Partout il était brûlé. Les gagner? A quoi? Comment? Il n'y a pas de travail supplémentaire pour l'officier, si courageux qu'il soit; il n'a pas à attendre de bonne aubaine; quand sa solde est frappée de retenues relatives à son état, il n'a qu'à serrer son ceinturon d'un cran tous les jours, et quand il n'y a plus de cran il n'a qu'à mourir de faim s'il ne vit pas à la pension.

Drapier ne voulait pas mourir de faim et ne voulait pas laisser mourir sa femme, si peu tendre qu'il fût pour elle. Il n'avait qu'une ressource, celle des désespérés qui, malgré tout, espèrent encore dans le hasard, le jeu. Pourquoi n'aurait-il pas une bonne chance? D'autres l'avaient qui ne la méritaient pas comme lui. Il avait joué. D'abord avec ceux de ses camarades qui voulaient bien risquer de l'argent, mais ils étaient rares. Puis, quand il n'avait plus trouvé de camarades, avec quelques bourgeois passionnés pour les cartes, et qui consentaient à risquer un autre enjeu que leur consommation; la belle affaire pour lui quand il aurait mis sur le dos d'un marchand de la ville ou d'un rentier tous les mazagrans et tous les bocks d'une après-midi et d'une soirée.

Ce n'était ni de café ni de bière qu'il avait besoin, c'était de pain pour sa femme et pour lui. Et c'était le pain qu'il jouait avec une habileté et une prudence telles qu'il le gagnait plus souvent qu'il ne le perdait. A la longue cette habileté et cette prudence qui avaient aussi effrayé les bourgeois : « Il gagne trop souvent, le lieutenant Drapier... » On l'avait observé et il avait eu l'humiliation de voir qu'on le soupçonnait de tricher. Comme il avait toujours joué loyalement on n'avait pas pu le prendre, mais on s'était éloigné de lui : « Trop de chance. »

Les choses en étaient là quand Derodes était arrivé à La Feuillade, et Drapier qui ne trouvait plus personne pour jouer avec lui, si petits que fussent les bénéfices auxquels il se rationnait, s'était abattu sur cette proie. Derodes n'avait pas la passion du jeu, pas plus celle-là qu'une autre d'ailleurs, mais comme il était désœuvré, comme il avait son métier en horreur, comme il ne travaillait ni ne lisait jamais, il lui restait des heures, quand il avait fait des armes, tiré quelques balles, promené ses chevaux et ses chiens, fumé cigares après cigares, où il s'embêtait crânement, ainsi qu'il le disait lui-même. C'était ces heures que Drapier guettait, sans jamais rien faire pour les avancer. Quand Derodes avait dit en s'étirant les bras : « Quel pays, mon cher, quel sacré pays ! » le moment n'était pas éloigné où il proposerait d'en abattre quelques-unes ». Drapier n'acceptait pas tout de suite.

— Quel joueur vous êtes, répondait-il d'un air indifférent.

— Ma foi non, mais il faut bien tuer le temps. Avez-vous autre chose à me proposer.

Drapier cherchait, et naturellement il ne trouvait rien, ou ce qu'il trouvait était si fatigant ou si ennuyeux qu'il y avait certitude à l'avance que Derodes n'en voudrait point.

— Vous n'y pensez pas?

— Dame.

Alors, Drapier se résignait à en abattre quelques-unes, mais c'était à condition que si Derodes perdait, il ne se fâcherait pas.

— Vous comprenez, mon cher, qu'en jouant avec votre nonchalance habituelle vous avez bien des chances pour ne pas gagner : appliquez-vous.

— Ça m'embête.

— Alors ne jouez pas.

— Que voulez-vous que nous fassions.

— Tout vous embête.

— Non pas tout ; ce que j'ai ou ce que je fais, oui ; ce que je n'ai pas ou ne fais pas, non.

Pour amener Derodes chez madame de Bosmoreau ; Drapier procéda comme pour le jeu ; quand Derodes lui dit : « Que voulez-vous que nous fassions » ? Il répondit : « Si nous allions chez madame de Bosmomoreau ? »

— Ah ! ma foi non. Vous avez dû vous ennuyer joliment.

— Pas du tout ; on s'est au contraire joliment amusé et j'ai regretté que vous ne soyez pas venu.

Drapier raconta si bien comment on s'était amusé que Derodes se laissa entraîner.

— Après tout autant s'embêter là qu'ailleurs.

Il voulut bien s'excuser de n'être pas venu le premier jour ; il avait eu la migraine et, quand elle le prenait, il n'y avait qu'une promenade rapide en voiture qui le soulageât un peu.

Agnès, qui prit ses paroles au sérieux, fut enchantée ; il n'avait pas pu venir, il reviendrait donc.

Quand il vit l'emplacement du lawn-tennis, il fit la moue; du sable non du gazon cela n'était guère correct; cependant il consentit à jouer, il prit Agnès avec lui, et Julienne prit Bonnet. Ils eurent une galerie attentive. Flatté de faire le maître devant tous ces yeux ramassés sur lui, Derodes se montra bon prince; il n'eut que des compliments pour ses élèves; si ses soldats, qu'il traitait comme des chiens l'avaient vu ils ne l'auraient certes pas reconnu; il n'eut aussi que des compliments pour le lunch qu'il déclara exquis.

— Tu vois, s'écria Agnès, lorsque les invités furent partis et qu'elle se trouva seule avec sa sœur, tu vois!

VI

Les parties de lawn-tennis et de croquet continuèrent sans que les invités ordinaires, même Derodes, en manquassent une seule. Si disposé qu'on soit à se laisser prendre par l'engourdissement de la vie de province, il y a toujours dans les petites villes quelques personnes qui ne se contentant pas de manger, de dormir et de thésauriser veulent s'amuser et sont tout heureuses de trouver une maison ouverte où il y a de la gaieté, du mouvement, de la jeunesse.

Cette maison, madame de Bosmoreau la leur offrait et ils en profitaient. Sans elle et surtout sans ses filles où se serait-on réuni? Chez la générale? Le mari et la femme étaient bien vieux, et la vieillesse met en fuite la jeunesse; il suffisait qu'on eût dit que ça sentait le moisi dans leur maison sombre, pour que ceux mêmes qui n'avaient pas de nez se crussent obligés de se le pincer. Chez la sous-préfète? Là, il y avait à la vérité, la jeunesse, mais en même temps il y avait la gêne sinon la pauvreté; l'hôtel de la sous-préfecture était un monument, ses salons de réception étaient vastes et on les avait meublés luxueusement pour recevoir l'Empereur un jour qu'il avait couché à La Feuillade; mais si la cage était dorée, le traitement de celui qui l'habitait était mince.

— Vous avez froid, disait la sous-préfète, quand on lui faisait visite l'hiver et qu'on la trouvait blottie frileusement dans la cheminée; vous avez bien raison, et j'ai froid aussi, mais que voulez-vous, il faudrait dépenser vingt francs de charbon par jour dans les calorifères pour faire monter le thermomètre de quelques degrés dans ce salon et cela n'est pas possible.

Chez madame de Bosmoreau ou plutôt chez Julienne, on ne pensait pas à l'économie; l'hiver, il faisait chaud, l'été il faisait frais; à l'avance, les invités pouvaient s'attendre à quelque surprise agréable et ils auraient été désappointés, s'ils ne l'avaient point trouvée, mais ils ne l'étaient jamais.

Suffisantes et même plus que suffisantes pour les désœuvrés de la ville, les attractions que Julienne et Agnès offraient à leurs invités n'eussent peut-être pas toujours suffi à maintenir l'assiduité des jeunes officiers, si ceux-ci n'avaient eu des raisons particulières pour venir et revenir chez madame de Bosmoreau toutes les fois que l'occasion s'en présentait. C'est Labruyère qui a dit qu'être avec les gens qu'on aime cela suffit, et que leur parler ou ne leur parler point, tout est égal pourvu qu'on soit auprès d'eux ; ce n'est point seulement quand il s'agit de ceux qu'on aime et dont on est aimé que cette observation est vraie : Cholet, Vézin, Carrelet, n'aimaient ni Julienne, ni Agnès, au moins dans le sens complet qu'on donne au mot aimer, c'est-à-dire qu'ils n'espéraient pas devenir leurs maris : Cholet parce que son caractère timide avec les femmes ne lui permettait aucune espérance, Vézin et Carrelet parce qu'ils n'étaient pas d'âge à penser au mariage, — et cependant ils éprouvaient les uns et les autres un plaisir très vif à être avec elles : elles étaient jeunes, ils l'étaient aussi, elles étaient femmes, ils étaient hommes, elles étaient jolies, cela suffisait ; il se dégageait d'elles une sorte d'atmosphère dans laquelle ils se plaisaient, où ils se trouvaient plus dispos, plus gais, plus heureux, où leur pouls battait plus vite, où leur esprit s'aiguisait, enfin où ils voyaient la vie à travers des vitres roses qui lui donnaient un aspect charmant.

C'était comme ses camarades, et dans des dispositions analogues aux leurs que Bonnet avait commencé par venir chez madame de Bosmoreau. Avec l'existence qui avait été la sienne jusqu'à ce moment, il n'avait point été gâté par les relations, et quelques réceptions dans le monde officiel, chez le général ou le colonel, chez le préfet ou le sous-préfet avaient été les seuls plaisirs mondains qu'il eût jamais connus. En trouvant cette maison hospitalière et joyeuse où on l'accueillait en ami de vingt ans, il avait été charmé; comme cet intérieur élégant, ce linge éblouissant, ces cristaux brillants, cette vieille argenterie, ces mets soignés, ces vins exquis, ressemblaient peu à ce que depuis dix ans il voyait sur les tables des pensions, où il avait traîné ses coudes; comme la bonne grâce et l'aimable sourire de ces deux jeunes filles s'empressant à le servir ressemblaient peu à la brusquerie de garçons ahuris ou à la nonchalance des servantes malpropres qui répondaient à peine quand on les appelait; qu'il serait doux vraiment d'avoir un pareil intérieur et de vivre de cette vie heureuse : Derodes avait raison quand il disait que la pension poussait au mariage.

Dès le premier soir il s'était pris de sympathie pour madame Amilhau, et bien vite cette sympathie était devenue un sentiment d'affection attendrie : n'était-elle pas touchante cette pauvre vieille que ni l'âge ni l'infirmité n'avaient endurcie, qui ne se plaignait jamais, ne parlait jamais d'elle et ne pensait qu'à être agréable aux autres, montrant à tous son bon sourire affable; un jour que Julienne n'était pas près de sa grand'mère il avait pris le carnet et le crayon de celle-ci et il avait écrit ce qu'il voulait lui dire. Depuis ils s'entretenaient sans intermédiaire et madame Amilhau s'en montrait heureuse : — Comme il a une belle écriture M. Bonnet, disait-elle à tous, et en quelques mots il exprime ce qu'il veut dire. »

Ainsi que ses camarades, Bonnet avait éprouvé un plaisir très vif à être avec ces deux jeunes filles, et, sans penser plus qu'eux à devenir l'amant de celle-ci ou le mari de celle-là, il s'était senti heureux par cela seul qu'il respirait le même air qu'elles, qu'il les voyait et qu'il entendait leurs voix. Comme il y avait loin de ces jeunes filles aux femmes qu'il avait connues!

Cependant, le maillot bleu d'Agnès avait jeté le trouble dans ses sentiments jusque-là assez calmes. Il ne s'agissait plus de l'agrément d'une maison, de sympathie pour une vieille femme, du charme de deux jeunes filles. Ce maillot lui avait porté un coup qui l'avait bouleversé. Dans cette vision provocante, il y avait eu un fait matériel auquel la volonté et la réflexion n'avaient aucune part

— La jolie fille !

Malgré lui, malgré ce qu'avait dit madame Drapier, il en rêva de la jolie fille : il avait trente ans, elle n'en avait pas vingt ; et devant ses yeux, dans un tourbillonnement passait continuellement cette vision bleue et blonde.

— Est-ce que vraiment il l'aimait cette jolie fille?

Il eut un moment d'émoi, et sautant à bas de son lit où d'ailleurs il n'avait guère dormi, il alla ouvrir sa fenêtre : le sang battait à ses tempes, les idées dansaient dans sa cervelle, il avait trop chaud, il était trop agité, trop enfiévré pour réfléchir.

Le matin se faisait, au loin les alouettes commençaient à chanter dans la plaine, et à ses pieds sous le couvert d'un arbuste des arènes une fauvette jetait de temps en temps son appel tendre et mélancolique; des nuages noirs d'orage roulaient dans le ciel arrivant de l'Ouest et faisaient paraître blancs les bois et des champs sur lesquels glissait la lumière rasante de l'aube ; pas d'autre bruit dans la campagne, dans la ville que ces chants d'oiseaux, pas de roulement de voitures, pas de meuglements de bestiaux, tout dormait encore.

Le vent qui souffla au front de Bonnet le rafraîchit et le calma ; la vision bleue qui tant de fois s'était promenée sur son lit dans l'obscurité de la nuit, s'évanouit à la lumière du jour comme ces fantômes qui vous hantent malgré qu'on veuille et qui se dissipent au feu d'une simple allumette : dans ce silence et cette tranquillité, il put faire son examen de conscience.

Quand madame Drapier, quand ses camarades lui avaient parlé de Julienne et d'Agnès, il avait toujours répondu en riant, du bout des lèvres, par des paroles en l'air auxquelles il ne se donnait même pas la peine d'attacher un sens précis. A quoi bon ? Ce n'étaient que simples plaisanteries.

Mais ce qui n'était pas une plaisanterie, c'était l'émotion qu'il avait éprouvée à la vue de ce maillot bleu, au contact de ces jolies mains roses satinées qui lui avaient mis le feu dans les veines.

Il s'agissait de voir clair en soi et de savoir au juste ce qui s'y passait : assurément il avait toujours été de bonne foi en répondant à ceux qui lui parlaient d'Agnès qu'il ne pensait pas à se marier, mais l'avait-il été avec lui-même ? Là était la question ; il fallait qu'elle fût résolue avant d'aller plus loin.

La belle affaire vraiment s'il était amoureux de la jolie fille ! Sa vie n'avait-elle pas été assez écrasée jusqu'à ce jour par les embarras et les hontes de la misère, sans qu'au moment même où elle semblait devoir s'alléger, il la compliquât d'un amour qui ne pouvait le mener à rien, qu'à aimer, pour l'aimer, une fille qui le désespérait par son besoin de plaire à tous.

A cheval sur une chaise, le menton posé sur la barre d'appui de la fenêtre, les yeux perdus dans les profondeurs noires du ciel, il resta là longtemps sans que rien vînt le distraire de sa méditation ; peu à peu la ville et la campagne s'éveillèrent ; des pas retentirent sur le pavé sonore, de loin en loin des roulements de voitures, des piétinements de bestiaux ; de la campagne arrivèrent des coups de marteau également frappés, ceux des faucheurs qui rebattaient leurs faux ; *sol do mi do sol mi do*, les clairons sonnaient la diane à la caserne encore endormie ; les fumées jaunes du feu qu'on allume commençaient à tourbillonner audessus des chaumes ; dans les rues passaient les chevriers jouant de la flûte ; les ouvriers qui tout d'abord avaient traversé les arênes à pas pressés, le bissac au dos et les outils sur l'épaule se rendant à leur travail, furent remplacés par des bourgeois qui venaient prendre l'air du matin, en pantoufles, flânant le nez au vent et devisant de l'orage, il ne vit rien que vaguement, il n'entendit rien.

Tout à coup il se leva brusquement :

— Eh bien non !

Non il n'aimait pas Agnès ; il avait eu un moment de surprise ; c'était la faute de ce maillot bleu si provoquant, la faute de ces mains si douces, s'il avait été troublé ; mais de ce qu'une femme est désirable il n'en résulte pas fatalement qu'on l'aime; et c'était là précisément ce qui s'était passé avec Agnès : désirable autant que la plus jolie fille pouvait l'être, charmante aussi avec cette toilette inventée exprès pour faire valoir ce qu'une autre aurait voilé; débordante, de jeunesse, d'entrain, de gaieté, de vie avec cette fraîcheur de carnation et cette richesse de sang, enveloppante avec ce regard caressant et ces manières ouvertes en même temps que câlines, il le voyait, il le sentait, mais de là à l'aimer il y avait une distance que bien certainement il ne franchirait jamais : elle avait pour un moment mis le feu à ses sens, elle laissait son cœur parfaitement calme : il ne l'aimait pas, il ne l'aimerait pas.

Ce fut avec un sentiment de soulagement qu'il arriva à cette conclusion, car pour un homme de son caractère et dans sa position, il y avait un danger à aimer une fille de ce tempérament; mais cette tranquillité n'était pas sans mélange, car dans son examen, tout ce qu'il retirait à Agnès, il devait le reconnaître chez Julienne; et s'il se trouvait sûr de ne pas aimer la plus jeune des sœurs, il ne se sentait pas du tout la même certitude à l'égard de l'aînée; ce n'était pas par une séduction de toilette et de chair que celle-là l'avait pris, c'était dans son cœur, que par un ensemble de douces qualités elle s'était insinuée et si complètement que, forcé par une autre de descendre dans ce cœur, il le trouvait envahi sans trop savoir par quels chemins elle y était entrée.

La belle avance vraiment d'échapper à une fille dont la dot l'effrayait, pour se trouver aux prises avec une autre, dont la fortune était plus effrayante encore.

VII

Bonnet n'avait jamais fait du mariage le but de sa vie, bien au contraire « rossard l'officier marié » et s'il l'avait admis à la rigueur il l'avait toujours considéré comme dépendant du grade : qu'il rencontrât une bonne chance, une action d'éclat, une de ces occasions exceptionnelles de se distinguer, qui entraînent tout à leur suite, il deviendrait un mari possible, mais jusque-là il n'avait pas à s'en occuper.

Or, jusqu'à ce moment, la bonne chance ne s'était pas rencontrée, c'était au contraire les mauvaises qui l'avaient poursuivi et écrasé; dans une misère comme la sienne, il aurait fallu être fou pour avoir l'idée de se marier.

A la vérité, il aurait pu chercher dans le mariage une bonne affaire, et au lieu de prendre une femme qu'il associerait à sa misère en trouver une qui l'associât lui à sa fortune. Mais justement il n'était pas l'homme des bonnes affaires, ni même d'aucune affaire, et cela autant par incapacité naturelle que par fierté. il n'avait jamais rien accepté qu'il ne pût rendre, qu'aurait-il rendu à une femme qui lui aurait apporté une belle dot.

Mais voilà que par une fatalité qui continuait sa mauvaise chance, cette folie dont il s'était toujours cru à l'abri venait de le prendre : il aimait une fille riche qui ne pouvait pas penser à lui, pas plus que lui, mais pour d'autres raisons, ne pouvait penser à elle.

La belle vie que cela lui préparait, s'il ne s'arrachait point du cœur ce sot amour.

Le pourrait-il? Il n'en savait rien, n'étant pas de ceux qui traitent l'amour légèrement et s'imaginent qu'il n'y a qu'à vouloir oublier une femme pour ne plus penser à elle : il est évident qu'on peut ce qu'on veut, le difficile est de pouvoir vouloir, et il avait peur de sa volonté.

Sa ligne de conduite se présentait bien simple : il devait ne pas retourner chez madame de Bosmoreau; mais cela serait-il possible? résisterait-il à sa propre faiblesse? s'il y parvenait, résisterait-il à ses camarades, à madame Drapier? que dirait-il pour justifier son abstention? la vérité, il serait ridicule.

Cependant, bien qu'il sentît toute la difficulté de cette abstention, il voulut ne pas aller chez madame de Bosmoreau le jour du lawn-tennis. Derodes irait, on se passerait très bien de lui pour jouer, d'autres prendraient sa place. Évidemment, le mieux, pour ne pas s'occuper de Julienne était de ne pas la voir, avant que l'habitude d'aller dans cette aimable maison fût bien établie, il fallait la rompre.

C'était le samedi que devait avoir lieu la partie de lawn-tennis; jusqu'au vendredi soir et même jusqu'au samedi matin, il se répéta les raisons qui l'obligeaient à rester chez lui, et chaque fois, il les trouva meilleures; il ne la voyait pas, il ne pensait plus à elle. Mais à mesure que la matinée s'écoula, ces raisons perdirent de leur force; ne ferait-il pas mieux de risquer l'aventure une fois encore; en la voyant, il se rendrait compte du sentiment qu'il éprouvait pour elle; peut être se trompait-il sur cet amour qui n'était pas ce qu'il avait craint.

Quand au déjeuner Cholet lui demanda à quelle heure il irait chez madame de Bosmoreau il n'eut pas d'hésitation :

— A trois heures.

— Alors nous irons ensemble.

— Volontiers,

Lorsqu'il se trouva en face de Julienne, lorsqu'avec son bon sourire elle lui tendit la main, lorsqu'elle lui parla avec la voix à l'accent familier qu'elle prenait pour les siens il comprit qu'il avait eu tort et qu'il ne partirait point avec la satisfaction de se dire que cet amour n'était pas bien redoutable.

Ce jour-là, le maillot bleu le laissa froid, et toutes les fois qu'il compara les sœurs, il se demanda comment il avait pu croire qu'il aimait Agnès : même pour la beauté, l'aînée l'emportait sur la jeune; sinon par le troublant, au moins par la sérénité.

En voyant les coquetteries d'Agnès avec Derodes, il se fâcha contre elle, et dans cette fâcherie, il n'y eut aucune jalousie, au contraire, il y eut plutôt de la sympathie et de la compassion. Ne comprenait-elle pas que d'un homme du caractère de Derodes on ne ferait pas un mari. Et puis était-il digne d'elle de spéculer sur sa beauté, pour amener au mariage un homme riche. Que Derodes fût spontanément vaincu par cette beauté et s'éprît d'amour pour Agnès, au point de vouloir l'épouser, c'était bien, rien n'était plus honnête; elle acceptait le mari qui l'aimait. Mais qu'elle commençât elle-même les avances, et qu'elle comptât sur sa beauté mise habilement en œuvre pour se faire épouser, cela le fâchait. Il trouvait misérable, lui qui n'avait rien, d'aimer Julienne riche de trente mille livres de rente, et il eût voulu qu'Agnès, qui n'avait rien non plus ou presque rien, maintînt à distance Derodes, riche de plusieurs millions.

Ce soir-là il rentra chez lui fort mécontent; l'épreuve concluante qu'il venait de tenter prouvait qu'il était pris, bien pris, et qu'il s'était trop vite réjoui de trouver le repos et la tranquillité à La Feuillade; la pauvreté pèserait toujours sur lui pour le rabattre et l'écraser au moment même où il espérait pouvoir se relever. Après avoir paralysé sa vie de soldat, elle allait maintenant attrister sa vie d'homme.

Enfin, les choses étant ainsi, il n'y avait ni à se révolter, ni à se plaindre, il fallait les subir; on n'est pas bon soldat sans une certaine disposition au fatalisme, et il était bon soldat des pieds à la tête, de cœur et d'esprit; on verrait bien; en avant.

Il avait donc continué à aller chez madame de Bosmoreau sans manquer une seule des réunions, jouant au croquet, jouant au *lawn-tennis*, jouant à tout ce qu'on voulait, dansant, pianotant, se montrant aussi empressé avec Agnès qu'avec Julienne de façon à ce que personne ne pût le deviner, pas même Julienne, surtout Julienne. Cholet, Vézin, Carrelet qui venaient à ces réunions sans aucunes visées amoureuses, pour le plaisir du plaisir devaient être ses modèles. Il n'avait qu'à les imiter, et à être ce qu'ils étaient eux-mêmes.

Si grand que fût le soin qu'il apportât à s'observer, à certains moments cependant ses regards trahissaient d'autres sentiments que ceux d'un indifférent ou d'un ami de quelques semaines ; les indifférents et les amis n'ont point ordinairement les regards émus qu'il attachait quelquefois sur Julienne quand il croyait qu'on ne le voyait pas, et ils ne tombent pas non plus dans les silences pleins de pensées qui plus d'une fois avaient étonné Julienne.

— Vous êtes distrait, monsieur Bonnet?
— Mais non, mademoiselle.
— Préoccupé, alors?
— Pas du tout.

Elle n'insistait jamais pour lui en faire dire davantage, mais un jour qu'elle l'avait ainsi questionné elle s'était elle-même engagée dans des confidences auxquelles, tout d'abord, il n'avait rien compris :

— Ne vous laissez pas prendre aux apparences, dit elle, et ne jugez pas Agnès pour ce qu'elle se donne : elle vous paraît frivole, elle n'est que jeune ; légère, elle n'est que gaie ; coquette, elle n'est que...

— Mais je vous assure que je ne la juge ni frivole, ni légère, ni coquette, dit-il tout surpris.

— Oh! je vois, je vois, eh bien, je vous assure que vous vous trompez ; sous cette jeunesse et cette gaieté il y a une femme bonne, aimante, droite, dont le cœur est sûr ; peut-être est-elle plus ardente au plaisir qu'on ne l'est ordinairement en province, peut-être est-elle un peu trop garçon, mais c'est notre faute à tous, nous l'avons élevée comme cela, son père d'abord, et puis moi ensuite qui, la trouvant si gentille, n'ai pas voulu changer la ligne que le père avait donnée ; c'est ainsi qu'elle s'est faite si vite camarade avec vous et avec M. de Derodes.

Derodes ! Ce nom fut un éclair. Jusque-là Bonnet s'était demandé ce que tout cela signifiait et où elle voulait en venir. Maintenant il comprenait. En le voyant préoccupé, Julienne avait cru qu'il s'inquiétait de la liberté qu'Agnès prenait avec Derodes, et qu'il était jaloux de celui-ci. Si elle avait souci de cette jalousie et tâchait de l'empêcher de se développer c'était donc qu'elle voyait en lui un mari possible pour sa sœur et qu'elle cherchait à le conserver.

Le coup lui fut sensible. Elle n'avait donc jamais admis l'idée qu'il pouvait l'aimer elle-même, et jamais elle n'avait imaginé qu'elle pouvait l'épouser : mari possible pour sa sœur pauvre, il était impossible pour elle riche.

Après tout, de quel droit se plaindrait-il ou l'accuserait-il : elle raisonnait comme il raisonnait lui-même, comme raisonnait tout le monde : les filles riches ne sont pas pour les pauvres diables, il le savait, il se l'était dit vingt fois, cent fois, seulement, dans sa bouche, cette vérité lui semblait moins dure que sur les lèvres de Julienne. Quand on est misérable, on aime une misérable ou l'on n'aime pas : il aimait, et il voulait garder sa fierté, c'était trop.

Les choses allaient ainsi lorsqu'un matin il reçut une lettre d'un de ses anciens camarades qu'il n'avait pas vu depuis près de vingt ans, et dont le nom à peu près oublié ne lui dit rien tout d'abord.

« Mon cher Bonnet,

» Te souviens-tu des tripotées formidables que tu
» flanquais il y a bientôt vingt ans à ton camarade
» d'école Florentin Virot, — et cela sous le prétexte de
» l'assouplir et de le fortifier.

» Sans doute ton moyen était bon, car je suis fort
» et souple ; de plus je suis architecte, géomètre-ar-
» penteur dans notre pays natal où après avoir tra-
» vaillé à La Rochelle et à Nantes je suis venu
» m'établir.

» Peut-être vas-tu te demander ce que tout cela
» peut te faire, bien que tu sois un bon garçon parfai-
» tement capable, j'en suis sûr, d'avoir conservé un
» souvenir affectueux pour un ancien camarade et
» aussi de t'intéresser à lui ; si tu veux continuer ma
» lettre tu vas voir qu'elle peut te faire quelque
» chose.

» En ma qualité d'architecte, etc., etc, je suis en re-
» lations avec les propriétaires, les entrepreneurs, les
» spéculateurs qui veulent faire construire dans notre
» pays que les bains de mer ont mis à la mode. Ce qui
» manque présentement après tout ce qu'on a déjà
» construit, c'est des terrains en bonne situation,
» c'est-à-dire sur le bord de la mer. Il n'y en a plus
» qu'un, la lande où s'élève le moulin de ton père.
» Nous avons voulu la lui acheter il n'a pas voulu la

» vendre. Et son refus a été motivé, non par des rai-
» sons de convenance ou d'affection, mais simple-
» ment par calcul, parce qu'il croit qu'en attendant
» quelques années encore il en obtiendra un prix su-
» périeur à celui qu'on lui offre aujourd'hui.

» Ce calcul n'est pas juste et je te le démontrerai si
» tu veux que j'entre en correspondance avec toi à ce
» sujet; quand cette démonstration sera faite, je
» pense que tu n'hésiteras pas à décider ton père qui,
» par son refus obstiné, sacrifie tes intérêts en même
» temps que les siens.

» Ton vieux camarade,

» F. VIROT. »

VIII

Depuis dix ans, Bonnet n'était pas retourné dans son pays natal : toujours en garnison dans le Nord et dans l'Est, avant d'aller en Algérie, il aurait dû traverser la France, et c'eût été une dépense que ses dettes ne lui avaient jamais permise. De temps en temps, il écrivait à son père, régulièrement à la fête de celui-ci, et au jour de l'an; le père répondait rarement, très rarement et c'était tout. Jamais le vieux meunier n'avait eu l'idée d'envoyer à son fils cent francs pour lui permettre de venir le voir; et quand celui-ci se trouvant aux prises pour la première fois avec la misère, avait demandé à son père un aide si faible qu'elle fût, la réponse avait été telle, qu'il s'était gardé de recommencer : « Je la connais la vie de noce et de bombance des officiers ; tu oublies, mon garçon, que j'ai été soldat et que je sais comment on tire des carottes aux parents, je n'aime pas qu'on se fiche de moi... » C'était dans la ligne maternelle que Bonnet avait eu une famille, dans sa mère, dans son oncle le curé, il l'avait alors compris et se l'était tenu pour dit.

Jamais, quand son père écrivait, il ne lui parlait du pays : « La santé est bonne, Dieu merci ; mais les temps sont bougrement durs, l'argent ne rentre pas » ; avec cela quelques mots sur les réparations au moulin que le vent de mer avariait assez souvent, des plaintes sur la mule... et voilà tout ; du village, il n'en était jamais question ; c'était par la lecture des journaux que de temps en temps, au hasard, il lui en arrivait des nouvelles : depuis dix ans, des maisons élevées sur toute la côte formaient maintenant une petite ville que son imagination s'appuyant trop fortement sur ses souvenirs d'enfance ne se représentait que difficilement ; quand il lisait que les représentations d'une troupe parisienne en tournée avaient obtenu un grand succès au Casino de Saint-Martin-du-Mont, il ne comprenait pas du tout ; un casino à Saint-Martin ! Où diable avait-on pu le construire ? Et quel était ce casino dont les journaux parlaient.

La lettre de Virot, la première qu'il reçut d'un

ancien camarade fut une révélation : « Ce qui manque présentement après tout ce qu'on a déjà construit, c'est des terrains en bonne situation, au bord ou en vue de la mer. » Comment, il n'y avait plus de terrains à construire au bord de la mer! Mais s'il en était ainsi, et la lettre de Virot ne permettait pas le doute à ce sujet, la lande de son père d'une belle contenance avait une certaine valeur.

Alors si cette lande pouvait être vendue un gros prix, se trouvant le seul héritier de son père, il n'était plus le pauvre diable qui ne devait pas aimer une fille riche!!

Il relut la lettre de Virot et tout de suite son parti fut pris, ce n'était pas avec les lenteurs d'une correspondance plus ou moins entortillée à dessein qu'une pareille affaire pourrait se traiter : il fallait savoir d'une façon précise, il fallait voir de ses propres yeux.

Il irait à Saint-Martin.

Sa résolution arrêtée, il fallait examiner si l'exécution en était possible, et pour cela commencer par faire sa caisse, — ce qui à vrai dire n'était ni long, ni difficile. Elle contenait, tout bien compté trente-huit francs soixante centimes; or, le prix de la place étant, de La Feuillade à Coutras, de onze francs, et de Coutras à Vendreneau, la station qui dessert Saint-Martin-du-Mont, de vingt-quatre francs, cela donnait un total de trente-cinq francs, ou de soixante-dix francs pour l'aller et le retour, soit dix-sept francs cinquante centimes pour le quart de place; il pouvait donc partir.

Ce fut une explosion de regrets quand il annonça

chez madame de Bosmoreau qu'il serait absent pendant huit jours.

— Huit jours, s'écria Agnès, mais vous allez désorganiser notre lawn-tennis; il n'y a que vous qui puissiez tenir tête à M. Derodes.

Tenir tête à M. Derodes n'était peut-être pas très exact et faire avancer M. Derodes eût été plus juste, car les sourires, les paroles aimables, les confidences dans un coin, les coquetteries dont Agnès honorait Bonnet n'avaient pas d'autre but.

Il fallut l'intervention de Julienne pour qu'Agnès consentît à ce départ.

— Jurez que vous ne serez pas plus de huit jours.
— Je le jure.

De la station de Vendreneau à Saint-Martin-du-Mont il y a une dizaine de kilomètres, Bonnet les fit à pied par la route de traverse : c'était une économie en même temps qu'un plaisir. Quand en son enfance il allait de chez son oncle chez son père, il suivait cette route et, avec une douce émotion il la retrouvait telle que vingt ans auparavant, couverte d'une ombre épaisse, trop large de moitié au moins, encaissée entre deux levées de terre sur lesquelles poussaient des chênes, des châtaigniers et des merisiers d'une végétation médiocre.

Depuis ces vingt années rien n'avait été changé, pas un caillou n'avait été apporté dans les ornières profondes, pas une des mares qui à chaque instant obligeaient son tracé à obliquer à droite ou à gauche n'avait été comblée, pas un fossé n'avait été curé. De chaque côté le mode de culture était toujours le même, avec les mêmes petits sillons de terre grise, et les mêmes jachères, couverts de genets et d'ajoncs au milieu desquelles paissaient les vaches aux cornes ouvertes et au pelage clair qui lui étaient restées dans les yeux. Comme après les violences du bleu d'Afrique ce ciel voilé de gris lui était doux; comme ces verdures pâles, ces hauts chaumes, ces grands choux aux feuilles retombant sur une tige élancée, ces sarrazins rouges, ces bruyères roses ou violettes, étaient présents à son souvenir ; il les retrouvait tels qu'autrefois, et pouvait croire qu'il n'y avait que quelques semaines, quelques mois au plus. Que de fois il avait passé par là, son paquet à la main, et comme tout cela lui était resté familier malgré ses étapes à travers tous les pays : n'y a-t-il donc qu'une terre au monde, un petit coin, celui où nos yeux se sont ouverts à la lumière et nos organes aux premières sensations qui les ont frappées !

Il allait devant lui, allègrement, de vingt ans plus jeune, revoyant sa mère qui l'attendait en venant à chaque instant jusqu'à la porte pour guetter s'il arrivait, et restant là, penchée en avant, les ailes de sa coiffe blanche enlevées par le vent de la mer; revoyant aussi son oncle qui, au retour, faisait un bon bout de route au-devant de son gamin de neveu, son tricorne sous son bras et son bréviaire à la main, et ses pas le conduisaient, instinctivement; aux endroits où vingt ans auparavant il levait le pied pour passer par-dessus une grosse pierre obstruant le chemin, il le levait encore et avec raison, car la pierre était toujours à la même place.

A mesure qu'il avançait les arbres se faisaient plus ramassés, plus rabougris, leurs cimes tourmentées et aplaties, ne s'étalaient que d'un seul côté, un air plus frais lui soufflait au visage, et quand il passait sa langue sur ses lèvres il y trouvait une saveur salée ; il approchait de la mer et déjà à certains moments il entendait son sourd murmure.

Cette vieille route conduisant au village, il prit un sentier qui coupait à travers les métairies et descendait en pente douce ; les arbres devinrent plus rares, plus chétifs, le vent souffla plus fort, et le rythme des vagues qui frappaient la grève se fit entendre plus distinct et plus régulier, il arrivait sur une lande qui dominait la mer.

Il s'arrêta un instant au débouché du chemin. Dans la lande couverte de bruyères fleuries qui s'abaissait vers le rivage avec des mouvements ondulés, le vieux moulin de son père détachait sa silhouette grise sur le fond rose du soleil couchant, et ses grandes ailes en planches moussues tournaient vite avec des craquements plaintifs ; à droite la pauvre maisonnette où il était né lui montrait son toit tout jaune de sedum, éblouissant comme une chape d'or ; et à gauche, à une courte distance, au point culminant de la lande, il retrouvait l'amas de pierres druidiques qui, par les énormes blocs de granit formant ses allées couvertes était la curiosité de ce pays où le granit ne se rencontre nulle part ; combien de fois, quand il était enfant avait-il entendu des savants discuter sur ces pierres et se demander d'où on les avait apportées, comment on avait pu les monter jusque-là.

Bien que cette vue fût pour lui pleine de souvenirs émus il ne s'y attarda point et tout de suite ses regards coururent au village neuf qui se tassait au bord de la mer. Virot avait dit vrai : les terrains propres à bâtir avaient été en ces dix dernières années couverts de constructions : villas, châteaux, chalets, chaumières, maisons gothiques, Renaissance, italiennes, anglaises, norwégiennes, normandes, dont les toits et les hautes cheminées se mêlaient en un fouillis où les règlements administratifs n'avaient mis aucun ordre; seule la lande avait arrêté les bâtisseurs à une ligne droite, et avec ses ajoncs, ses bruyères et ses argousiers arasés par le vent de mer, elle s'étalait sauvage telle que cent ans auparavant.

Sans avoir le génie de la spéculation, on pouvait comprendre que ces cinq hectares de terre inculte où une mule et une vache trouvaient difficilement à se nourrir, et qui ne se seraient pas vendus deux mille francs il y a vingt ans, avaient pris de la valeur depuis que les maisons et les jardins lui faisaient une ceinture et qu'elle était le seul emplacement où l'on pût désormais construire de ce côté au bord de la mer.

Quelle était cette valeur.

Voilà ce qui lui restait à apprendre, mais ce qu'il avait vu lui donnait bon espoir ; il n'aurait point fait un voyage inutile et Virot était décidément un bon garçon de l'avoir prévenu. Sans doute ce n'était point par pure amitié, et en reconnaissance des tripotées d'autrefois, mais qu'importait qu'il eût pensé à son intérêt.

Sans aller chercher le sentier battu par les pieds des chevaux et des mules, il coupa à travers les bruyères, marchant droit sur le moulin. Arrivé à une certaine distance et ayant tourné l'angle de la maisonnette, il aperçut assis sur un banc et adossé au mur un homme en veste grise et en bonnet de coton qui fumait sa pipe en regardant le moulin tourner avec la satisfaction de quelqu'un qui voit qu'on travaille pour lui tandis qu'il a tranquillement ses mains dans ses poches, — son père qui n'avait que cinquante-cinq ans lorsqu'il l'avait vu pour la dernière fois, et qui cassé et fatigué par ces dix dernières années, paraissait plus vieux que son âge.

Il vint à lui en accélérant le pas.

Quand il ne fut plus qu'à une courte distance, son père qui le regardait venir sans paraître le reconnaître et en le dévisageant, se leva de son banc, et se tenant immobile, la main gauche sur la couture du pantalon, la droite à la hauteur de l'oreille, la paume levée, lui fit le salut militaire à la mode de 1840, en disant :

— Salut, mon lieutenant.

Mais Bonnet ayant continué d'avancer de sorte que les rayons obliques du soleil le frappèrent en plein visage, le père reconnut son fils :

— Cré matin ! s'écria-t-il, c'est mon garçon ! Comment c'est toi Bonnet ! et tu ne dis rien ; en voilà une surprise.

Respectueusement, Bonnet ôta son képi et embrassa sur les deux joues son père qui se laissa faire en répétant :

— En voilà une surprise !

IX

Le vieux meunier fit asseoir son fils à côté de lui sur le banc; puis tout à coup il appela :

— Hé! Euphrasie.

Une servante toute jeune, dégingandée, ébouriffée, qui devait être aux écoutes tant elle répondit vivement à cet appel, parut à la porte.

— Qu'est-ce que tu as pour souper? le *drôle* est arrivé; faut lui donner à manger.

Le *drôle* n'était pas une injure, c'est un mot du pays qu'on emploie pour garçon, comme *gars* ailleurs.

— Il n'y a rien; vous n'avez pas voulu me laisser acheter les limandes de Rufin.

— Elles étaient trop chères les limandes, tu vas fricasser des œufs.

Et s'adressant à son fils tandis qu'Euphrasie rentrait dans la maison :

— Il est rudement cher, le poisson, maintenant; on n'en peut pas manger, ces bourgeois ont tout fait renchérir dans le pays, excepté la farine; les temps sont bougrement durs, l'argent ne rentre pas. Vous êtes heureux, vous autres officiers, bien payés, et recta, le premier du mois.

Bonnet ne jugea pas à propos de contredire cette

affirmation, que les officiers étaient bien payés ; il ne lui convenait pas d'engager une discussion d'autant plus inutile que ce n'étaient pas là propos en l'air : si son père se plaignait des temps et comparait la situation heureuse des officiers à celle des malheureux paysans, ce n'était pas sans intention, et on pouvait facilement deviner le dessous de ses paroles ; d'ailleurs, il précisa :

— Je suis content de te voir, ça me dit que tes affaires vont bien ; après ça ce n'est pas étonnant quand on est bien payé et qu'on n'a qu'à penser à soi, ce n'est pas comme moi.

Il baissa la voix :

— Je me fais vieux, j'ai été obligé de prendre une servante, ça double la dépense et j'avais déjà bien du mal à arriver.

Il regarda son fils en clignant, puis lui tendant la main :

— Mais sois tranquille, mon garçon, je ne te demanderai jamais rien... tant que je pourrai travailler, s'entend.

Et il énuméra tous les gens qui étaient ses débiteurs, ceux de Meuville, ceux de Puisseux, ceux de Montmain : fallait-il leur envoyer l'huissier, des pauvres gens qui faisaient ce qu'ils pouvaient.

— Ah! les temps sont bougrement durs.

Et puis la mode aussi s'était mise dans la meunerie : les boulangers ne voulaient plus que des farines blanches produites par des mécaniques qui enlevaient la qualité au pain ; il n'y avait que les pauvres gens qui acceptaient encore la farine d'autrefois, mais ils se plaignaient.

Bonnet écoutait le cœur serré : eh quoi c'était là l'accueil de son père : la défiance de l'avarice. Depuis dix ans, il avait perdu l'habitude de ces finasseries de paysan, et il lui fallait faire un effort pour comprendre : pourquoi toutes ces précautions, puisqu'il ne demandait rien.

— Si encore le moulin était en bon état, mais il est comme moi, le pauvre vieux ; il y a des moments, dans les bourrasques, où je me demande s'il ne va pas être emporté : il craque, il craque, ah ! les temps sont bougrement durs.

Pendant ce discours les œufs avaient été fricassés, Euphrasie vint annoncer qu'on pouvait souper.

Ils entrèrent dans la cuisine où s'était écoulée l'enfance de Bonnet, rien n'y était changé : sur le dressoir se rencontraient les mêmes faïences à fleurs car on casse peu chez les paysans, au mur s'étalaient les images enluminées sur lesquelles il avait commencé à lire mais plus enfumées et plus jaunes ; il s'assit à la place qu'il occupait autrefois en face de son père, et comme autrefois, il attendit que son père après avoir fait une croix sur la tourte de pain lui en tendît une tranche piquée au bout du couteau qui l'avait coupée.

Ils commencèrent par manger en silence, puis le père qui n'abandonnait pas son idée et ne voulait pas que son fils pût aborder ce qu'il craignait d'entendre, reprit la parole :

— Alors tu es toujours lieutenant? dit-il en regardant les deux galons des manches.

— Vous voyez.

— On n'avance pas vite maintenant; mais c'est égal, tu es dans une belle position, tu as dû mettre de l'argent de côté; si tu en es embarrassé, je te trouverai de bons placements en terre, dans le pays on est gêné.

Bonnet eut un triste sourire :

— L'argent ne m'embarrasse pas, dit-il, je vous remercie.

— Tu veux faire le malin avec ton père; ma parole je ne te demanderai rien, quoique le moulin, qui sera ta propriété un jour ait bien besoin de réparations, mais enfin tu peux être tranquille, je ne te parle pas d'argent pour t'en demander.

— Je n'en ai point.

— Comment tu n'en as point! C'est-y possible. Depuis dix ans, tu n'as pas mis d'argent de côté. On ne paie donc plus les officiers, maintenant?

— Si.

— Combien que tu touches?

— Deux cent quatre francs par mois.

— Deux cent quatre francs par mois; en v'là une somme! et tu n'as pas mis d'argent de côté; tu te la coules douce.

Il eut été naïf à lui de prouver avec chiffres à l'appui qu'il ne se la coulait pas douce; il ne dit rien.

— Après ça, mon garçon, si tu veux t'amuser, je ne te blâme pas; profite de ta jeunesse, ton avenir est assuré : tu monteras en grade et puis tu auras ta retraite. Ce n'est pas comme nous, qui sommes obligés de travailler jusqu'à la mort sans rien d'assuré; si encore les temps n'étaient pas si durs.

Et il recommença à se plaindre comme un homme tombé dans la misère la plus noire.

Si Bonnet avait cru à la sincérité de ces plaintes, il aurait demandé à son père comment au lieu de souffrir de la dureté des temps, il ne faisait pas argent de la lande; mais à quoi bon? Les ficelles de cette comédie étaient trop grosses pour qu'il ne les vit point, et ce qu'il dirait ne provoquerait que des plaintes nouvelles, tant qu'il ne pourrait pas les arrêter avec des chiffres; avant tout, il fallait qu'il se procurât ces chiffres auprès de Virot et des personnes qui pourraient le renseigner. Cependant pour se garder une porte ouverte, il voulut dès maintenant entamer cette question de la lande :

— Heureusement qu'on a beaucoup bâti autour de vous et que bientôt sans doute on voudra vous acheter votre lande; vous en tirerez un bon prix.

— Ne crois pas ça, mon garçon, on a bâti tout ce qu'on pouvait bâtir dans le pays; et on s'est arrêté quand on en a eu assez, et même on s'est arrêté trop tard; tout ça c'est de la spéculation; on verra bien des ruines avant peu, c'est moi qui te le dis; si j'avais écouté ceux qui voulaient m'acheter ma lande je ne l'aurais plus et je n'aurais pas mon argent, puisqu'ils ne m'auraient pas payé.

— Vous l'auriez reprise avec les maisons élevées dessus.

— Des histoires, des procès, il ne me manquerait

plus que ça ; je veux ma tranquillité et être sûr de mourir dans la maison où est mort mon père.

Il dit cela avec un attendrissement qui ne permettait pas d'insister, aussi Bonnet n'insista-t-il point, et de toute la soirée il ne fut plus question de la lande. Ils parlaient de l'Afrique où le père avait passé cinq ans quand il était soldat.

— Un fameux pays, c'est étonnant tout de même que tu n'y aies pas fait ton beurre.

Le lendemain matin, Bonnet qui se défiait, se leva avec le jour pour aller visiter le village neuf à son aise et voir Virot quand l'heure de se présenter chez les honnêtes gens aurait sonné.

En flânant par les rues, il trouva la maison de son camarade toute placardée d'affiches et de plans avec une belle plaque en cuivre sur la porte où on lisait « Virot, architecte » ; une servante, qui ouvrait les volets et qu'il interrogea, lui dit que son maître descendrait dans une heure. Il fut exact.

Virot l'accueillit avec effusion et des protestations d'amitié qui disaient combien vivement il désirait que la vente de la lande du moulin se fît ; au reste il l'avoua à peu près franchement. S'il y avait gros à gagner pour le père Bonnet, c'était aussi une bonne affaire pour lui par les constructions qu'il élèverait ; il avait acheteur à deux francs le mètre, ou cent mille francs pour le tout, payables cinquante mille francs comptant et le reste par termes de dix mille francs tous les ans. Il avait offert ces cent mille francs au père Bonnet qui les avait refusés, sans jamais vouloir donner le chiffre précis de ses exigences ; tout ce qu'on pouvait présumer c'est qu'elles étaient folles ; au moins fallait-il tâcher de l'amener à les faire connaître ; on discuterait, quoique cent mille francs pour des terres qui ne rapportent pas cent francs par an, fussent déjà un joli prix ; ce qu'il ne voulait point dire à des étrangers, il ne le cacherait sûrement pas à son fils.

Sûrement? Bonnet qui connaissait son père et qui venait d'avoir la preuve que son caractère était de plus en plus défiant ne se sentait pas du tout sûr de réussir à le faire parler. Cependant, il fallait essayer, et tout de suite il revint au moulin.

— Tu as été te promener, demanda son père qui, assis sur son petit banc, semblait le guetter.

— Oui, et j'ai rencontré un de mes anciens camarades, Virot.

Le père Bonnet regarda son fils attentivement, puis prenant un air affligé :

— Ce pauvre Virot, dit-il avec compassion.

— Qu'est-ce qu'il a?

— Il a qu'il est engagé dans des affaires... louches, et je crains que ça ne tourne mal pour lui ; c'est dommage, il est bon garçon et travailleur, mais la spéculation les a tous perdus ici.

— Il m'a parlé de votre lande.

— Je crois bien ; c'est son idée fixe à ce garçon ; il s'imagine que s'il pouvait y construire des maisons ça le sauverait ; ça le perdrait un peu plus vite, voilà tout.

— Il m'a dit qu'il avait acheteur à cent mille francs.

— Tu as cru ça.

— Et qu'on vous verserait cinquante mille francs comptant.

— Mais s'il me donnait cinquante mille francs comptant, c'est que ma lande en vaudrait trois cent mille, je serais donc imbécile de la vendre cent mille.

— Alors, demandez-en trois cent mille.

— Pour qu'on se fiche de moi; je ne demanderai rien du tout; je peux attendre, Dieu merci... si durs que soient les temps.

Bonnet ne pouvant rien obtenir de plus, voulut essayer de la franchise; il expliqua son cas: il aimait une jeune fille riche de trente mille francs de rente, mais n'ayant rien lui-même, il ne pouvait pas la demander, il ne pouvait même pas faire connaître son amour; que la lande fût vendue cent mille francs, deux cent mille francs, la situation changeait aussitôt; il n'était plus un misérable, puisqu'il était le fils unique d'un homme riche de cent ou deux cent mille francs, et on ne pouvait pas voir dans son amour une spéculation.

A mesure qu'il s'expliquait, les yeux de son père fixés sur lui s'animaient et prenaient une expression de dureté:

— Allons, décidément, s'écria-t-il, c'est pour me tirer une carotte que tu es venu.

— Vous tirer une carotte?

— Donne-moi ta parole, ta parole d'officier, que Virot ne t'a pas fait venir.

— Il est vrai qu'il m'a écrit...

— Qu'est-ce que je disais!... Il a espéré, le coquin,

que ne pouvant me mettre dedans tu l'aiderais; et toi tu t'es laissé empaumer.

— J'ai espéré que vous ne me refuseriez pas votre concours pour me faire épouser celle que j'aime, car c'est votre concours que je vous demande, rien que votre concours, et non une somme d'argent quelconque.

— On dit ça pour commencer, et puis après le concours c'est l'argent. Eh bien! tu n'auras ni l'un ni l'autre; d'abord, parce qu'on ne se marie pas quand on est lieutenant. On attend qu'on soit commandant ou colonel pour faire un bon mariage; ensuite, parce que quand on est beau garçon comme toi, on n'a pas besoin d'argent pour se faire aimer par les filles, enfin, parce que je ne veux pas vendre ma lande qui, dans trois ou quatre ans vaudra le double ou le triple de ce qu'elle vaut maintenant. Tu dis que si tu étais le fils unique d'un homme qui a cent mille francs on ne pourrait pas voir dans ton amour une spéculation; mais, sacré matin, tu es le fils d'un homme qui est propriétaire de terrains qui valent... ce qu'ils valent, ce que tu veux qu'ils valent et ta position est autrement belle.

X

Bonnet abrégea son séjour au moulin. Qu'eût-il obtenu en restant? Rien absolument. Son père ne changeait pas d'idée ordinairement, et encore moins quand il s'imaginait qu'on « voulait lui tirer une carotte. » Il n'avait qu'à partir.

Quand il annonça son départ, son père ne se fâcha pas :

— Tu sais, mon garçon, que je ne t'en veux pas; tu as cherché à me tirer une carotte; à ta place, j'en aurais fait autant; seulement, si tu étais à la mienne, tu ferais comme moi; les parents sont les parents et les enfants sont les enfants.

Il voulut même lui faire un petit bout de conduite au moins jusqu'à la sortie de la lande, mais en quittant la maison, au lieu de couper au court il passa devant les pierres druidiques; arrivé là il s'arrêta et du doigt montrant les énormes blocs de granit tout couverts de lichen et de mousses :

— Vois-tu, mon garçon, dit-il avec un accent plus sérieux qu'à l'ordinaire, j'ai ma religion comme un autre; ton oncle la blâmait, et je ne lui en veux pas, étant dans son droit de curé; mais il y en a plus d'un ici qui sans rien dire à personne est comme moi et vient faire ses dévotions à ces pierres. Pourquoi pas, c'est-y pas une chapelle aussi ? On lui adressait sa demande autrefois ; on peut bien la lui adresser maintenant, et il me semble que ce qui était bon dans les temps passés, doit être bon encore de notre temps. Toutes les fois que j'ai été embarrassé, je leur ai demandé conseil, et je m'en suis bien trouvé : faut-il faire çà ? ne faut-il pas le faire ?

Il retira son bonnet de coton dévotement avec une génuflexion et un petit signe de croix.

— Eh bien, quand je les ai consultées rapport à la lande, elles m'ont répondu qu'il ne fallait pas la vendre.

Il étendit le bras vers les pierres où deux trous sombres se montraient insondables à l'œil, au milieu des blocs de granit et des touffes de bruyère :

— Est-ce vrai ? demanda-t-il.

Au sortir de la lande, ils se séparèrent, et Bonnet refit tristement au retour la route qu'il avait parcourue avec bonne humeur à l'aller : fils d'un propriétaire de terrains valant deux ou trois cent mille francs, n'était pas du tout la même chose que d'être fils d'un propriétaire qui avait vendu son terrain cent mille francs. — Tu lui donneras la valeur que tu voudras, à la lande, disait son père. Mais justement parce qu'il était libre de fixer cette valeur, son estimation ne signifiait rien ; on pouvait lui répondre qu'elle était trop forte de moitié, des trois-quarts, de tout.

C'était donc un voyage inutile, il fallait renoncer aux espérances que la lettre de Virot lui avait données un peu follement et se résigner.

Son retour fut mélancolique et la perspective d'hériter un jour d'une assez grosse somme ne balança pas les déceptions de l'heure présente ; cet accueil de son père, cette défiance, ces finasseries le blessaient dans sa fierté autant qu'elles le peinaient ; par cela même qu'il se croyait obligé de renoncer à son amour, il eût voulu pouvoir se rejeter du côté de son père ; il se fût senti moins seul si de cette visite à la maison natale il lui était resté dans le cœur un souvenir autre que celui qu'il emportait.

Il rentra à La Feuillade bien décidé à ne plus aller chez madame de Bosmoreau. Déjà, à la vérité, il avait pris cette résolution sans la tenir, mais cette fois il ferait en sorte de ne point céder à d'hypocrites faiblesses. Il s'occuperait, il travaillerait, il se mettrait dans l'impossibilité de sortir les jours où l'on se réunissait chez Julienne. Si tout lui manquait, son métier lui restait, Dieu merci ! il se donnerait à lui tout entier, sans autres espérances, sans autres ambitions ; n'en est-il pas de l'état militaire comme de l'état religieux et tous les deux n'exigent-ils pas le renoncement. L'embarras, seulement, était de trouver une occupation dans laquelle il pût se jeter à corps perdu et s'absorber pendant ses heures de liberté, mais il chercherait, il trouverait ; il avait depuis assez longtemps déjà l'idée de traduire un ouvrage allemand sur la balistique, il s'y mettrait et rencontrerait là, à coup sûr, assez de difficultés pour ne pas laisser son esprit s'envoler sur les ailes de la rêverie.

Heureusement, l'amour de son métier lui était resté aussi vivace qu'au jour où, devant la compagnie au port d'armes, il avait entendu son capitaine prononcer les mots sacramentels : « Sous-officiers, caporaux et soldats, vous reconnaîtrez pour votre chef le sous-lieutenant Bonnet... » et où ses grandes espérances avaient monté haut dans l'azur avec la sonnerie des clairons, tandis qu'il étouffait d'orgueil dans sa belle tunique neuve ; il était donc quelqu'un, le fils du meunier de Saint-Martin, officier... « Et vous lui obéirez. »

On était encore à cette époque dans la période qui a suivi les désastres de 1870, où tout le monde en France avait mis ses fiertés et ses espoirs patriotiques dans l'armée : autour de lui dans son régiment, on travaillait, on s'encourageait, on ne doutait de rien ni de personne, ni de ses chefs, ni de soi-même, on voulait ; avec un même but, tous avaient une même pensée.

Depuis, il avait vu bien des défaillances se produire et une sorte de désespérance ou d'indifférence, un sentiment vague d'infériorité dont chacun rejetait la responsabilité sur son voisin, la politique ou la fatalité succéder à ces heures d'élan et d'union. Ses anciens qui avaient subi l'entraînement général s'étaient vite fatigués ; comme le travail dérangeait de vieilles habitudes contractées depuis longtemps, ils l'avaient peu à peu abandonné, ne se gênant pas pour déclarer tout haut qu'il n'y avait qu'à reprendre l'ancien train-train, et, pour blâmer ou railler ceux qui désorganisaient l'ancienne armée sans être capables d'en organiser une nouvelle : ils avaient essayé, ils avaient échoué, à qui la faute ? Non à eux à coup sûr, mais aux choses, aux hommes, à l'esprit national. Subissant cette influence plus d'un jeune, qui n'aurait pas demandé mieux que de marcher s'il s'était senti soutenu, avait lâché pied : c'est si commode de s'abandonner à la négligence et à l'incurie, alors surtout qu'on a des exemples venant d'en haut et des excuses tout autour de soi; pourquoi n'auraient-ils pas raison ceux qui citent des faits auxquels il est souvent embarrassant de répondre : on se met à croire en eux au lieu de croire en soi et la paresse aidant, on leur emboîte le pas.

Combien en avait-il vu de ces défaillances chez des camarades aussi pleins d'ardeur que lui au commencement, et qui, bientôt, n'avaient plus pensé qu'à s'acquitter de leur besogne régulièrement en bons fonctionnaires, sans rien demander, sans rien vouloir au delà du courant : la revanche ! est-ce qu'on était prêt ! Ne se sentant pas prêts eux-mêmes, ils reconnaissaient très justement leur incapacité et leur impuissance à condition de pouvoir affirmer haut celles des autres.

Combien étaient partis avec la fierté de leur profession et le sentiment de la grandeur de leur devoir qui s'étaient vite engourdis dans l'apathie de la vie de garnison et le bien-être de la vie bourgeoise.

Pour lui, soldat par vocation, il avait eu le bonheur de résister à ces dissolvants et de ne pas plus se laisser prendre par le découragement des sceptiques ou la paresse des oisifs, que de se laisser influencer par les plaisanteries des blagueurs. Malgré la misère que ses dettes lui avaient imposée, son enthousiasme de jeune homme s'était soutenu, il aimait son métier comme au premier jour, et pas une de ses jeunes croyances n'avait été atteinte; comme à vingt ans il sentait l'humiliation de la défaite; et comme à vingt ans il avait foi dans le prestige de la patrie.

Il avait toujours travaillé, il travaillerait davantage, et la mollesse à laquelle il s'était un moment abandonné en arrivant à La Feuillade et en croyant sa tranquillité matérielle assurée, il la secouerait : c'est la misère qui est mauvaise pour un soldat, ce n'est pas la pauvreté.

Comme il arrivait près de sa maison il aperçut sa logeuse et son ordonnance assis à côté l'un de l'autre dans l'allée : la logeuse lisait et le soldat écoutait : au bruit de ses pas dans cette rue où la circulation était rare, ils tournèrent la tête vers lui, et l'ordonnance l'ayant reconnu se leva vivement, les pieds en équerre, la main droite au képi, tandis que de la gauche il tâchait de fourrer dans sa poche un mouchoir à bande rouge qu'il avait cueilli sur les genoux de madame Raveau.

— Que diable faites-vous là? demanda Bonnet surpris.

— Rien, mon lieutenant, répondit le soldat, qui était parvenu à faire disparaître le mouchoir dans sa poche.

Puis tout de suite, avec une volubilité nerveuse :

— La chambre de mon lieutenant est en état, il trouvera tout en état, tout en état.

— Bien ; vous pouvez vous en aller, je n'ai pas besoin de vous.

L'ordonnance ne se le fit pas dire deux fois, il détala grand train en tenant le fourreau de son sabre de la main gauche ; sur les cailloux de la rue ses godillots trop larges claquaient comme des battoirs.

— Qu'est-ce donc qu'il a aujourd'hui ? demanda Bonnet ne comprenant rien à cette fuite embarrassée :

La logeuse hésita un moment, puis souriant :

— C'est que je vas vous dire, il a de l'ambition ce bon Godailler.

— Quelle ambition ?

— Celle de devenir soldat de première classe et même... caporal.

Les idées ambitieuses de Godailler firent rire Bonnet, car si un jeune soldat avait jamais été gauche, maladroit, empoté et ahuri c'était bien ce paysan lourdeau qui renversait tout sur son passage et ne comprenait ce qu'on lui disait que longtemps après qu'on avait parlé. Et cependant cette ambition était vraie, c'était elle qui l'avait fait ordonnance, et c'était elle qui maintenant le poussait à devenir caporal. En arrivant au régiment il ne voulait rien et ne pensait qu'à retourner à ses vaches, mais quand il avait vu que les ordonnances étaient exemptés de bien des corvées sinon de toutes et gagnaient quatre sous par jour ; quand par les récits de ses camarades il avait appris à la chambrée, que chez le lieutenant-colonel il y avait trois ordonnances dispensés de théorie, de faction et d'exercice, qui tous les soirs léchaient le fond des casseroles qu'ils récuraient pendant la journée et dans lesquelles un quatrième ordonnance qui avait repris son ancien métier de cuisinier, fricassait des nourritures extraordinaires, — quand il avait senti l'ordonnance du sous-lieutenant Carrelet parfumé des pommades et des eaux de senteurs qu'il chipait à son officier, il s'était dit que cela valait mieux que d'être tout bêtement soldat et il était entré au service de Bonnet. Malheureusement, chez le lieutenant Bonnet il n'y avait ni casseroles à lécher, ni pommade à chiper : un service tout bête : brosser les uniformes, astiquer le sabre, cirer les bottes, ça n'était pas drôle; ah! s'il avait eu la chance de tomber chez le lieutenant Derodes, dont l'ordonnance rentrait éméché presque tous les soirs, en voilà un qui avait de l'agrément. C'était alors qu'une ambition plus haute s'était formée dans son cerveau, qui s'ouvrait : celle de devenir sous-officier.

— Il faut vous dire, continua madame Raveau, que ce garçon qui ne sait pas lire veut apprendre son métier de soldat, il me fait lire ses mouchoirs d'instruction militaire, et il faut que je lui lise tout, depuis la première ligne jusqu'à la dernière, jusqu'à « Fabrique de E. Renault, à Rouen »; les instructions et les histoires qui sont autour; aujourd'hui, c'était le mouchoir du démontage et remontage du fusil modèle 1874; c'est bien instructif tout de même; il vous écoute sans avoir l'air de comprendre un seul mot, mais le lendemain il vous répète ce qu'on lui a dit la veille, presque sans se tromper; il n'est pas si bête qu'il paraît.

XI

Cette histoire de Godailler avait intéressé Bonnet, le lendemain matin quand l'ordonnance vint pour son service habituel il l'interrogea :

— Pourquoi donc vous êtes-vous sauvé hier comme un voleur en m'apercevant ?

Godailler, en train de brosser un dolman, laissa tomber sa brosse, puis en voulant la rattraper il lâcha le dolman ; dans le commencement Bonnet le grondait de ces maladresses, mais le pauvre garçon était bâti de telle sorte que plus on le grondait plus il était maladroit.

— Il n'y avait pas de quoi vous sauver, continua Bonnet, madame Ravaut m'a conté qu'elle vous lisait vos mouchoirs d'instruction, il n'y a pas de mal à ça, au contraire.

Ces bonnes paroles rendirent la vue à Godailler, qui cherchait la brosse tombée sous une chaise sans pouvoir la trouver, et qui finit par mettre la main dessus.

— Vous n'allez donc pas à l'école ? continua Bonnet.
— Si, mon lieutenant.
— Eh bien, pourquoi n'apprenez-vous pas à lire.
— Je ne peux pas.
— Comment, vous ne pouvez pas ?

Godailler hésita un moment, rouge comme un pantalon, puis faisant un effort de courage :

— Quand ça commence, dit-il, je vas comme les autres, mais quand arrivent les « nom de Dieu » et « les tas de brutes », la sueur me coule dans les mains, je ne peux plus rien dire, je n'y vois plus, ça me danse devant les yeux.

Une idée traversa l'esprit de Bonnet.

— Si je vous apprenais à lire.

La confusion coupa la parole à Godailler.

— Oh ! mon lieutenant, balbutia-t-il.

— Vous ne voulez pas !

— Je voudrais bien, mais… vous auriez trop de mal.

— C'est mon affaire ; cela marchera si vous vous appliquez.

— C'est les nom de Dieu.

— Il n'y en aura pas.

— Je pense bien.

Et Godailler se mit à rire silencieusement, la bouche ouverte en O, les yeux écarquillés.

— Vous êtes content ?

— Bien sûr, on apprend tout de même au régiment ; en arrivant je n'ai pensé qu'à me la faire douce, mais à voir les autres, les idées viennent ; il y en a qui n'étaient pas plus malins que moi quand ils ont commencé et qui sont sergents aujourd'hui.

— C'est bien vous viendrez demain à trois heures.

Le lendemain était un samedi, jour où l'on se réunissait chez madame de Bosmoreau, et trois heures était le moment où arrivaient les invités : si ce jour-là et à cette heure il donnait une leçon à son ordonnance, il ne pourrait pas aller chez madame de Bosmoreau; le commencement de la sagesse c'est de se défier de soi; ce garçon le retiendrait mieux qu'il ne se retiendrait lui-même avec tel ou tel travail devant lequel il n'aurait pas à rougir de sa faiblesse.

A trois heures moins dix minutes le lendemain Godailler arrivait chez son lieutenant qu'il trouvait marchant en long et en large à travers la chambre.

— Ah! vous voilà! Mettons-nous au travail tout de suite.

Cela fut dit d'un ton nerveux peu fait pour rassurer le jeune soldat déjà très ému.

Bonnet ouvrit un livre, mais Godailler en tira un de sa poche, une belle *Citolégie* toute neuve qu'il venait d'acheter.

— J'ai apporté mon livre, dit-il timidement, car pour lui on ne pouvait apprendre à lire que dans un seul livre.

— Commençons; savez-vous vos lettres?
— Oui, mon lieutenant, je crois.
— Voyons.

Et Bonnet lui désigna plusieurs lettres que Godailler appela sans se tromper et assez résolument.

— C'est bien, maintenant, allez.

Godailler essaya d'aller, mais ce ne fut pas loin.

— René a...

Il s'arrêta court.

— C'est un v, c'est un u, dit Bonnet.
— Je vois bien... un v, un u, et il balbutia.

A ce moment trois heures sonnèrent à l'horloge

d'un couvent voisin, et Bonnet jusque-là calme et patient, donna un coup de poing sur la table.

— Vu, vu, cria-t-il, vu ; recommencez.

Mais ce fut en vain. Godailler qui avait bien lu « René » ne put pas le relire.

— Vous moquez-vous de moi ? demanda Bonnet, d'une voix irritée, vous me prenez mon temps et vous restez-là à bâiller comme un poisson : « René a vu la lune ! » allez donc.

Tout fut inutile : bien que les « nom de Dieu » n'eussent pas roulé, Godailler qui avait bien commencé était maintenant paralysé, la sueur lui coulait dans les mains, il ne pouvait plus rien dire, sa gorge serrée ne pouvait même plus articuler les mots.

En le voyant ainsi, Bonnet eut un mouvement de retour sur lui-même.

— Vous reviendrez demain, dit-il d'un ton radouci, presque affectueux, aujourd'hui je suis impatient, irrité, ça irait mal, demain je vous promets que cela ira bien et que je ne vous ferai pas peur.

Pendant que Godailler ahuri se dirigeait vers la porte, Bonnet boucla son ceinturon précipitamment, se coiffa de son képi et en moins de huit minutes, il arriva à la porte de madame de Bosmoreau : pendant le temps qu'on mit à répondre à son coup de sonnette, il entendit par-dessus le mur les éclats de voix des joueurs qui déjà étaient à leur partie dans la cour.

Son arrivée ne l'interrompit point, mais quand il eut salué madame Amilhau et madame de Bosmoreau, Julienne lui fit un signe pour qu'il vînt près d'elle.

— Nous savions votre retour, lui dit-elle amicalement, et en ne vous voyant pas je me demandais ce qui pouvait vous retenir ; vous avez fait bon voyage ?

— Très bon, je vous remercie.

Après Julienne, Agnès voulut lui dire quelques mots aussi, et elle planta là Derodes qui était son partenaire, à la grande indignation de celui-ci.

— Mademoiselle, à vous.

— Tout à l'heure.

Et elle n'en alla pas plus vite, car ce n'était pas seulement par la douceur qu'elle comptait s'attacher Derodes, un peu de mécontentement de temps en temps ne faisait pas mal, et aussi un peu de jalousie ; il importait qu'il ne s'endormît pas dans une quiétude trop parfaite.

Le partenaire de Julienne était un nouveau venu que Bonnet ne connaissait pas : grand, brun de teint, les cheveux noirs frisés sur une belle tête régulière, trop régulière et trop belle peut-être, élégamment habillé et même trop élégamment, trop prétentieusement, pantalon gris, redingote noire boutonnée, cravate en satin bleu de roi ; l'allure était un peu prétentieuse aussi, au moins par le port de la tête et par la gravité des mouvements qui n'étaient guère en rapport avec ses vingt-cinq ou ses vingt-six ans ; de plus décoré. Malgré cette gravité, il jouait fort bien au lawn-tennis, mais avec un air de supériorité un peu agaçant, au moins pour Bonnet, qui se demandait quel pouvait bien être ce personnage auquel le sous-préfet témoignait tant d'égards.

Il interrogea Vézin qui, n'ayant pas les mêmes

raisons que lui pour s'inquiéter de l'intrusion de ce nouveau-venu, savait seulement qu'il avait été amené par le sous-préfet et qu'il s'appelait M. Jactat.

Mais M. de Rosseline fut plus explicite. Lui aussi s'inquiétait des nouveaux venus, car bien que ses espérances matrimoniales n'eussent pas reçu meilleur accueil auprès de Julienne qu'auprès d'Agnès, il ne se décourageait point et se flattait que l'une ou l'autre des deux sœurs finirait par l'accepter, rien que parce qu'il était là.

— Quel est ce monsieur, répondit-il en intervenant. Je vais vous le dire s'il vous intéresse.

— Je le trouve d'une élégance inconnue à La Feuillade.

— Et cette élégance vous fait conclure que c'est?...

— Je ne conclus pas.

— Eh bien ! allons dans le cloître où nous serons mieux pour causer, et je vous le ferai connaître.

Ils s'assirent, et Bonnet se plaça de façon à voir les joueurs de lawn-tennis.

— Vous refusez de répondre à ma devinette? demanda M. de Rosseline.

— Je ne trouve pas.

— Eh bien ! cet élégant personnage est tout simplement un professeur que Maupec introduit dans la maison pour qu'il devienne le mari de mademoiselle Dorat.

Bonnet ne broncha pas sous le regard qui l'examinait.

— Un professeur, dit-il.

— Ah ! voilà, vous en êtes resté au vieux type, à

celui que montrent les romanciers et les chroniqueurs, au normalien gauche ou brutal, mal habillé, mal élevé, mal embouché qui se fourre les doigts dans le nez ou tortille ses chaussettes, au pédagogue raide et hautain qui ne fait pas un mouvement parce qu'il ferait une maladresse, oh bien le monde marche, celui que vous voyez là est le normalien nouveau modèle et j'espère qu'il est réussi ; aussi souple, aussi habile aux exercices du corps que le plus habile de vous, messieurs les officiers ; de sa tenue et de sa toilette je n'ai rien à dire, elles vous ont frappé, il examine tous les matins le temps avant de s'habiller et assortit son pantalon et sa cravate à la couleur du ciel ; est-ce avec goût ? Cela c'est une autre question qui va rejoindre celle de la correction. Je ne parle que des intentions et des prétentions. Au moral ces prétentions sont les mêmes qu'au physique : la supériorité. Personne n'a une cravate d'un aussi beau bleu que lui ; personne n'a comme lui des connaissances sur tout et des méthodes impeccables pour trouver la solution des difficultés qui embarrassent le monde : difficultés religieuses, sociales, politiques, historiques, scientifiques, militaires, etc. Discutez avec lui l'organisation militaire il vous collera, comme il me collera sur l'organisation financière : la méthode, monsieur, la méthode ; nous n'en avons pas nous autres, lui il en a une, c'est sa grâce.

— Et où est-il professeur?

— A Grenoble, à Nancy, je ne sais trop, dans une Faculté où il enseigne je ne sais quoi ; mais peu importe, car il enseignerait tout avec la même supériorité. Quand je dis il enseigne, il serait plus juste de dire qu'il est censé enseigner, car je crois qu'il n'a jamais mis les pieds dans la Faculté à laquelle il appartient, ayant toujours été en mission quelque part : en Grèce, en Asie Mineure, en Allemagne, à Paris, et n'ayant fait de cours que là où il ne devait pas en faire, en réalité tournant autour du ministre de l'instruction publique, n'importe lequel, à qui il rend toutes sortes de services. Ils lui ont été bien payés : il gagne à cela six ou huit mille francs par an et il est décoré à vingt-six ans ; vous qui en avez trente, qui avez risqué votre peau bien des fois, vous en gagnez deux mille quatre cents et vous serez décoré dans dix ans, si vous avez une bonne chance. Voilà le jeune universitaire, vous voyez qu'il ressemble peu à l'ancien et qu'il a su orienter sa voile au vent politique qui soufflait de son côté ; peut-être eût-il été plus juste que dans une période de reconstitution, ce vent soufflât sur l'armée, mais cela n'est pas mon affaire.

— Comment vient-il ici ? demanda Bonnet beaucoup plus sensible à ce qui était immédiat qu'à des considérations générales.

— Il vient ici parce qu'il est d'ici, et c'est là ce qu'il y a de mieux en lui, il faut le dire. Ce monsieur qui, pour être un parfait gentleman n'a qu'à s'habiller moins bien, est le fils de la lingère de notre collège, et il s'est fait tout seul d'abord dans ce collège dont il était en quelque sorte l'enfant, et plus tard, à l'École Normale. Avec les succès, l'ambition lui est venue, celle de la politique et celle de la fortune. Maupec, qui sait flairer les gens d'avenir auxquels il pourra se raccrocher plus tard, lui a promis la réalisation des deux : de la politique, en le faisant nommer député ici ; de la fortune, en lui faisant épouser mademoiselle Julienne. Voilà pourquoi le beau Jactat — il s'appelle Jactat, ce qui prouve bien n'est-ce pas, une fois de plus, qu'il y a de mystérieux accords entre l'homme et son nom — a été amené chez madame de Bosmoreau, et pourquoi il joue au lawn-tennis avec cette élégance... supérieure. J'allais oublier un trait qui peut aider à le peindre. Au lieu d'habiter chez sa brave femme de mère qu'il aurait remplie de joie, il est descendu à la sous-préfecture dont les vastes appartements sont un peu petits pour lui.

XII

Plus d'une fois, depuis qu'il aimait Julienne, Bonnet avait prévu l'arrivée d'un nouveau venu qui n'avait qu'à paraître pour triompher ; mais comme tous ceux qui se font prophètes de malheur pour eux-mêmes il n'avait admis cette possibilité que dans un avenir vague et éloigné... un jour ; on sait qu'on doit mourir un jour et cela n'empêche pas de trouver de l'agrément à la vie.

C'était là son cas, il savait qu'un jour Julienne serait la femme d'un autre, et cependant il trouvait de l'agrément à la voir.

Mais voilà que cette heure qui semblait éloignée avait sonné.

Quittant M. de Rosseline il était retourné au lawn-tennis et, les mains derrière le dos, d'un air qu'il tâchait de rendre indifférent il examinait Jactat qui les cheveux au vent faisait des effets de bras et de mollet en envoyant la balle.

Il fallait être un Parisien raffiné comme M. de Rosseline pour démêler la prétention du naturel chez ce beau garçon qui était réellement bien, très bien; avec cela, audacieux, aventureux, où n'arriverait-il point? Ce n'était pas lui que sa pauvreté gênait où arrêtait; s'il demandait, ce n'était pas sans avoir rien à offrir en échange.

Il pouvait parler de son avenir, et les autres le pouvaient mieux que lui encore, puisque cet avenir paraissait assuré : député dans quelque mois, ministre dans quelques années, dans tous les cas homme politique en vue et en situation d'être ce qu'il voudrait. Rosseline avait raison : aucune comparaison à établir entre la position d'un officier et celle de ce jeune heureux; à l'un, toutes les ambitions étaient permises, et il pouvait aller au-devant de la fortune, la poursuivre où il voulait, comme il voulait, l'autre n'avait qu'à attendre qu'on lui offrît une occasion de se distinguer ou de se faire tuer, laquelle occasion pouvait très bien ne se présenter jamais.

Pour la première fois, lui qui aimait si passionnément sa profession, trouvait qu'elle n'était pas au-dessus de toutes les autres; et cependant, son caractère n'était pas tourné au pessimisme, jamais il ne s'était découragé, toujours son esprit bien équilibré, avait vu le beau côté des choses quand il était victime du mauvais.

Mais les paroles de Rosseline l'avaient jeté hors de lui; de son cœur, une amertume lui était montée aux lèvres qu. imprimait à son visage une expression chagrine : il était jaloux de ce beau garçon, de cet heureux, de ce professeur, lui qui n'avait jamais été jaloux de personne, pas même d'un hussard ou d'un cuirassier.

Il était resté auprès des joueurs tant qu'avait duré la partie et plus d'une fois il avait rencontré les yeux de Julienne qui se tournaient vers lui comme pour l'examiner.

— Jouez-vous au croquet? lui demanda Agnès.

Lui qui n'avait jamais refusé n'accepta point, furieux contre lui-même de bouder, mais n'ayant pas la force de reprendre sa bonne humeur.

— Et vous, monsieur? dit-elle à Jactat.

— Mais certainement, mademoiselle.

Si Jactat avait compté être encore le partenaire de Julienne, il en fut pour son espérance, elle ne se mit point de la partie. Quand le jeu fut engagé, elle vint auprès de Bonnet, que son refus de jouer avait adouci.

— Vous avez été satisfait de votre voyage? lui demanda-t-elle avec intérêt. Vous avez trouvé monsieur votre père en bonne santé?

— Très bonne; mon père est solide comme un paysan qu'il est.

Elle le regarda, surprise de cette réplique et de son accent.

— Si nous allions nous asseoir, dit-elle sur le même ton gracieux.

Et le précédant, elle le conduisit sur la terrasse, à un endroit où, en ce moment, ne se trouvait personne.

Il était évident qu'elle voulait être aimable avec lui et, par cette affabilité, effacer l'humeur chagrine qu'elle avait vue sur son visage, mais par cela précisément, elle fut embarrassée pour savoir que dire.

Il prit les devants :

— Elle est bien intéressante la vie de M. Jactat que M. de Rosseline m'a racontée tout à l'heure; quand on voit d'où il est parti et où il est déjà arrivé, on admet qu'il se permette toutes les ambitions; il peut aller au-devant de la fortune et n'en est point réduit comme tant d'autres à attendre qu'elle vienne les trouver, sans même avoir le droit d'étendre la main pour la saisir au passage.

— Mais pourquoi ne l'étendent-ils pas?

— Il y a des sentiments de fierté et de dignité qui paralysent.

Il s'établit un moment de silence et, sur le visage de Julienne moins placide qu'il ne l'était ordinairement, passa le reflet d'un sourire intérieur qui eût éclairé Bonnet dans un autre moment; si tout d'abord elle n'avait rien compris à cette humeur bourrue et à ce qui se passait en lui, elle était à peu près fixée maintenant.

Elle regarda rapidement autour d'elle; tout le

monde restait auprès des joueurs ou faisait cercle autour de madame Collas, qui devait raconter des méchancetés inédites, à en juger par les rires qui, de temps en temps, soulignaient ses paroles. Personne ne semblait disposé à venir les déranger.

— Avez-vous deviné, dit-elle d'un ton qui devait atténuer dans une certaine mesure la gravité de ses paroles, que M. Jactat est un prétendant, — pas pour Agnès, pour moi. C'est M. Maupec qui l'a inventé dans l'espoir de faire un mariage qui lui assurerait un appui auprès du gouvernement; car ils sont toujours à chercher des appuis, ces pauvres sous-préfets, à ce point qu'on pourrait dire qu'ils sont les béquillards de l'administration; s'ils ne voient pas beaucoup de mains prêtes à les soutenir, ils s'imaginent qu'ils vont se casser le nez.

— Cela leur arrive assez souvent, dit Bonnet en se déridant.

— Oh! je ne blâme pas M. Maupec, seulement son intervention prouve qu'il ne me connaît pas.

Une exclamation échappa à Bonnet.

— Ah! dit-il.

— S'il m'avait connue, il saurait que je ne suis pas femme à me laisser influencer et que quand on est arrivée à vingt-trois ans sans être mariée, on est décidée à se choisir soi-même un mari et non à l'accepter... fût-ce de la main du plus aimable des sous-préfets.

Habituellement elle parlait sans s'écouter, avec simplicité, sans chercher ses mots comme ceux qui ne disent que ce qu'ils veulent dire et qui n'ont rien à cacher; mais il n'en était pas ainsi dans cet entretien, elle parlait lentement au contraire comme si elle préparait ses phrases, et il semblait qu'elle cherchât à les agrémenter de réflexions, de façon à ce que la forme ne laissât pas l'attention se trop appesantir sur le fond.

Mais c'était justement au fond que Bonnet donnait toute son attention, se demandant où elle voulait en venir, se demandant même s'il comprenait bien ce qu'il entendait.

Elle continua.

— Et ce choix dont je parle, on ne le fait qu'avec connaissance et expérience; à mon âge, on a besoin de la certitude du bonheur, et on se détermine par des raisons qui ne sont pas celles d'une jeune fille... mais celles d'une femme.

Ils furent interrompus par Agnès, qui arriva en courant :

— Mais qu'est-ce donc que te raconte M. Bonnet, dit-elle, que tu perds le sentiment de l'heure : tu ne sers donc pas le lunch, aujourd'hui.

Ce n'était pas Julienne qui perdait la tête; c'était Bonnet, cherchant ce qu'il y avait au juste dans ces paroles un peu vagues et s'imaginant qu'elles allaient aboutir à une conclusion quand Agnès était venue si mal à propos se jeter entre eux.

Comme toujours, le lunch fut très gai, et il le fut même pour Bonnet, dont l'inquiétude jalouse s'était dissipée, et qui trouvait maintenant Jactat beaucoup moins antipathique qu'un quart d'heure auparavant.

Il mangeait sa grappe de raisin assez tranquillement quand Agnès, avec l'incohérence de mouvements qui était sa nature même, vint à lui brusquement, tenant dans ses mains un paquet de cartes photographiques :

— Monsieur Bonnet, est-ce que je vous ai donné mon portrait en costume de lawn-tennis? demanda-t-elle.

— Non, mademoiselle.

— Eh bien, le voilà ; et mon portrait avec mon gainsborough, l'avez-vous ?

— Non, mademoiselle.

— Oh! Eh bien, le voilà. Et en Diane, avec un croissant, vous l'avez, j'espère ?

— Oui, mademoiselle.

— A la bonne heure. Au surplus, tenez, prenez ceux que vous n'avez pas.

Et d'une rafle de sa main potelée à fossettes, elle étala la collection sur une table; puis, pendant que Bonnet faisait son choix, elle appela Julienne :

— Dis un peu si tu as donné ton portrait à M. Bonnet, je parie que non.

— Non.

— Eh bien! va en chercher un, c'est compromettant qu'il en ait tant de moi et pas un seul de toi.

Julienne revint bientôt avec un portrait au bas duquel on voyait une ligne manuscrite :

— Une dédicace! s'écria Agnès, elle a écrit une dédicace, hein, quand elle s'y met.

— Simplement une date, dit Julienne, pour que M. Bonnet se souvienne du jour où j'ai eu le plaisir de la lui donner.

— Êtes-vous content, dit Agnès en faisant une révérence à Bonnet, moi je n'aurais pas trouvé ça.

Content, il l'eût été, s'il avait pu s'abandonner entièrement aux impressions de cette journée si mal commencée et si bien finie, plus que content, follement heureux. Mais justement il ne pouvait pas se livrer à cette joie sans qu'un doute le retînt aussitôt et coupât les ailes à ses espérances. Ce que Julienne lui avait dit dans cette journée « la journée du portrait » ne pouvait pas effacer le souvenir de ce qu'elle lui avait dit aussi en voulant lui démontrer que les coquetteries d'Agnès avec Derodes étaient sans conséquence. A ce moment elle n'avait pas parlé sans intention, et cette intention évidemment était de le pousser vers Agnès. Si elle avait voulu qu'il épousât Agnès, elle ne l'aimait donc point. Et si elle ne l'aimait point alors, pourquoi l'aimerait-elle maintenant.

Il resta donc livré à toutes ses incertitudes, ne sachant que croire, ne sachant qu'espérer; le seul changement qui se fit dans son esprit fut de renoncer à essayer de lutter pour savoir s'il irait ou n'irait pas chez madame de Bosmoreau. Il irait, au moins jusqu'aux grandes manœuvres qui allaient avoir lieu bientôt et qui rompraient toutes relations : au retour, la mauvaise saison commencerait, et ces parties de jeu ne reprendraient pas.

Il s'était imaginé que, pendant les grandes manœuvres, il n'entendrait parler ni de madame de Bosmoreau, ni d'Agnès, ni de Julienne et qu'il serait assez occupé, assez distrait, assez éreinté de fatigue pour ne pas penser à La Feuillade.

Mais il avait compté sans Drapier, et surtout sans les hypocrisies de conscience de son amour.

Un jour Drapier lui dit qu'il venait de recevoir une lettre de sa femme.

— Elle va bien?

— Très bien; elle est accouchée avant-hier d'une fille.

— Et tu n'étais pas près d'elle.

Une question se pressait sur les lèvres de Bonnet : « Ta femme te parle-t-elle de madame de Bosmoreau? » Il la refoula, et pendant plus de deux heures, il eut le courage de ne rien dire; mais à la fin il n'y tint plus; ils venaient de faire une halte, et ils se partageaient un crouton dur que Bonnet avait retrouvé au fond d'une poche.

— Ta femme ne te dit rien de La Feuillade?

— Non; elle est un peu ennuyée d'être toute seule : madame de Bosmoreau est partie avec ses filles pour faire les vendanges dans une métairie où elles vont rester assez longtemps et ma femme est privée de leurs visites, qui, en ce moment, lui eussent été bien agréables.

Et lui qui pensait que Jactat pouvait en ce moment voir Julienne en toute liberté! Quelle sotte jalousie.

— Envoie toutes mes amitiés à ta femme, dit-il chaleureusement, et tous mes souhaits de bonheur pour ta fille.

XIII

Bonnet s'était trompé en s'imaginant qu'au retour des grandes manœuvres les réceptions de madame de Bosmoreau qui avaient duré tout l'été s'interrompraient par la force même des choses : on ne joue ni au croquet, ni au lawn-tennis quand il pleut.

Mais il n'avait pas plu à la rentrée des grandes manœuvres, et le temps s'était maintenu au beau avec une pureté et une sérénité qui sont assez fréquentes dans ce climat; les journées se continuaient radieuses avec un soleil doux dans un ciel bleu qui faisaient un plaisir de la vie en plein air : les parties de lawn-tennis et de croquet avaient repris régulièrement.

Tous les matins en ouvrant sa fenêtre, Bonnet étudiait l'état du ciel, et quand il apercevait quelques petits nuages blancs formés par les vapeurs de la nuit, il se disait avec satisfaction que c'était enfin la pluie qui arrivait; une fois qu'elle aurait commencé elle durerait, la température baisserait; tout ce qu'un paysan qui attend depuis des mois de l'eau pour ses terres desséchées peut se dire; ce serait fini; il se plongerait dans sa traduction, qui n'avançait guère, et ne verrait plus Julienne, que dans un agréable lointain.

Cela mettrait fin tout naturellement à la situation

ridicule dans laquelle il se débattait, sans se décider à la trancher d'une façon ou d'une autre, la rupture ou la demande en mariage. Ne voyant plus Julienne régulièrement, il ne serait plus sous l'obsession d'une excitation qui, se répétant deux fois par semaine, ne pouvait ni s'affaiblir ni s'effacer du mardi au samedi et du samedi au mardi ; il se retrouverait. Pour cela il ne cesserait pas d'aimer Julienne ; seulement il l'aimerait de loin. Pourquoi cet amour discret n'emplirait-il pas son cœur sans tourmenter sa vie ? Il entendrait parler d'elle, de temps en temps il la rencontrerait, quand il serait seul il aurait ses souvenirs, il aurait son portrait qu'elle lui avait donné d'une façon si charmante.

Justement, il n'était que temps qu'il mît un peu de calme dans sa vie et d'ordre dans son esprit : ce qu'il était avec ses hommes l'en avertissait chaque jour.

Depuis quelques semaines ses camarades et ses soldats ne le reconnaissaient pas, et l'étonnement qu'il surprenait quelquefois chez eux lui disait les changements qui s'étaient faits en lui, dans son humeur et dans son caractère. En arrivant à La Feuillade, il s'était montré ce qu'il avait toujours été : exact et rigoureux dans le service, exigeant beaucoup des autres, parce qu'il se donnait lui-même tout entier, indulgent cependant pour les fautes involontaires, patient avec les intelligences bornées, mais d'une justice inflexible pour la paresse et le mauvais vouloir ; s'il ne punissait que rarement, jamais il ne remettait une punition ; cette rigueur et cette inflexibilité l'avaient fait plus d'une fois maudire par les sous-officiers et les soldats, mais elles ne lui avaient néanmoins pas enlevé l'estime et la confiance : « Embêtant à la caserne, le lieutenant Bonnet, seulement s'il fallait jamais marcher on aimerait à marcher derrière lui ». Et voilà que cette patience et cette indulgence qu'il avait toujours eues, il ne les avait plus ; pour un rien il s'irritait et les punitions volaient; allait-il devenir comme son camarade Hoctrue, le plus grand « gueulard » du régiment, qui sacrait toute la journée, n'appelait ses hommes que tas de brutes, imbéciles, idiots, cochons, s'emballait dans des colères folles à propos de niaiseries et distribuait alors une grêlée de punitions qu'une heure après il levait toutes, à condition qu'on lui demandât grâce et qu'on subît sans broncher une dernière bordée. Et cependant, malgré la répulsion que lui inspiraient ces manières, il arrivait, lui aussi, à perdre patience trop vite et à distribuer des punitions qu'il devait lever, parce qu'il reconnaissait lui-même qu'elles étaient peu méritées.

Quand il serait rentré dans sa vie normale tout cela changerait ; n'étant plus continuellement irrité contre lui-même, il ne s'irriterait point contre les autres sans raison.

Enfin une nuit il fut réveillé par des rafales de vent et de pluie qui s'abattaient contre sa fenêtre exposée à l'ouest et qui faisaient trembler les vitres ; elles durèrent jusqu'au matin ; quand au petit jour il alla regarder le ciel, il le vit tout noir de gros nuages qui passaient en traînant jusque dans les branches dénudées des grands arbres : décidément l'hiver arrivait.

Comme c'était un samedi, il fut question au déjeuner de la pension des lieutenants du lawn-tennis d'Agnès.

— Qui est-ce qui ira tantôt chez madame de Bosmoreau? demanda Carrelet.

— Par ce temps!

— Pas moi, dit Derodes.

— Ni moi, continua Bonnet d'un ton qui ne manquait pas de fierté.

Quand il rentra chez lui, ce fut avec satisfaction qu'il s'installa devant sa table; il allait donc pouvoir travailler à fond, sans distraction; la pluie tombait à torrents, dans la rue on entendait les ruisseaux clapoter et tout le paysage au loin était noyé dans une buée grise.

Cependant il ne se mit pas tout de suite au travail; allant à sa cheminée, il prit la photographie de Julienne qu'il avait fait encadrer dans un passe-partout en velours rouge, et il la plaça en belle vue sur sa table, devant lui; il ne voulait pas ne pas penser à Julienne, bien au contraire; il voulait ne pas aller chez elle parce que, chez elle, il n'était pas libre de la regarder franchement, de lui parler franchement, et qu'il devait toujours s'observer, se contenir, jouer l'indifférent, mentir des yeux comme des lèvres. Dans cette chambre, sa porte fermée, seul, sans avoir rien à craindre de personne, ce portrait devant lui, il pouvait la regarder aussi longuement, aussi tendrement, aussi passionnément qu'il voulait, en lui disant tout ce qu'il avait dans le cœur.

Et il le lui dit si bien, si longuement, que ce jour-là,

malgré ses grandes dispositions au travail et les serments qu'il s'était faits, il ne travailla pas, mais qu'importait, il aurait le lendemain, le surlendemain, les jours suivants ; n'était-il pas libre ?

La pluie continua le dimanche et le lundi, la température s'était de beaucoup refroidie, la terre était détrempée, bien certainement on ne pouvait pas penser à jouer dehors : c'était fini.

Le lundi soir on lui monta une lettre que le domestique de madame de Bosmoreau venait d'apporter ; il ouvrit l'enveloppe assez surpris ; elle contenait un papier imprimé avec deux lignes manuscrites :

THÉATRE LORAT

BULLETIN D'AVERTISSEMENT

Le Mardi 5 Novembre, Répétition

A 3 heures précises : *Monsieur le lieutenant Bonnet.*

Semainier : Mademoiselle Agnès de Bosmoreau.

Au-dessous, il y avait une ligne de l'écriture de Julienne :

« Nous comptons sur M. Bonnet. »

Qu'est-ce que cela voulait dire ?
— Répétition ?

Répétition de quoi ? Elles voulaient donc remplacer le lawn-tennis et le croquet par la comédie ?

« Nous comptons sur M. Bonnet. »

Mais il ne savait pas jouer la comédie. Et puis, en

quoi ces répétitions et ces représentations seraient-elles moins mauvaises pour lui que le lawn-tennis? Plus mauvaises, au contraire, avec d'autres excitations.

Le lendemain, à la pension, il ne fut question que de ces billets de répétition que plusieurs officiers avaient reçus comme Bonnet : Derodes, Vézin, Carrelet.

— Mademoiselle de Bosmoreau, m'avait parlé d'un projet de jouer la comédie, dit Derodes.

— Bonne idée, très bonne idée, s'écria Carrelet, passionné pour les monologues et qui prenait des leçons de diction d'un volontaire d'un an, élève du Conservatoire.

— Bonne idée qui ne leur serait sans doute pas venue sans « Bouge pas Cocotte », dit Derodes.

Il y eut un éclat de rire qui fit le tour de la table.

Celui qu'on appelait « Bouge pas Cocotte » était un capitaine arrivé depuis peu au régiment, et qui s'appelait réellement Esparbarinque, un nom assez bizarre quand on le voyait écrit, mais encore bien plus drôle quand on l'entendait prononcer par le capitaine lui-même, avec l'accent guttural et rocailleux qui n'appartient en France qu'aux indigènes de la Montagne Noire : Esparrbarrrrinque, comme s'il roulait dans sa gorge tous les cailloux que les torrents de son pays natal charrient en un jour d'orage.

En bon montagnard Esparbarinque était un excellent marcheur, mais par contre il était un détestable cavalier. Au lieu de cultiver la qualité qui lui manquait, il l'avait toujours négligée; aussi, lorsqu'il avait dû monter à cheval, s'était-il trouvé fort embarrassé. Fichue idée vraiment de monter les capitaines... surtout ceux qui savent marcher et ne savent pas monter. Bien qu'il eût une jument très douce, aussitôt qu'il l'avait enfourchée, une seule préoccupation l'absorbait, n'en pas descendre mal à propos : « Bouge pas, cocotte, bouge pas, bouge pas ». Jamais sa rude voix n'avait pris des intonations plus douces pour parler à une femme « bouge pas »; la compagnie alors pouvait faire ce qu'elle voulait, il ne voyait rien et n'entendait rien : « Bouge pas Cocotte ». Le terrible pour lui, mais le drôle pour les autres, c'était qu'elle bougeât. De là son surnom « Bouge pas Cocotte ».

Malgré sa prononciation un peu trop méridionale (il en convenait lui-même), il était passionné de théâtre et ne vivait que pour jouer la comédie. Il s'était fait fabriquer un petit théâtre en feuilles de paravent qu'il transportait dans une malle partout où il allait, et qu'il installait dans les salons sans causer trop de dérangements à ceux qui acceptaient ses propositions. Dès sa première visite dans une maison, il parlait théâtre : « Vous jouez la comédie ici ? Non. Eh bien, il faut la jouer. Je vous enverrai tout ce qui est nécessaire. » Et, après avoir envoyé tout ce qui était nécessaire il arrivait lui-même, en tassait le mobilier dans une partie du salon, plantait son théâtre dans une autre, et dans un coin déballait ses accessoires, ses perruques, ses costumes, le parapluie de Pétillon, et il n'y avait plus qu'à le laisser faire : à lui tout seul il organisait une représentation ; on ne pouvait pas lui adresser de compliment plus agréable que de lui dire qu'il remplaçait Fuster avec avantage. — « N'est-ce pas, disait-il, d'un air modeste que je n'ai pas trop d'*accint*; j'ai travaillé ma prononciation, et je crois que je ne dis pas trop mal aumône, cône, trône, Rhône, prône, qui est le grand écueil des gens de mon pays. » Ce qu'il appelait pas trop mal, c'était prononcer l'*o* de ces mots aussi brefs que possible, en mettant trois ou quatre *n* après.

Naturellement, le jour de sa première visite chez madame de Bosmoreau, il avait débité sa phrase obligée :

— Vous jouez la comédie ici ?

— Non, mais nous allons la jouer, avait répondu Agnès.

— Je vous enverrai un petit théâtre portatif très commode.

— Nous pouvons en disposer un dans notre grand salon.

On lui avait montré ce grand salon qui était immense, et au bout duquel, dans une petite serre en rotonde on pouvait élever une estrade qui serait la scène, avec coulisses et dégagements; le capitaine, émerveillé, avait tout de suite énuméré les pièces qu'il pouvait dès maintenant jouer : bien des comédiens de profession n'eussent pas pu offrir un répertoire aussi riche.

— Je vais faire imprimer des bulletins de répétition, avait dit Agnès, et un de ces jours nous vous convoquerons avec ceux des jeunes officiers qui peuvent jouer avec vous. Jusque-là, ne parlez pas de notre projet, pour que nous ne soyons pas assaillis de demandes.

XIV

Les jeunes officiers qu'Agnès voulait, c'était Derodes Bonnet, Cholet, Vézin, Carrelet; en réalité, Derodes eût suffi à l'exécution de son plan, mais elle ne pouvait pas jouer la comédie avec lui seul.

Depuis que l'idée lui était venue de jouer la comédie pendant l'hiver, elle avait étudié les pièces qui pouvaient se donner sur le théâtre Dorat et qui devaient servir son plan; ce qu'il lui fallait, c'était un rôle où elle réussît, et ce qu'il fallait à Derodes c'en était un où il eût à lui débiter des choses tendres; le choix n'était pas facile et elle avait pioché les catalogues, lu un tas de pièces sans rien trouver qui la satisfît complètement; rien n'était assez tendre pour Derodes, tout ce qui devait la faire briller était trop écrasant pour elle qui allait débuter; on ne s'improvise pas grande actrice, elle le comprenait et ne voulait pas s'exposer à un échec; il fallait donc en rabattre de ses premières prétentions et si le succès était trop difficile à obtenir pour elle comme comédienne, se tourner d'un autre côté, l'escrime, ou autre chose; elle trouverait; avant de jouer, ou répétait, et elle comptait plus sur les répétitions qui seraient nombreuses que sur la représentation qui serait unique.

Ce qu'il y avait de bon dans le concours que le capitaine Esparbarinque lui apportait c'était qu'il légitimait en quelque sorte cette idée de théâtre : elle cédait au désir du capitaine; elle ne faisait pas une avance à Derodes, et ce point avait son importance avec un homme qui, tout en se laissant parfois toucher, ne s'était cependant jamais laissé complètement prendre, se tenant au contraire toujours sur la réserve et revenant à la défense quand on pouvait le croire tout à fait pris. Sur lui aussi le maillot bleu avait produit de l'effet; elle le savait, mais pas assez; il fallait plus pour qu'il arrivât au point où elle le voulait, et il fallait autre chose que ce que pouvait donner la vie ordinaire de tous les jours. Son souci était de savoir comment Derodes accueillerait cette idée et s'il l'accepterait, car son indifférence et sa nonchalance n'acceptaient pas tout ce qu'on lui proposait. Il ne l'avait ni applaudie ni repoussée; c'était une idée comme une autre; on verrait bien; peut-être le capitaine serait-il drôle; — pas aussi drôle qu'à cheval, à coup sûr.

En recevant son bulletin, Bonnet s'était demandé s'il irait à cette répétition, mais tous ses camarades ayant déclaré qu'à trois heures ils seraient chez madame de Bosmoreau, il ne crut pas pouvoir refuser; sous quel prétexte ? Et puis le mot écrit par Julienne dansait devant ses yeux. « Nous comptons sur M. Bonnet »; il devait en tous cas se rendre à cette première invitation et faire acte de bon vouloir; cela ne l'engageait pas et lui laissait toute liberté de refuser le rôle qu'on lui proposait : il ne savait pas, il ne pouvait pas, voulait-on le forcer à être ridicule.

Bien qu'il ne fût que trois heures précises lorsqu'ils sonnèrent à la porte de madame de Bosmoreau, ils n'étaient pas les premiers arrivés, Esparbarinque les avaient devancés.

Comme toujours, ce fut Agnès qui, avec son entrain ordinaire, prit la parole :

— Bien que le bulletin que vous avez reçu porte répétition, dit-elle, c'est d'une lecture qu'il s'agit, ou plutôt du choix de la pièce que nous devons jouer.

— J'ai pensé à ce choix, interrompit le capitaine, et comme j'ai une certaine expérience des choses au théâtre, je crois pouvoir vous proposer *Bébé*, j'ai déjà joué le rôle de Pétillon, et je puis le dire sans forfanterie, à la satisfaction générale, M. Derodes, j'en suis certain serait parfait dans Bébé.

— Merci bien, répondit Derodes avec son air dédaigneux, se fourrer une pièce en trois ou quatre actes dans la mémoire. Je n'en suis pas; là où il y a de la gêne il n'y a pas de plaisir.

— Un rôle superbe, s'écria le capitaine, où il y a des effets sûrs à chaque scène; et puis vous verriez mon parapluie, je puis vous dire sans forfanterie qu'il est plus drôle que celui de Saint-Germain; rien qu'à le montrer d'une certaine façon, — la mienne, — tout le monde rit.

— Une grande pièce, dit Agnès, qui voulait soutenir Derodes et qui ne savait pas si dans *Bébé* se trouvaient les choses tendres qu'elle voulait, une grande pièce est bien inquiétante pour nous qui n'avons jamais joué la comédie.

— Certainement, insinua Carrelet, tandis qu'un monologue.

Le monologue fut conspué, mais *Bébé* ne fut pas admis malgré les efforts d'Esparbarinque : après une longue discussion, Agnès qui suivait son plan, proposa les *Convictions de papa*.

Esparbarinque la soutint, car il n'avait pas de rancune et pourvu qu'il pût jouer, il était satisfait.

— Gondinet à du bon, dit-il, j'aime le naturel et la facilité de son esprit, sa finesse, sa bonne humeur; et puis, il y a un Geoffroy, et j'ose dire, sans forfanterie, que je réussis beaucoup dans les Geoffroy, comme dans les Saint-Germain, d'ailleurs.

Le capitaine ayant pris le Geoffroy sans que personne le lui disputât, il restait à distribuer les autres rôles.

— M. Derodes pourrait prendre le rôle d'Alcide, proposa Agnès.

— Qu'est-ce qu'il dit Alcide? demanda Derodes.

— Des choses tendres.

— Ça doit être amusant; et elles sont longues à dire ces choses tendres?

— Non.

— A qui les dit-il?

— A moi, répondit Agnès, si on veut bien me confier le rôle de Marthe.

— Alors c'est avec plaisir que j'accepte Alcide, dit Derodes plus aimablement qu'à son ordinaire.

— Il reste Greneux, dit le capitaine, à qui le donner?

— J'ai pensé à M. Bonnet, répondit Agnès.

Bonnet se récria : il n'avait jamais joué la comédie, il espérait qu'on ne l'obligerait pas à être ridicule.

— C'est un Ravel, dit le capitaine, si je ne jouais déjà Flavignac je le prendrais volontiers, car je puis dire sans forfanterie que je réussis beaucoup dans les Ravel.

— Grenoux est un vieux paysan madré, dit Agnès.

— Il est vrai que je suis paysan, dit Bonnet, mais je ne suis ni vieux, ni madré.

— Je vous ferai une tête, s'écria le capitaine, comptez sur moi, une tête, une tête !

— C'est un rôle qui demande de la finesse, dit Julienne, en intervenant pour la première fois, et je suis certaine que M. Bonnet le jouerait dans la perfection.

Bonnet se défendit, tout le monde tomba sur lui.

— Voulez-vous faire manquer notre représentation, dit Agnès dépitée.

— Nous vous en prions, dit Julienne.

Il fallut bien qu'il se rendît.

— Je vous ferai une tête, mon cher! J'ai justement une perruque qui vous ira à merveille.

Carrelet qui n'avait rien dit depuis que le monologue avait été rejeté paraissait réfléchir :

— Si on ne joue que les *Convictions de papa*, dit-il enfin, ça ne fera pas un spectacle corsé, si on y ajoutait un monologue ?

— Parfaitement, s'écria le capitaine saisissant l'occasion au passage ; je dirai la *Conférence de Pétillon ;* comme ça vous verrez mon parapluie.

Devant le sourire moqueur de ses camarades, Carrelet n'osa pas proposer un autre monologue.

— Au fait, dit-il, d'un air un peu pincé, il faut le voir ce fameux parapluie.

Il fut convenu que la première répétition aurait lieu le surlendemain, à huit heures du soir.

— Tâchons de savoir à peu près nos rôles, dit le capitaine, nous nous débrouillerons tout de suite.

Quand on se réunit, le capitaine et Bonnet avaient appris leurs rôles, mais Derodes et Agnès n'en savaient pas un mot. Derodes parce qu'il n'aimait pas à se donner de la peine, Agnès parce qu'il ne lui convenait pas de faire marcher les répétitions trop vite ; plus elles iraient lentement, plus elles se renouvelleraient souvent, mieux cela vaudrait.

Comme c'était à elle et à Derodes de commencer, aux premiers mots ils s'arrêtèrent.

— Votre réplique, M. Derodes, cria le capitaine.

— Qu'est-ce que j'ai à dire ? demanda Derodes.

— Oui, mademoiselle.

— Je veux bien : « oui, mademoiselle. »

— A vous, mademoiselle Agnès, dit le capitaine qui, la brochure à la main, tenait le double emploi de régisseur et de souffleur, en attendant qu'il occupât celui des Geoffroy, où, sans forfanterie, il était supérieur.

— Je crois, répliqua Agnès sans répondre directement, que le mieux est que nous répétions la brochure à la main ; nous irons plus vite.

— Ça me va, dit Derodes.

Ils recommencèrent et cette fois cela alla plus vite ; cependant bientôt Agnès s'arrêta :

— Monsieur Derodes, est-ce que vous ne pourriez pas me dire plus tendrement : « Oh ! mademoiselle Marthe, vous ne m'avez jamais aimé ».

— De la chaleur, commanda le capitaine.

— Comment diable voulez-vous que je dise cela ? demanda Derodes.

— Comme je dis moi-même, répondit Agnès : « Si monsieur, si, je vous ai aimé. »

Cela fut murmuré avec tant de douceur et tant de charme, un accent si tendre, un regard si ému, que Derodes s'échauffa un peu.

Mais bientôt encore Agnès s'arrêta ; cette fois, ce fut pour s'adresser au capitaine

— Monsieur Esparbarinque.

— Mademoiselle.

— Est-ce que vous trouvez que quand je dis à Alcide : « Je lui avais raconté que vous m'aviez paru aimable » — et qu'il me répond : Ah ! mademoiselle ? c'est le ton ?

— Pas du tout ; c'est d'un froid ; j'en grelotte. Monsieur Derodes, voulez-vous me permettre de le dire avec mademoiselle ?

— Tout ce que vous voudrez.

Et avec son insolence dédaigneuse :

— J'avoue même que je ne serais pas fâché de vous voir dans ce rôle-là.

— Allons, mademoiselle, dit vivement le capitaine

insensible à tout ce qui n'était pas théâtre, y sommes-nous ?

— Nous recommençons, n'est-ce pas ?
— Sans doute.

MARTHE (Agnès)

Que vous m'aviez paru aimable !

ALCIDE (le capitaine).

Ah ! mademoiselle !

MARTHE

Que vous me plaisiez !

ALCIDE

Oh ! mademoiselle !

Si le capitaine était supérieur (sans forfanterie) dans les Geoffroy et les Saint-Germain, il était très inférieur (en toute sincérité) dans les Delaunay et les Berton ; la façon dont il jeta son « oh ! mademoiselle » en roulant des yeux blancs à demi pâmés, la main sur la poitrine, la bouche en cœur, les deux mollets collés l'un contre l'autre, amena un sourire sur tous les visages ; avec sa figure couleur brique, sa tête ronde comme un boulet ; ses gestes anguleux et son accent rocailleux, il était vraiment fort drôle.

— Très bien, dit Derodes qui excellait dans les charges à froid, j'ai compris, je vais tâcher d'imiter cela, seulement je ne promets pas de réussir.

— Essayez, répondit le capitaine avec une satisfaction que contenait la modestie, en vous appliquant vous arriverez, ça n'est pas impossible que diable :

« Oh ! mademoiselle, ah ! mademoiselle », seulement il faut avoir le sens du théâtre.

Si ce sens du théâtre ne se montrait guère dans les amoureux, il n'en était pas de même dans les comiques, quand le capitaine joua Flavignac il fut réellement fort amusant avec de la bonhomie et du naturel, malheureusement Bonnet fut détestable, aussi peu comédien que possible, pas du tout Greneux, Bonnet, rien que Bonnet, et un Bonnet embarrassé et sombre.

— Vous voyez, dit-il, quand on fut arrivé au bout de la pièce, combien je suis mauvais, permettez-moi de rendre mon rôle que je n'ai appris que pour faire preuve de bon vouloir.

— Je vous donnerai des leçons, dit le capitaine, nous travaillerons ensemble, cela ira quand vous vous livrerez.

— Voilà le diable, je suis justement celui qui ne se livre pas.

— Mais quand c'est de semblant, dit Julienne.

Et elle se fit si pressante qu'il céda encore.

XV

Jamais les journées d'Agnès n'avaient été aussi remplies, et bien souvent en riant, elle disait à sa sœur :

— Ce n'est pas une petite affaire que la conquête d'un mari ; quel travail !

Il commençait dès le matin ce travail, quand arrivait Lafleurance, tantôt à une heure, tantôt à une autre selon les exigences du service, pour donner la leçon d'escrime, car elle, n'avait pas renoncé à son idée d'un assaut avec Derodes, Bonnet ou Cholet, et il fallait qu'elle fût en état ; heureusement son père, pour qui l'escrime était tout l'avait assez fait travailler dans ses années de première jeunesse pour qu'elle pût en ne se ménageant pas rattraper les quelques mois perdus en ces derniers temps.

Et elle ne se ménageait pas ; aussi était-il fier de son élève le beau Lafleurance, et un peu amoureux aussi comme il convient à un homme « qui a vu pas mal de femmes à ses genoux », et qui, par les souvenirs dont on l'a comblé, les bagues de ses doigts, les boutons de ses manchettes, sa montre en or avec sa chaîne qui est un petit câble, sa trousse de toilette montée en argent et tous les bibelots étalés en belle vue sur la table de sa chambre sait au juste ce qu'il vaut ; certes, il ne s'en faisait pas accroire ; le temps de ses triomphes à l'école de la Faisanderie n'était pas si loin, quand elles accouraient à Joinville pour lui offrir de fins dîners à la Tête-Noire ou chez Pinson. Sans doute à La Feuillade, les choses avaient changé ; mais c'était la faute de La Feuillade, non la sienne ; il était aussi irrésistible à La Feuillade qu'à Joinville : sa taille n'avait point épaissi, les muscles de ses bras et de ses mollets étaient aussi saillants, sa moustache était aussi fine... et avec les femmes comme il le disait lui-même en plastronnant « est-ce qu'on peut jamais savoir. »

Aussitôt qu'il était arrivé, on allait éveiller Agnès ; à la hâte elle passait un pantalon de coutil, endossait une veste, tassait ses cheveux dans un filet bien serré et descendait les yeux encore ensommeillés dans la salle d'armes, où déjà sa grand'mère, qui assistait à toutes les leçons, était installée.

La leçon commençait ; tant qu'ils se tenaient à longueur de fleuret, cela allait bien, mais il y avait des moments où Lafleurance s'interrompait pour corriger une mauvaise attitude et de la main relevait la tête de son élève ou bien la lui appuyait sur l'épaule et alors... alors le professeur se troublait, le rouge lui montait au visage et ses doigts tremblaient ; mais aussitôt qu'il avait repris son fleuret, il se remettait.

— Bien, très bien, de la vivacité, je vous prie, sans brusquer les mouvements, de l'énergie dans la riposte, tonnerre de Dieu, mademoiselle.

Ce tonnerre de Dieu, mademoiselle, qui lui échappait de temps en temps faisait son désespoir et sa honte ; porter l'uniforme de l'officier et s'exprimer comme un soldat, n'était-ce pas embêtant, tonnerre de Dieu ; mais il avait beau s'observer, le soldat reparaissait toujours.

Alors, pour effacer cette mauvaise impression, il se jetait dans des explications prolixes :

— Avec un coupé-dégagé, je suis sûr que vous toucherez M. Derodes ; il est mou, M. Derodes ; je n'ose en dire autant pour M. Bonnet ; il est froid, M. Bonnet, et vous aurez de la peine à le surprendre par ces mouvements embrouillés que vous réussissez si bien.

Lafleurance parti, Agnès ne changeait pas de costume, elle mettait seulement des sabots et avec sa femme de chambre, elle travaillait une danse du pays, appelée la *Bouchetiquette*, dont elle avait eu l'idée d'allonger le programme de la représentation ; et le travail n'était pas moins rude que celui de l'escrime, car la *Bouchetiquette*, qui se danse et se chante avec des tressautements, des sauts et des claquements de mains, constitue un exercice auquel de solides paysans peuvent seuls trouver de l'agrément.

La journée n'était pas finie, elle commençait. Agnès s'habillait et avec sa grand'mère toujours prête à la suivre partout sans un mot de plainte ou de fatigue, elle courait les couturières et les magasins ; le maillot pour l'escrime avait été commandé à Paris ; mais le reste, c'est-à-dire la toilette de jeune fille pour les *Convictions de papa* ainsi que le costume villageois pour la *Bouchetiquette* s'exécutait à La Feuillade ; grande affaire que ce costume ; jupe courte, gros bas, casaquin, coiffe et sabots, il fallait qu'il fût irrésistible, exact et fantaisiste à la fois, ce qui était assez difficile à combiner et demandait une surveillance de chaque instant, de longs essayages, des discussions sans fin.

Elle n'avait pas été la seule a vouloir corser le programme de leur représentation : Carrelet qui ne pardonnait pas au capitaine Esparbarinque d'avoir imposé la *Conférence de Pétillon* et par là de l'avoir empêché lui-même de dire un monologue, avait eu la même idée compliquée d'une vengeance contre

« Bouge pas Cocotte »; ou plus justement c'était du désir de vengeance qu'était née son idée. Puisqu'on donnait une représentation publique dans laquelle toutes les places seraient payantes au profit d'un orphelinat, pourquoi ne pas la renforcer par toutes les attractions dont on pouvait disposer. Au régiment se trouvait en ce moment un volontaire d'un an, élève au Conservatoire, qui, par son père, son grand-père et son aïeul, portait un nom célèbre au théâtre; ne pouvait-on le faire paraître dans cette représentation où il dirait des vers, un monologue, n'importe quoi? Un élève du Conservatoire, si faible qu'il puisse être en sait toujours plus qu'un amateur; le succès serait pour lui, et le capitaine, éclipsé, enragerait. Adroitement et bien entendu sans laisser deviner sa rancune il avait fait adopter son idée par Agnès, en la chargeant d'obtenir l'autorisation du lieutenant-colonel, qui remplaçait en ce moment le colonel Bayon, retenu à Paris.

— Je ne demande pas mieux, répondit le baron; seulement, il faut que je voie si ce garçon fera honneur au régiment; vous dites Béral, n'est-ce pas? Je ne veux pas qu'on se fiche de lui et de nous conséquemment.

Le lendemain, l'élève du Conservatoire prévenu par Carrelet se rendit chez le lieutenant-colonel fort satisfait de paraître dans une représentation où il affirmerait son talent; il donnait déjà des leçons de diction et de lecture à quelques jeunes filles, son succès lui vaudrait d'autres leçons sans que le colonel Bayon qui s'était déjà fâché pût trop lui en vouloir.

Lorsqu'il arriva, le lieutenant-colonel était absent, mais quand il eut expliqué au planton pourquoi il venait, celui-ci le fit entrer dans ce qu'on appelait « l'atelier de madame la baronne ». C'était bien un atelier, en effet, dans lequel s'exerçaient tous les métiers relatifs à l'ameublement : sur une échelle, en tablier de lustrine, la baronne peignait des imitations de vitraux tout en s'entretenant avec madame de La Genevrais ; dans un angle, un soldat en manche de chemise et en pantalon rouge, qui avait été sculpteur sur bois, copiait un vieux cadre ; à côté de lui, un soldat qui avait été serrurier avant d'arriver au régiment, montait une lanterne en fer forgé pour le vestibule de la baronne ; au milieu, un troisième soldat, qui avait été tapissier, garnissait un pouf. La baronne utilisait ainsi les talents des ouvriers du régiment, au moins ceux de l'ameublement, car elle avait comme bien des femmes de militaires, la passion du meuble et du bibelot, ne pensant qu'à encombrer sa maison, sans se dire qu'un avancement pouvait la faire changer de ville d'un moment à l'autre. C'est là une conséquence des nouvelles mœurs de l'armée ; il y a quelques années, on n'avait pas de meubles à soi ou ceux qu'on avait étaient peu nombreux et assez primitifs pour rendre facile un déménagement tous les six mois ; maintenant on veut un intérieur encombré, plus bourgeois que celui du bourgeois riche et glorieux qui naît, vit et meurt dans la même maison.

— Que voulez-vous ? demanda la baronne qui, dans tout soldat voyait un ouvrier.

— Je m'appelle Béral ; je viens pour une représentation.

— Ah ! bien, le colonel va rentrer : attendez-le.

En effet, le lieutenant-colonel ne tarda pas à faire son entrée, le front penché, et, après avoir fait ses politesses à madame de La Genevrais, il tendit la main à sa femme.

— Bonjour Théo, vous allez bien ?

— Très bien. Et, vous baronne, vous avez passé une bonne nuit.

Puis, sans attendre une réponse dont il n'avait pas souci, puisqu'il savait mieux que personne comment s'était passée cette nuit, il regarda Béral.

— Qu'est-ce qu'il vient faire celui-là ? demanda-t-il à sa femme.

— Ce n'est pas un ouvrier, c'est l'élève du Conservatoire.

Le lieutenant-colonel regarda Béral assez longuement des pieds à la tête :

— Comment, bâti comme ça, avez-vous idée d'être comédien, au lieu de rester soldat, dit-il.

Il était vraiment très bien bâti, l'élève du Conservatoire, avec une tête charmante.

— Ça n'a jamais nui au théâtre, d'être bien bâti, dit-il avec un sourire respectueux.

— Et dans l'armée donc, répliqua le lieutenant-colonel en faisant un effet de torse, et en regardant sa femme. Enfin ce n'est pas de ça qu'il s'agit : on me dit que vous êtes capable de réciter une pièce de vers, ou une machine quelconque dans une représentation publique.

— Je l'espère, mon colonel.

— Vous savez, que je ne veux pas qu'on se fiche d'un soldat de mon régiment; j'ai tenu à vous le dire.

— Je ferai en sorte qu'on ne s'en fiche pas, mon colonel.

— C'est bien, vous vous entendrez pour le choix de votre machine, avec le chef de musique; il vous la fera répéter.

Bien que Béral fût légèrement suffoqué, il ne broncha pas, il ne bougea même pas.

— Eh bien quoi ? demanda le lieutenant-colonel, vous pouvez vous en aller.

— Mon colonel, j'ai une grâce à vous demander; je ne peux pas paraître en public avec une tête comme ça — il montra ses cheveux courts — je vous prie de m'autoriser à ne pas passer à la tondeuse; je me ferai friser au petit fer.

— Allons soit; faites-vous friser au gros fer, si vous voulez.

— Je vous prie de m'autoriser aussi à mettre des gants de peau; je ne peux pas paraître sur la scène avec des gants d'ordonnance.

— Trouvez-vous par hasard que les gants d'ordonnance sont ridicules; vous êtes encore un fameux carottier.

— Donnez cette autorisation, dit la baronne, avec un sourire aimable,

— Allons, soit.

Béral n'avait plus qu'à s'en aller chez le chef de musique, ce qu'il fit en riant tout seul de la plaisante idée de son colonel, qui s'en remettait à un musicien du choix d'une pièce de vers, et voulait que ce fût ce musicien qui la fît étudier et répéter. Cela serait drôle, surtout avec ce chef de musique ; nouvellement marié à une jeune fille de la ville, qui lui avait apporté trois ou quatre mille francs de rente, il ne vivait plus que pour prouver son amour à sa femme... au moyen de la musique, et il était impossible, racontait-on, de lui faire jouer autre chose que des morceaux tendres ou langoureux. Depuis son mariage, il avait découvert que cette musique se trouvait dans les œuvres de Mozart et il ne faisait plus exécuter que le *Thème en la*, la *Sérénade*, le *la ci darem*, tâchant de faire passer son amour par les trous de sa flûte, au grand mécontentement du colonel, qui ne voulait que des marches et des pas redoublés.

XVI

Malgré le zèle et l'entrain d'Esparbarinque, les répétitions traînèrent, retardées sans cesse tantôt pour une raison, tantôt pour une autre, mais enfin retardées toujours. Agnès ne se pressait point, et Derodes ne voulait pas se donner la peine d'apprendre son rôle : il fallait qu'il lui entrât dans la mémoire par les oreilles à force de l'entendre, et non par les yeux en daignant le lire lui-même et le relire.

— Vous n'avez pas le feu sacré, s'écriait Esparbarinque exaspéré.

— Qui nous presse; la représentation sera-t-elle plus amusante que ne le sont ces répétitions?

— Après cette représentation, nous en organiserons une autre.

— *Bébé.*

— Pourquoi pas.

Derodes, qui avait commencé par venir nonchalamment à ces répétitions, en s'y traînant, parce qu'il n'avait pas mieux où aller, y venait maintenant avec plaisir. Peu à peu, le charme d'Agnès l'avait enveloppé et gagné; il avait plaisir à se trouver près d'elle, à la regarder, à l'écouter; chose étonnante, il se mettait en frais pour qu'elle tournât les yeux vers lui; sa voix gaie à l'accent clair le remuait; et après avoir dit tout d'abord « la drôle de fille », il disait maintenant « la jolie fille »; et amusante donc! On ne s'ennuyait pas avec elle; elle avait tant d'entrain, tant de vie; et puis, ce qui le touchait plus encore dans son orgueil qui était grand, elle avait pour lui des prévenances, des attentions, des coquetteries, des provocations qu'il ne lui voyait pour personne; peut-être ces coquetteries et ces provocations étaient-elles inspirées par l'ambition d'une fille qui veut se faire épouser, mais peut-être aussi l'étaient-elles simplement par l'amour; pourquoi pas? Qu'il se laissât épouser, cela n'était pas à craindre; mais pourquoi ne se laisserait-il pas aimer? Elle valait bien sa chanteuse, qui commençait à le scier particulièrement, et qui en plus était loin.

Enfin, Esparbarinque brusquant les choses, se décida à faire un coup d'autorité et fixa la date de la représentation :

— Maintenant, il faudra bien que M. Derodes apprenne son rôle, s'il ne veut pas s'exposer à l'humiliation de rester court.

Il y avait longtemps qu'on parlait dans la ville de cette représentation qui se préparait chez madame de Bosmoreau, mais quand avec la date on en avait connu le programme, ç'avait été un bien autre émoi.

« Assaut entre mademoiselle Agnès de Bosmoreau MM. Derodes et Bonnet. »

Était-ce possible ? Tout d'abord personne n'avait voulu le croire : une fille ! une jeune fille de la société. On savait qu'elle prenait des leçons d'escrime, et l'on se disait que c'était un exercice de gymnastique favorable à sa santé, bizarre assurément, cependant excusable chez la fille d'un officier. Mais un assaut, en public ; c'était dans les parades des forains qu'on voyait des femmes colosses faire des armes « avec messieurs les militaires. » Pourtant, il avait fallu se rendre quand Lafleurance interrogé avait répondu que rien n'était plus vrai et qu'il espérait bien être fier de son élève. Vrai, c'était vrai. Quel scandale ! Mais alors la pauvre fille ne trouverait jamais à se marier.

Justement, parce que c'était un scandale, tout le monde avait une envie folle de ne pas le manquer. « Ça ne se voit pas tous les jours ces choses-là. » D'ailleurs, le programme offrait d'autres attractions : Fragment de *Fais ce que dois*, dit par M. Béral ; les

Convictions de papa, jouées par MM. Esparbarinque, Bonnet, Derodes et mademoiselle Agnès de Bosmoreau ; *Conférence de Pétillon*, dite par M. Esparbarinque ; fragment des *Quatre vents de l'Esprit*, dit par M. Béral ; la *Bouchetiquette*, dansée par mesdemoiselles Julienne Dorat et Agnès de Bosmoreau, madame Maupec, MM. Bonnet, Derodes et Cholet.

La *Bouchetiquette*, c'était un autre scandale, et plus gros encore peut-être que l'assaut. L'assaut ne blessait que les délicats, ou ceux qui se croyaient tels, la *Bouchetiquette* blessait tout le monde. Comment des dames et des demoiselles *de la société* pourraient-elles se montrer publiquement dans une danse qui était le plaisir des gens du commun, villageois des environs, ouvriers ou domestiques de la ville.

Malgré le prix élevé des billets, car cinq francs est une grosse somme à La Feuillade, ils furent tous enlevés aussitôt qu'on sut qu'ils étaient en vente chez les dames de l'œuvre. Il n'y en eut pas assez ; on accabla la famille de Bosmoreau de demandes auxquelles il lui fut impossible de répondre, le nombre des places étant déterminé par la grandeur même du salon. Tout ce qu'on put faire, fut de distribuer une trentaine de billets supplémentaires qui donnaient le droit de se tenir debout dans les portes.

Malgré sa détresse, Drapier avait été un des premiers à prendre son billet, car c'eût été avouer cette détresse que s'abstenir, et il serait plutôt mort de faim, comme il eût laissé mourir sa femme et son enfant, mais il n'en avait pas pris pour sa femme : « Vous comprenez une nourrice ! » Quel chagrin pour cette nourrice, car sans rien demander elle avait espéré cette joie triomphante de se montrer avec son mari à cette fête où tout le monde de La Feuillade serait réuni. Mais, bien entendu, elle ne parla à personne des raisons qui l'obligeaient à rester chez elle, la fierté de son mari elle la partageait. Cependant, elle ne put pas résister à la tentation de voir une petite partie de cette fête, ou tout au moins d'en entendre le bruit, et, par là, de deviner à peu près ce qu'elle pourrait être ; sa fille dans ses bras, car elle n'avait pas de bonne pour la lui porter, elle fit visite à madame de Bosmoreau pour s'excuser. « Vous comprenez, une nourrice avec son enfant, je craindrais de troubler la représentation ; si seulement vous pouviez me trouver un petit coin ? On le lui trouva ce petit coin, dans un étroit corridor, car dès lors qu'elle n'entrait pas dans la salle, on pouvait manquer à la règle établie de faire payer sa place à tous ceux qui ne jouaient point, même à madame Amilhau et à madame de Bosmoreau.

Jusqu'à la dernière répétition, Esparbarinque avait été comédien, régisseur, directeur, machiniste et souffleur, cependant comme ces deux fonctions étaient incompatibles avec celle de comédien pendant la représentation, il s'en déchargea sur Carrelet :

— Puisque vous ne jouez pas cette fois, lui dit-il aimablement, vous voudrez bien, je l'espère, vous charger du rideau et de souffler.

Et Carrelet accepta sans rechigner : que lui importait, il avait sa vengeance ; l'élève du Conservatoire allait rouler « Bouge pas Cocotte », il serait à la meilleure place pour voir ça.

On devait commencer à huit heures ; dès sept heures le salon était aux trois quarts rempli ; vingt minutes après, il était plein. Ce fut seulement dix minutes avant huit heures qu'Agnès descendit habillée pour l'assaut. Elle avait compté sur son costume que personne ne connaissait encore pour frapper Derodes, mais il n'était pas arrivé, tout le monde était prêt, lui excepté ; quelle déception pour elle qu'il n'entendît pas les compliments de Bonnet, de Cholet et même du capitaine ; mais l'impression qu'elle produisit la consola un peu : évidemment, elle était bien avec sa veste en velours bleu, son petit jupon à plis plats qui s'arrêtait bien au-dessus du genou, et son maillot ; deux minutes avant huit heures, on entendit un roulement sur le pavé de la rue, c'était Derodes qui arrivait dans sa voiture.

— Commençons à l'heure, dit le capitaine, pendant qu'Agnès se faisait attacher son plastron en peau de saxe. M. Carrelet était au rideau.

Et avec béatitude, il frappa les trois coups plus lentement, plus majestueusement qu'à la Comédie-Française ; il n'avait jamais été si heureux.

Agnès, son fleuret d'une main et son masque de l'autre, entra en scène, suivie de Bonnet ; de la salle s'éleva un brouhaha bientôt suivi de petits cris d'enthousiasme et d'applaudissements partant du groupe des officiers.

Agnès eut le temps de jeter un coup d'œil dans la salle : au premier rang elle trouva sa grand'mère, sa mère qui lui souriait avec orgueil, le petit Daniel le fils du colonel Bayon placé entre le baron et la baronne La Hontan, puis confusément ses amis.

Elle mit son masque et l'assaut commença; vivement elle essaya de saisir Bonnet dans sa préparation, mais il était sur ses gardes.

Dans la salle, ceux qui connaissaient l'escrime se communiquaient leurs impressions tandis que les femmes échangeaient leurs critiques : — Jeu fin. — Une honnête fille dans cette posture. — De l'élégance dans la parade. — Cette jupe courte. — De la vitesse dans la riposte. — Et ce maillot, est-il assez scandaleux. — Un peu trop de fougue. — Oui, mais quel doigté.

— Touché, dit Bonnet.

Les applaudissements éclatèrent. Avec Derodes le contraire se produisit; ce fut elle qui fut touchée, et cette fois les applaudissements furent unanimes, ceux des femmes s'ajoutant à ceux des hommes.

En entrant dans la coulisse, Lafleurance était éperdu :

— Tonnerre de Dieu! mademoiselle, vous n'avez pas pensé à votre coupé-dégagé. Mais c'est égal, tonnerre de Dieu! mademoiselle, vous me faites honneur.

— N'importe, dit le capitaine pendant qu'Agnès, Bonnet et Derodes sortaient pour aller changer de costume, si M. Bonnet tirait avec M. Derodes, ce n'est pas M. Bonnet qui serait touché.

C'était un volontaire d'un an; lorsqu'il entra en scène il y eut un murmure flatteur; avec sa tête frisée, son visage d'amoureux, ses gants de peau, ses bottines vernies, on le trouvait joli soldat.

— Je n'ai pas confiance dans ce pistolet-là, dit le baron bas à sa femme.

— Mais il est joli comme tout, répondit la baronne.

Les craintes du baron ne furent pas justifiées ; ce pistolet-là n'avait pas dit huit vers de *Fais ce que dois*, que les applaudissements commencèrent, ils ne s'arrêtèrent plus, et quand ils arriva à ces vers qu'il jeta avec enthousiasme :

> O mon pays en deuil la chose sera mûre,
> Et poussant vers le ciel ton cri de conquérant,
> Tu pourras les répandre alors comme un torrent,
> Et planter, glorieux, les trois couleurs altières,
> De notre vieux drapeau sur nos vieilles frontières !

ce fut un tonnerre de bravos ; tous les officiers trépignaient.

— Ce pistolet-là me fait pleurer, dit le baron en se penchant vers sa femme, par-dessus le petit Daniel, qui applaudissait et criait bravo.

Derrière la coulisse, Carrelet ne pleurait pas, il jubilait et murmurait :

— Attrape, attrape, Bouge pas Cocotte, tâche d'en avoir autant.

Il n'en eut pas autant, le capitaine dans les *Convictions de papa*, et dans sa *Conférence*, mais il en eut d'autres, des chapelets de rire spontané qui valaient bien tous les bravos ; le fameux parapluie de Pétillon eut aussi son succès.

Après la conférence pendant laquelle Agnès s'habilla en villageoise, venait la *Bouchetiquette*.

Quand le rideau fut tiré et qu'on vit sur la scène Agnès, Julienne et madame Maupec en villageoises, Bonnet, Derodes, Cholet en paysans des environs, l'effet fut médiocre sur les habitants de la ville, habitués à voir cela, tous les jours : — Quelle rage de se costumer, dit madame Collas, en désignant Agnès d'un coup d'œil. — Pour moi, répondit une autre, je ne voudrais pas pour mon fils d'une fille qui se déshabille aussi facilement.

Au contraire, sur les officiers, l'effet fut émoustillant; on ne pouvait rêver villageoise plus jolie et plus égrillarde qu'Agnès, plus naïvement simple que Julienne.

La danse commença; mais bien que les trois officiers, Julienne et madame Maupec l'eussent consciencieusement travaillée depuis un mois, personne n'égala la verve, la légèreté, la souplesse, la vigueur, l'audace d'Agnès; sa voix claire et joyeuse couvrait tout :

> Pour danscher la bourchetiquette,
> Faut être escarabida,
> Faut avoir la jambe leste
> Et le pied bien dégagea,
> Faut n'être pas maria.
> Tire li tire li cha calotte
> Tire li tire li chon bonnet.

Elle avait la jambe leste et aussi le pied bien dégagé; elle sautait si haut, qu'en retombant, sa jupe faisait parachute.

Le rideau se referma au milieu d'acclamations.

— J'espère que c'est un succès, murmura Agnès essoufflée.

Derodes s'approcha d'elle et à voix basse :

— Il faut que je vous parle tantôt à minuit sur la terrasse.

XVII

La représentation avait fini à dix heures et demie, mais il fallut longtemps pour que le salon se vidât ; chacun voulait féliciter les comédiens qui étaient descendus dans la salle, ceux qui en avaient dit le plus de mal étaient les plus empressés.

Le lieutenant-colonel avait envoyé chercher Béral pour le féliciter :

— Vous m'avez ému, positivement, c'est très bien, je suis content de vous ; vous pouvez remercier la baronne qui vous a applaudi.

Mais la baronne n'accepta pas ces remerciements, ce fut elle au contraire qui, très gracieusement, adressa les siens au jeune comédien en l'invitant à venir la voir :

— Je suis tous les jours à midi à mon atelier.

On s'entassait, on se pressait autour d'Agnès, et elle ne savait à qui répondre, car tout le monde lui parlait à la fois et voulait lui serrer la main ; les compliments se mêlaient : — Quelle finesse dans vos absences d'épée. — Quel talent de comédienne. — Je n'avais pas imaginé qu'on pût avoir tant de légèreté avec des sabots. — Positivement vous avez le génie de la toilette. — Comme vous avez chanté la *Bouche-tiquette!*

Esparbarinque avait aussi sa grande part de félicitations et de poignées de main; le régiment qui l'avait d'abord raillé était maintenant fier de lui; le capitaine répondait avec des airs modestes :

— Oui, je réussis assez bien dans les Geoffroy et aussi les Saint-Germain, je puis le dire sans forfanterie, mais c'est dans les Ravel qu'il faut me voir.

C'était Bonnet qu'on avait vu dans un Ravel, et il y avait été assez médiocre pour que les compliments lui fussent ménagés; et puis aussi se laisser toucher par une jeune fille; comme tous ceux qui connaissaient l'escrime rendaient justice à sa force, on se demandait si ce coup de bouton n'était point une galanterie qu'il avait voulu faire à la belle Agnès.

Quant à Derodes il n'y avait pas à le féliciter, car il avait disparu aussitôt après son mot à Agnès : que lui importaient les compliments de ces gens-là; il était bien aise de leur montrer le cas qu'il en faisait de leur opinion.

A la fin, M. de Rosseline, le plus enragé des complimenteurs, qui ne s'arrachait à Agnès que pour aller répéter à Julienne, à la sœur aînée, ce qu'il venait de dire à la jeune, se décida à partir le dernier. Alors madame Amilhau qui s'était tenue à l'écart, put embrasser sa petite-fille :

— As-tu été assez jolie !

— J'espère que tu es contente, dit Julienne à Agnès, en montant avec elle.

— Je te dirai ça demain; pour aujourd'hui, je tombe de sommeil; adieu.

Elle ferma sa porte comme si elle était pressée de se coucher; à travers la cloison qui séparait leurs deux chambres, Julienne l'entendit aller et venir vivement, se déshabillant à coup sûr.

— Elle doit être morte de fatigue, se dit-elle.

Et reprenant son rôle de mère-sœur :

— Veux-tu que j'aille t'aider à te déshabiller ! demanda-t-elle.

— Non, merci, c'est fait, bonne nuit, je dors.

Il était vrai qu'elle venait de se déshabiller, mais pas du tout qu'elle dormait; jamais, au contraire, elle n'avait été plus éveillée que dans le fauteuil où elle s'était blottie après avoir échangé son costume de villageoise contre une robe de chambre et ses sabots contre des pantoufles aux semelles feutrées.

Enfin, elle avait triomphé !

Mais à la joie de sa victoire se mêlait une amertume et une humiliation : elle n'avait pas cru qu'il lui parlerait ainsi; pour être une fille délurée, elle n'en était pas moins une honnête fille; bien que ce fût sa première aventure et qu'elle n'eût pas d'expérience, il y avait en elle quelque chose qui protestait contre ce langage, sa dignité sans doute; ce n'était certainement pas celui d'un honnête homme à une honnête fille. Pour qui donc la prenait-il ! Elle était son égale, non une villageoise dont elle portait le costume, ni une ouvrière : Agnès de Bosmorceau !

Elle eût tant voulu voir en lui de l'émotion, de la crainte, un sentiment de respect et de tendresse, ce qu'elle imaginait qu'on doit éprouver quand on avoue son amour à la femme aimée. Assurément, c'était un aveu ce rendez-vous, mais pas celui qu'elle attendait et auquel elle croyait avoir droit. Et il n'y avait pas que sa fierté qui en souffrît, elle était atteinte aussi dans son cœur, car le danger, dont Julienne l'avait menacée s'était réalisé; elle aurait voulu qu'il se prît d'amour pour elle, et au jeu qu'elle avait joué elle s'était prise d'amour pour lui, — elle l'aimait; c'était sa fortune qui tout d'abord l'avait séduite, puis c'avait été son air vainqueur, son élégance, ses manières dédaigneuses, son chic, ses chevaux, ses chiens, son luxe, et de tout cela s'était formé un sentiment complexe qui l'avait peu à peu envahie, et qui la dominait, qui l'entraînait.

Elle n'en avait reconnu la force et l'étendue qu'au moment même où il lui avait donné ce rendez-vous: son premier regard, surpris et indigné s'était tout de suite soumis: elle irait, elle obéirait.

Mais bien qu'elle se reconnût incapable de résister à cet entraînement, ce n'était pas sans protestation qu'elle s'y abandonnait; tout en elle se révoltait, son éducation, son honnêteté, sa pudeur; les choses n'auraient pas dû se passer ainsi, elle ne les avait pas arrangées de cette façon: il l'aimerait, il résisterait, il faiblirait, il parlerait à sa mère... et il l'épouserait.

Et voilà qu'au contraire, c'était elle qui faiblissait, entraînée sans pouvoir résister, — à lui et à elle-même. Mais si aventureuse, si périlleuse que fût cette voie, où elle se trouvait engagée sans pouvoir reculer ou se retenir, elle avait au moins la certitude que le mariage était au bout.

L'heure avait marché, les trois quarts avant minuit sonnèrent au couvent des Dames de la Visitation dont le jardin joignait le leur. Elle écouta. Aucun bruit dans la maison endormie, elle n'entendit que sa respiration. Sans lumière elle ouvrit doucement sa porte dont la serrure ne cria point, se glissa dans le corridor, et descendit l'escalier; c'était à peine si elle avait besoin de tâter de temps en temps la rampe ou les murs pour se guider dans l'obscurité. La porte du vestibule ouverte elle se trouva sur l'esplanade : un vent frais lui souffla au visage; dans le ciel d'un bleu pâle sans nuages la lune s'abaissait.

Comment allait-il venir? Par le rocher assurément. Mais bien que la montée ne fût pas impossible, elle était cependant très difficile, et de plus, en bas dans la prairie, il y avait un mur à escalader. Elle éprouva un mouvement de joie orgueilleuse à la pensée du danger qu'il bravait pour elle; mais en même temps aussi elle éprouva un sentiment de crainte, et vivement elle courut à la balustrade. Malgré la clarté de la lune, ses yeux se perdirent dans l'obscurité sur la pente rapide du rocher. Elle écouta. Du bas monta un faible bruit de cailloux qui dégringolaient. Puis elle n'entendit plus rien. Un temps s'écoula; un caillou roula plus près d'elle. Pourtant elle ne vit rien. L'angoisse l'oppressait : Si le pied lui manquait, comment se retenir. Une forme confuse se dessina dans l'ombre; elle grandit; c'était lui habillé de vêtements sombres. Il avançait lentement, tâtant du pied, s'aidant des mains. Arrivé à la balustrade l'escalade était facile.

— Ah ! vous êtes là, dit-il.

— Quelle folie, lui répondit-elle, si je n'avais pas senti le danger de cette escalade, je ne serais pas là.

— En effet, pas commode l'escalade, la nuit.

— Et le mur.

— Oh ! le mur, ce n'est rien, ce qui est quelque chose, c'est le rocher glissant et les cailloux roulants.

— Pourquoi êtes-vous venu ?

— Parce que je vous aime.

— N'était-ce donc qu'ici que vous pouviez me le dire ?

Il eut un geste d'étonnement, et avec son ton ironique :

— Mais ce rocher en bas, cette esplanade au milieu, cette lune en haut, ce costume couleur muraille, les aurions-nous eus ailleurs ?

Puis tout de suite, devenant plus sérieux, et avec un accent tendre :

— Ailleurs, vous n'auriez pas été seule.

Il voulut lui prendre les mains, elle recula :

— Justement, répondit-elle, il me semble que ce n'était pas à moi seule que vous deviez le dire.

— Ah ! fit-il avec dépit.

Puis reprenant le ton ironique :

— Est-ce que vous vous êtes jamais imaginé que j'étais un particulier à faire un mariage de convenance, et à écrire au papa Derodes pour le prier de venir à La Feuillade conférer de mes sentiments avec la maman Bosmoreau.

Agnès soupira sans répondre.

— Non, dit-il en poursuivant, je fais mes affaires moi-même, et voilà pourquoi je viens vous demander, — à la clarté des étoiles et au risque de me rompre le cou, ce qui ne manque pas de romanesque, vous en conviendrez, — si vous m'aimez.

Pendant quelques secondes, l'émotion empêcha Agnès de parler. L'heure était si grave que son cœur se serrait; c'était sa vie qui se décidait, son amour; à cette question directe presque brutale, impossible de répondre d'un mot, et cependant, comment ne pas répondre.

— Pouvez-vous croire, dit-elle, que je vais vous répondre que je vous aime : mais je n'en sais rien.

— Ah! bien alors, je n'ai qu'à m'en aller par le même chemin, en m'excusant de vous avoir dérangée à pareille heure.

Il fit deux pas vers la balustrade; Agnès vint à lui :

— Certainement, dit-elle, j'éprouve pour vous beaucoup de sympathie... une très vive sympathie.

— Enfin celle qu'on met au bas des lettres, sans jamais savoir de quelle épithète la flanquer ; est-ce respectueuse? non n'est-ce pas; affectueuse? Croyez-vous que je m'en contente? Cordiale? Eh bien est-ce cordiale? Dites-le. Est-ce tendre ?

Il prononça ces derniers mots d'une voix plus douce en revenant vers elle, et elle trouva tant de douceur dans cette voix qui lui remua le cœur qu'elle ne put s'empêcher de répéter avec lui :

— Tendre.

— Eh bien, dites-le donc; et ne me laissez pas repartir par cet aimable chemin... avant que j'ai eu le temps de souffler.

Retournant à son idée :

— Et pourquoi l'avez-vous pris ce chemin, dit elle, si dur pour vous, si périlleux pour moi, quand il vous était facile de passer par la grand'porte.

Il eut un mouvement agacé.

— Toujours, dit-il. Alors je vois que l'endroit ne vous inspire pas, et que la lune, cette belle lune, ne vous porte pas aux épanchements... ni à la précision. Pour moi, je me reconnais mal au milieu de vos hésitations et de vos tergiversations féminines. Je vous ai parlé amour, vous m'avez répondu sympathie. Nous pourrions continuer longtemps ainsi sans nous entendre, et quel que soit le plaisir que j'aie à me trouver près de vous, je ne veux pas vous garder une partie de la nuit sur cette terrasse. Je n'ajoute donc qu'un mot : mon père ne passera la porte dont vous parlez que lorsque j'aurai la preuve que celle que j'aime m'aime comme elle est aimée. Au revoir.

— Vous partez?

— A demain; je viendrai demain prendre de vos nouvelles... et vous voir, puisque je vous aime.

Il enjamba lestement la balustrade, et commença à descendre avec précaution, lentement, s'arrêtant de temps en temps; un peu avant de disparaître derrière un buisson il se retourna :

— A demain, dit-il doucement.

Pendant assez longtemps elle entendit le bruit de

ses pas hésitants et des cailloux roulants ; quand le silence de la nuit ne fut plus troublé que par le vent dans les branches dénudées, elle se redressa :

— Comme il est maître de moi ! murmura-t-elle.

XVIII

— Il m'aime !

Ce fut le mot qu'Agnès se dit en remontant à sa chambre et qu'elle se répéta après s'être doucement glissée dans son lit.

— Il m'aime ! Il m'aime !

Ce n'était pas seulement son cœur qui disait et redisait ce mot, c'était aussi ses lèvres qui le prononçaient volontairement pour que sa musique couvrît de son bruit si doux le vague murmure de protestation et d'inquiétude qui malgré tout s'élevait en elle.

Car il n'y avait pas eu que ce mot dans ces quelques minutes qu'ils venaient de passer ensemble. Quelle étrange scène d'amour au milieu de ce décor et de ces circonstances romanesques, à la clarté des étoiles, sous la lumière de cette « belle lune », comme il disait. Quel contraste entre la poésie des choses et la dure réalité des paroles. C'était son premier rendez-vous, et bien des fois dans ses rêveries de jeune fille elle s'était demandé ce qu'il serait; comme ce qu'elle avait alors imaginé était loin de ce qu'elle venait d'entendre. Et pour réagir contre l'émoi qui l'envahissait, elle se disait que sans doute c'était la vie, et qu'elle serait injuste de se plaindre, puisqu'il l'aimait.

Elle descendit tard le matin et quand Julienne lui répéta sa question de la veille, elle répondit par des propos en l'air : — Comment ne serait-elle pas contente !

Mais Julienne voulut préciser : de la représentation elle ne prenait pas souci, et ce n'était pas d'elle qu'il s'agissait, c'était de Derodes. Les choses allaient-elles continuer ainsi ? Faudrait-il organiser de nouvelles représentations jusqu'à la fin de l'hiver, et à l'été, de nouveaux jeux ? Tout cela commençait à être compromettant ; si Derodes ne se présentait pas comme mari, il ne fallait pas que ses assiduités dans la maison écartassent les autres.

— Il se présentera.
— Quand ?
— Bientôt.
— A-t-il dit quelque chose qui puisse te donner une certitude ?

Agnès regarda sa sœur, surprise de cette insistance.

— Qui peut te faire croire qu'il m'ait donné cette certitude ? demanda-t-elle, interrogeant au lieu de répondre.

— La façon dont il te regardait en te parlant bas après la *Bouchetiquette*.

Agnès n'était point habituée à dissimuler ni à arranger la vérité ; mais pouvait-elle la dire ? Sa vie ne dépendait pas seulement de Derodes, elle dépendait aussi de sa sœur ; et bien certainement Julienne se jetterait à travers ses projets si elle les connaissait : ne s'était-elle pas déjà opposée autant qu'elle l'avait pu à tout ce qui s'était fait depuis quelques mois ?

— C'est justement cette façon de me regarder qui me fait te dire qu'il se présentera... bientôt.

Et pour que Julienne ne pût pas insister, Agnès descendit dans la cour, curieuse d'aller regarder en plein jour le chemin par où Derodes était monté. Elle le connaissait cependant bien ce rocher où à chaque instant elle laissait ses yeux se promener, mais en l'examinant elle fut émerveillée qu'il eût pu le gravir dans l'obscurité. Il avait fait cela — pour elle ! Quel courage ! Quel amour plutôt !

Comme Derodes l'avait dit, il vint dans la journée prendre de ses nouvelles et la voir... puisqu'il l'aimait ; mais bien fin eût été celui qui, à son attitude et à ses paroles eût deviné son amour ; auprès de lui Bonnet qui d'ailleurs ne vint point, eût paru un amant passionné.

— Ça a bien marché ; vous avez été charmante ; mais combien j'ai été mauvais ; pas convaincu pour deux sous.

— Au moins n'est-ce pas le fleuret à la main.

— Vous m'en voulez de ne pas m'être laissé toucher ; hélas ! je suis la sincérité même.

Ce fut le seul mot qu'il souligna.

— Et tu crois, demanda Julienne quand il fut parti, qu'il se présentera bientôt ?

— J'en suis sûre.

Pas si sûre ; mais au moins était-elle sûre, bien sûre qu'il l'aimait, et dès lors elle pouvait tout espérer; il était assez riche pour ne pas tenir à la fortune chez la femme qu'il épouserait.

Quatre jours après la représentation, elle crut que son espérance se réalisait.

Le matin, à la leçon d'escrime, Lafleurance lui annonça qu'il pouvait lui donner un quart d'heure de plus si elle le désirait, parce que M. Derodes ne travaillerait pas ce jour-là.

— Est-il malade?

— Non, son père vient d'arriver.

L'émotion fut si vive qu'elle fut obligée de s'asseoir.

— Alors, nous en restons là? demanda Lafleurance.

— Non, reprenons.

Mais pendant cette fin de leçon, les « tonnerre de Dieu, mademoiselle » roulèrent en orage; pas de souplesse, pas de doigté... tonnerre de Dieu, mademoiselle.

Lafleurance parti, elle monta en courant chez sa sœur :

— M. Derodes père vient d'arriver à La Feuillade.

Julienne la regarda tout d'abord sans rien comprendre, puis la prenant dans ses bras et l'embrassant avec effusion :

— Pardonne-moi, petite sœur, dit-elle, tu as eu raison, et moi avec ma sagesse j'avais tort. Mais comme il est discret, M. Derodes.

— Oh! il est concentré; mais je savais bien, moi, qu'il se présenterait.

Ce jour-là personne ne sortit et quand madame de Bosmoreau voulut, après déjeuner, faire sa promenade ordinaire, ses filles la retinrent.

— Mais qu'est-ce qu'il y a donc? demanda madame Amilhau, surprise de l'agitation de ses petites-filles.

Julienne prit le cahier de sa grand'-mère et écrivit :

« Nous attendons M. Derodes le père, il s'agit du mariage d'Agnès. »

Puis quand sa grand'mère eut lu, elle arracha le feuillet, le froissa et le mit dans sa poche.

— Mais ce M. Derodes, ce commerçant qui vend des choses, dit madame de Bosmoreau, est-on bien sûr de son honorabilité.

— Dix fours de fusion, s'écria Agnès en riant, car la joie la soulevait.

— Qu'est-ce que c'est que des fours de fusion ? demanda madame de Bosmoreau.

Agnès expliqua la situation commerciale de M. Derodes père, toute la journée on ne parla que de lui, quand la sonnette de la rue tintait, on baissait la voix.

Les heures s'écoulèrent, ni le père ni le fils ne parurent ; de temps en temps Agnès allait à une fenêtre regarder dans la rue ; son exaltation était tombée, elle se montrait nerveuse.

Le dîner fut morne ; seule madame de Bosmoreau parla et raconta des histoires sur les verreries, elle n'en avait jamais vu, mais on lui avait dit que c'était fort curieux.

Dans la soirée on remit à madame de Bosmoreau une enveloppe que le valet de chambre de Derodes venait d'apporter.

— Qu'est-ce que c'est que cela peut être ! dit-elle en la tendant à Julienne.

Mais déjà Agnès l'avait ouverte :

« Je prie madame de Bosmoreau d'agréer mes compliments respectueux et de me dire si mon père pourra avoir l'honneur de lui présenter demain ses hommages. »

Sans attendre, Julienne prit une carte et écrivit dessus quelques mots.

— Oh ! Julienne, Julienne, murmura Agnès d'une voix tremblante.

Le soir Agnès tint conseil avec sa sœur sur la question de savoir qu'elle serait leur attitude pendant la visite de M. Derodes :

— Toi, tu resteras, dit-elle, moi je serais trop émue.

— Pauvre petite sœur, dit Julienne, je t'ai bien tourmentée, mais enfin voilà qui prouve que l'intuition est au-dessus de la raison ; maintenant, je puis t'avouer toute la peur que tu m'as faite et toutes mes angoisses.

A trois heures M. Derodes accompagné de son fils, fit son entrée dans le salon de madame de Bosmoreau.

C'était un homme de grande taille, blond comme son fils, important et imposant, affichant dans toute sa personne, sa démarche, sa prestance et ses façons de s'exprimer, le chiffre des millions qu'il avait dans sa caisse. Et il avait le droit d'en être justement fier, ayant commencé la vie sans autre capital que son intelligence, sa volonté et le génie des affaires.

Il est vrai que, par la suite, son mariage l'avait aidé en lui mettant aux mains une grosse dot avec laquelle il avait acheté les verreries d'Ostrevent, qui, alors, étaient peu de chose.

C'était un mariage d'argent et rien que d'argent, sa femme, fort laide, mal élevée ou plutôt pas du tout élevée, était la fille d'un gros marchand de bestiaux très riche qu'on appelait dans le Nord Taulé-la-Vache parce qu'il faisait le commerce des bœufs. Tout à ses affaires M. Derodes ne s'était point occupé de l'éducation de son fils, laissant ce soin à sa femme, et ayant seulement décidé dès la naissance de celui-ci qu'il serait officier comme il convenait à un fils de grande famille, qui ne doit point s'amoindrir dans l'oisiveté. N'ayant pas reçu d'éducation elle-même, madame Derodes n'était guère en état de diriger celle de son fils; mais cela ne l'inquiétait point; elle savait, Dieu merci, comment on doit élever un fils de famille; elle avait des exemples autour d'elle pour la guider : a huit ans on avait donné à ce jeune fils de famille un abbé pour précepteur. Malheureusement elle s'imaginait dans son orgueil de parvenue, qu'un précepteur était un domestique comme un autre, un peu au-dessus des autres seulement; aussi ne l'avait-elle pas admis à l'honneur de sa table et quotidiennement lui avait-elle adressé des observations faites dans la forme et le ton qui convenaient plutôt à la fille de Taulé-la-Vache qu'à la femme du directeur des verreries d'Ostrevent.

Tout ce que l'abbé avait pu faire, c'avait été de tenir un mois. Son remplaçant avait tenu deux jours; le troisième une semaine, et ainsi de suite jusqu'à ce que Derodes eut atteint ses seize ans; seuls les jeunes abbés timides et craintifs avaient trouvé en eux assez d'humilité et de dévouement pour rester quelques mois dans cette maison devenue un épouvantail pour les précepteurs qui se la proposaient en disant : « Qui veut faire trois mois d'enfer sur la terre. » A seize ans Derodes était entré dans un bahut où on l'avait assez chauffé pour lui faire passer l'examen de Saint-Cyr, tant bien que mal.

Précisément parce qu'il était marié à une femme dont il voyait et sentait chaque jour la mauvaise éducation, M. Derodes avait pris l'habitude d'une politesse poussée souvent jusqu'à l'exagération. Avec madame de Bosmoreau il déploya ses grandes manières et la remercia d'avoir ouvert à son fils, avec tant de bienveillance une maison aussi aimable; pour un jeune officier, c'était vraiment une bonne fortune de vivre dans la compagnie de femmes aussi bonnes, — il fit un salut à madame Amilhau qui écoutait sans entendre, mais en souriant, parce qu'elle croyait que c'était la demande en mariage, — aussi charmantes, — le salut fut pour madame de Bosmoreau, — et de jeunes filles, — il s'adressa à Julienne, — aussi accomplies.

A ce propos, il regretta l'absence de mademoiselle Agnès, dont son fils lui avait fait un portrait enchanteur.

— Serait-elle souffrante ? demanda Derodes.

— Je vais la chercher, s'écria Julienne qui sortit en courant, et la trouva dans la salle à manger qu'elle arpentait.

— Viens vite, il te demande, il veut te voir.

— Oh ! mon Dieu.

—.Sois raisonnable, calme-toi.

En la voyant entrer, M. Derodes se leva pour venir au-devant d'elle.

— Mademoiselle, je n'ai pas voulu quitter La Feuillade sans vous présenter mes compliments : vous êtes charmante; voulez-vous me donner votre main ?

L'ayant prise, il la baisa et se rassit.

Elles avaient toutes les yeux sur lui, et elles écoutaient sans respirer ; il ne parla que de choses insignifiantes, et, au bout de quelques instants, il se retira.

Elles restèrent interdites, se regardant.

— Il reviendra demain, dit Julienne, se retrouvant la première.

Mais, le lendemain, elles apprirent qu'il était parti.

XIX

C'étaient les dépenses et les dettes de son fils qui avaient amené M. Derodes à La Feuillade. Justement parce qu'il servait à celui-ci une grosse, une très grosse pension, il ne voulait pas de dettes ; les dettes choquaient ses habitudes commerciales ; il était humilié qu'on pût dire que le fils du directeur des verreries d'Ostrevent, Jean-Alphonse Derodes, le grand industriel, officier de la Légion d'honneur, membre du jury de toutes les expositions, conseiller général du département du Nord, membre de la Chambre de commerce, etc., etc., faisait des dettes ; pourquoi des dettes ? Cette question qu'on devait se poser avait quelque chose de rapetissant pour sa fortune ; et puis, quand on ne paie pas comptant, on paie plus cher, et il était dans ses principes d'obtenir tout au meilleur marché possible ; qu'il gagnât cent francs sur une dépense de cent mille francs, il était content et pensait à son gain plus qu'à sa dépense.

Il fallait donc voir, se rendre compte par soi-même, et il était venu à La Feuillade. Le luxe de l'installation de son fils l'avait un peu suffoqué, mais pas trop cependant, car d'autre part il le flattait dans son amour-propre : il était fier que l'officier qui portait son nom fût au-dessus de tous... par un mérite quelconque, et à ses yeux le luxe était un mérite, presqu'une gloire ; il ne lui déplaisait pas que son fils bût du vin à quarante francs la bouteille, surtout si ce prix était connu, et il lui plaisait que personne n'eût des chevaux aussi beaux que ceux de son fils ; ce qu'il avait blâmé, ce qu'il avait voulu réformer, c'avait été l'exagération des dépenses improductives et inutiles, le gaspillage, le coulage. Les voitures, les chevaux, l'ameublement, c'était fini ; le gaspillage, le désordre c'était le présent et l'avenir ; il prit ses dispositions pour les arrêter et il les signifia à son fils en homme décidé à les faire exécuter.

Derodes ne résistait et ne discutait jamais quand la résistance et la discussion ne devaient servir à rien, — ce qui était le cas avec son père. Il passa donc condamnation.

Sa vie à La Feuillade ne serait pas ce qu'elle avait été à Bordeaux; les occasions de dépenses étaient rares; voulût-on se ruiner, qu'on ne le pouvait pas; les amusements étaient simples et inoffensifs.

Et pour le calmer mieux que par des paroles, il l'avait conduit chez madame de Bosmoreau, si bien que M. Derodes, qui était arrivé exaspéré contre son fils, était reparti rassuré.

— C'est une aimable maison que celle de ces braves femmes et de ces jolies jeunes filles, précieuse pour un jeune homme qui veut s'amuser honnêtement. Je t'engage à la cultiver.

— Soyez tranquille.

— Si tu veux leur rendre leur politesse, et donner chez toi une fête... brillante, j'en ferai volontiers les frais.

Ç'avait été son dernier mot à la gare et Derodes était rentré chez lui satisfait de cette visite qui tout d'abord l'avait inquiété et tourmenté : l'argent de cette fête... inutile, lui servirait à arroser un usurier qui le harcelait pour de vieilles dettes que son père avait payées déjà deux fois, ou plutôt qu'il avait cru payer; une fête, pourquoi faire? Il n'en aurait que les ennuis; tandis qu'avec ce qu'elle serait sensé lui coûter il apaiserait ce vieux coquin de Caffié. Il était flatté qu'on s'ingéniât à organiser des fêtes pour lui; il ne l'aurait pas été d'en organiser lui-même pour les autres.

Ce ne fut que trois jours après le départ de son

père qu'il retourna chez madame de Bosmoreau. Il était bon de laisser cette petite sous le coup de la déception de cette visite; car à l'empressement de Julienne à aller la chercher, au triomphe qui se lisait sur son visage lorsqu'elle était entrée, à l'anéantissement succédant à l'exaltation de ce triomphe, à la stupéfaction de la mère et de la sœur aînée il n'était pas difficile de deviner quelle avait été son espérance. Il eût fallu vraiment qu'il fût le dernier des niais pour n'en pas tirer parti. Cette visite paternelle était décidément bonne à tous les points de vue, et auprès d'Agnès elle pouvait avancer ses affaires, à condition de manœuvrer avec un peu d'adresse et de rester maître de soi. Elle voulait jouer au fin avec lui; on verrait bien; tant pis pour elle si elle perdait la partie; et il commençait à croire qu'elle la perdrait. Elle voulait se faire épouser ; sans doute l'idée était agréable, mais il fallait pour réussir être une fille moins jeune et moins simple qu'elle ne l'était.

Dès en arrivant, il vit combien ces trois journées d'attente avaient été longues pour Agnès, mais il se garda de laisser paraître qu'il remarquait son émotion présente et les traces de ses angoisses : jamais il n'avait été plus à son aise, plus gai, de meilleure humeur.

A un certain moment, cependant, il chercha à rejoindre Agnès dans le grand salon où elle cherchait le numéro d'un journal dont on venait de parler.

— Pourquoi ne m'avez-vous pas fait un signe? demanda-t-il vivement à voix basse, de façon à ce que madame de Bosmoreau et Julienne ne l'entendissent point de la pièce voisine.

— Quel signe?

— Le signe qui m'aurait dit que vous étiez prête à me donner la preuve d'amour que je vous ai demandée.

Elle le regarda tremblante.

— Vous n'avez donc pas compris que je n'avais fait venir mon père que pour provoquer ce signe; que je n'avais arrangé cette visite... insolite qu'avec cette espérance. Je l'ai attendu. Il n'est pas venu. Alors j'ai laissé mon père repartir.

Il avait dit ces quelques mots d'un ton de reproche et de douleur concentrée; il se fit plus doux.

— Mais vous savez que mon père ne craint pas les voyages; je l'ai déjà fait promener plus d'une fois, — pas pour la même chose bien entendu; faites-le ce signe, dites le mot que j'attends et il reviendra.

Elle hésita un moment, une lutte qui se trahissait par l'oppression de la respiration et le trouble de ses yeux attendris se livrait en elle:

— Venez ce soir, murmura-t-elle.

— Ce soir?

— A minuit, sur la terrasse.

Si Derodes avait eu un moment d'hésitation, c'est qu'il ne savait pas où en était la lune; serait-elle levée à minuit? Sans lune, la montée du rocher, déjà bien difficile quand on voyait où poser ses pieds, devenait impossible.

Rentré chez lui il étudia son calendrier: lever de la lune 11 h. 14; coucher 7 h. 40; c'était possible.

A onze heures et demie il recommença son ascension; la lune venait de se lever dans un ciel clair et elle montait derrière le rideau de peupliers sans feuilles que balançait le vent d'ouest. Cette fois la montée était plus facile que la première fois, il connaissait son chemin et pouvait aller droit sans avoir à revenir sur ses pas.

Les trois quarts après onze heures sonnaient quand il arriva sur la terrasse; elle était déserte. Il se mit dans un coin à l'abri de la lumière et du vent. Il n'avait qu'à attendre. Minuit sonna. Il écouta et n'entendit rien que le clapotement de la rivière et le gémissement du vent. Quelques minutes s'écoulèrent. Une porte s'ouvrit doucement, et, sous le rayon de lune qui la frappa, il reconnut Agnès la tête penchée en avant.

— Je suis là.

Elle vint à lui.

— Vous avez cru que je ne viendrais pas, dit-elle.

— Non.

Puis, tout de suite, corrigeant ce qu'il y avait dans cette affirmation de trop d'assurance.

— J'ai foi en vous, c'est moi qui suis arrivé en avance, le chemin m'étant plus facile aujourd'hui.

Une rafale passa.

— Brrr... aussi je n'ai pas chaud, dit-il en se serrant dans son veston.

— Mettez donc mon fichu autour de votre cou, dit-elle en le retirant de ses épaules pour le lui donner.

— Non; vous auriez froid quand j'aurais chaud; il vaut mieux entrer dans le salon.

— Mais comment ?

— Vous me conduirez par la main pour que je ne fasse pas de bruit.

Elle resta sans répondre.

— Eh quoi, dit-il, voulez-vous donc que je gagne une fluxion de poitrine ; cette montée est rude et le vent est froid cette nuit.

Elle n'hésita plus.

— Venez, dit-elle.

— Oh ! donnez-moi la main, je suis incapable de me guider tout seul, je renverserais tous les meubles de la maison ; si vous me conduisez je suis sûr de ne faire aucun bruit.

Elle lui donna la main.

Il l'enferma dans la sienne et doucement il la pressa.

— Marchez, je vous suis.

Dans le silence de la nuit, le bruit de leurs pas résonna sous les voûtes sonores du vestibule, malgré les précautions avec lesquelles ils marchaient.

— Arrêtons-nous, murmura Derodes.

Le silence était si profond qu'ils entendaient leur respiration ; celle d'Agnès précipitée, sa main frémissait dans celle qui la brûlait.

— Maintenant, marchons, dit-il.

Au milieu de l'obscurité, elle se guidait assez sûrement ; ils arrivèrent à un mur, elle chercha un peu et trouva une porte qu'elle ouvrit presque sans bruit, celle du salon.

Ils entrèrent.

— Il faut refermer la porte, dit Derodes.

Elle la referma.

— Nous n'allons pas rester debout, dit-il, vous êtes toute frémissante, asseyons-nous.

Elle ne bougea pas.

Alors il tâcha de se reconnaître ; par les impostes au-dessus des fenêtres, filtrait une faible lueur blanche qui lui permit de se retrouver ; il savait qu'à sa gauche il avait la cheminée, en étendant la main il devait rencontrer un siège devant lui.

Il la fit asseoir sans qu'elle résistât.

Elle sentit qu'il se mettait à genoux devant elle : il lui prit les deux mains, qu'elle ne retira pas, car elle n'avait plus ni volonté, ni initiative ; elle marchait dans un rêve, heureuse, mais éperdue aussi, épouvantée, ne se reconnaissant pas au milieu des sentiments contradictoires qui l'emportaient hors d'elle-même et la ballottaient dans un monde nouveau, au ciel par moments, dans d'autres au fond de l'abîme.

— N'eût-il pas été mieux, l'autre soir, qu'au lieu de me renvoyer, nous venions ici, dit-il. Puisque vous m'aimez, n'aurait-il pas été plus doux de répondre à ma demande que de vous dérober derrière des coquetteries.

— Oh ! des coquetteries !

— Qu'était-ce, puisqu'aujourd'hui vous avez consenti à me faire cet aveu en me donnant ce rendez-vous. Qu'avait-il donc de si effrayant cet aveu ? N'avez-vous pas senti combien était cruel pour moi le refus de prononcer le mot que je demandais. Pourquoi ne vouliez-vous pas parler ? Quelle défiance, quelle mauvaise pensée aviez-vous ?

— Comment avez-vous pu croire à une mauvaise pensée.

— A quoi pouvais-je croire ? Ah ! quel mal vous m'avez fait, quelle douleur j'ai ressentie en me heurtant à votre réserve. J'arrivais plein de bonheur, d'espérance, heureux comme je ne l'avais jamais été, confiant, assuré, porté par mon amour et je vous ai trouvée... ce que vous avez été. N'en parlons plus. Ce rendez-vous a tout effacé. Les dix jours qui viennent de s'écouler n'existent plus : reprenons où nous en étions restés, et le mot que vous n'avez pas voulu dire, dites-le aujourd'hui. Est-ce donc si difficile d'avouer ce qui est dans votre cœur et de prononcer ce mot qui est sur vos lèvres : « Je vous aime ».

Elle ne répondit pas, mais elle resta haletante.

— Allons essayez, dites.

Un souffle passa sur son visage et il entendit faiblement :

— Je vous aime.

FIN DE LA DEUXIÈME PARTIE

TROISIÈME PARTIE

I

Bien que Derodes eût, avec l'argent de la fête qu'il ne donna point, arrosé son usurier comme il en avait eu l'idée, celui-ci ne se contenta pas de ce qu'il avait reçu, et un matin, en rentrant de déjeuner, Derodes le trouva assis dans son parloir, l'attendant.

— Comment, c'est vous, monsieur Caffié, à La Feuillade ?

— Mon Dieu, oui, dit Caffié en se levant et en redressant sa longue taille voûtée, puisque vous ne répondez à aucune de mes lettres, il faut bien que je vienne chercher les réponses moi-même.

— Vous savez, je n'aime pas beaucoup écrire.

— Et puis vous n'aimez pas non plus beaucoup payer.

— Voilà un reproche qui n'est pas juste, dit Derodes en riant, comptez un peu ce que je vous ai payé depuis que j'ai le... plaisir de vous connaître.

— Comptez un peu ce que vous me devez encore.

— Non ! merci.

— Pourtant, il faut en arriver là un jour, et ce jour est venu.

Caffié, tirant un papier de sa poche, fit lui-même ce compte : 142,560 francs.

— Si vous voulez 560 francs, dit Derodes d'un air narquois, c'est tout ce que j'ai présentement.

— Monsieur Derodes, il faut être sérieux, répliqua Caffié sans se fâcher, et ne dire que des choses utiles comme j'en dis moi-même : je ne viens pas vous demander ces 142,560 francs aujourd'hui.

— Aussi aimable que pratique, monsieur Caffié.

— Non ; je viens vous demander des arrangements, combinés de telle sorte qu'aux échéances vous puissiez les remplir. Vous ne voulez pas que je m'adresse à M. votre père ?

— Il ne vous paierait pas.

— Il paierait, parce que les dettes d'un officier nuisent à son avancement, et M. votre père a de grandes ambitions pour vous ; seulement, je crois qu'il serait furieux de payer et qu'en fin de compte vous auriez à supporter son mécontentement, — ce que je voudrais éviter.

Dès là qu'il ne s'agissait que d'arrangements, Derodes n'avait pas à se mettre en peine de les discuter. Que lui importait ? Il en avait déjà tant signé dans sa vie des arrangements de ce genre qu'il n'avait jamais tenus ! Il ne se défendit donc que tout juste pour donner à croire qu'il prenait lui-même ses promesses au sérieux.

Au reste, il n'avait jamais trouvé Caffié aussi facile :

— Vous comprenez bien, mon cher monsieur, ce que je demande, c'est un arrangement ; toutes les concessions possibles, je vous les ferai.

Et il les fit si bien qu'ils terminèrent cet arrangement en amis : Caffié, ordinairement plaignard et grincheux, se montrait l'agent d'affaires le plus aimable qu'on pût rencontrer ; l'officier ministériel qu'il avait été remplaçait l'usurier qu'il était devenu depuis ses malheurs et l'hostilité de la magistrature.

— Voyons, monsieur Derodes, qu'est-ce que je pourrais bien faire pour vous ? dit-il quand tout fut terminé.

Derodes le regarda avec son sourire railleur :

— Vous voulez me mettre dedans.

— Ah ! mon cher monsieur.

— Quand vous demandez, c'est tout naturel ; mais quand vous offrez, il faut se défier.

— J'aurais voulu vous obliger, vous ou l'un de vos amis.

Derodes ne répondit pas.

— Vous ne vous intéressez pas à un ami qui aurait besoin d'argent ?

— Ma foi non.

— Il doit bien se trouver dans votre régiment quelqu'officier pauvre qui, par sa position présente et son avenir, mérite qu'on s'occupe de lui.

— Je n'en sais rien.

— Vous ne connaissez pas des officiers pauvres ayant de l'avenir.

— Des tas.

— Eh bien ! alors.

— Voulez-vous leur faire des rentes ?

— Je le voudrais, malheureusement je ne peux pas ; mais ce que je pourrais ce serait, au cas où vous le désireriez, ce serait de faire prêter à l'un de ces officiers une somme raisonnable qui le tirerait d'embarras ; je n'ai pas que des emprunteurs pour clients, j'ai aussi des prêteurs qui désirent que leur argent leur rapporte un bon intérêt ; et bien que le nombre des emprunteurs soit de beaucoup supérieur à celui des prêteurs, je serais disposé à obliger quelqu'un que vous me désigneriez.

— Je n'ai personne à vous désigner, répondit Derodes d'un ton bourru.

Caffié ne se rebuta point.

— Bien entendu, je ne vous demande pas votre garantie. Dites-moi : « Voilà un officier gêné, qui arrivera un jour », et vous n'êtes engagé en rien, vous ne paraissez que si vous le voulez, j'interviens auprès de lui directement ; il ne sait le service que vous lui avez rendu que si vous l'en avertissez vous-même.

Derodes ne tenait nullement à rendre service à ses camarades, cependant on parlait si souvent de la situation intéressante de Drapier et de sa femme, que ce nom lui vint aux lèvres :

— Il y a le lieutenant Drapier, dit-il, qui est gêné.

— Je vais de ce pas chez lui, si vous voulez me donner son adresse.

— Je crois que sa pauvre petite femme vous accueillera à bras ouverts.

— Comment ! il est marié ?

— Sans doute.

— Mais ce n'est pas du tout cela qu'il me faut, s'écria Caffié.

— Alors, vous n'êtes pas de ceux qui obligent le mari pour plaire à la femme.

L'idée que Caffié, voûté et cassé, pouvait vouloir plaire à une femme, fit rire Derodes aux éclats.

Pendant ce temps, Caffié s'était remis de sa surprise :

— Vous savez mieux que moi, mon cher monsieur, qu'un officier marié n'a plus d'avenir ; s'il n'a pas trouvé dans le mariage un moyen de se tirer d'affaire, à quoi est-il bon, je vous le demande ?

Derodes ne répondit pas.

— Abandonnons donc M. Drapier et indiquez m'en un autre, dit Caffié.

— Mais, je n'en ai pas d'autre à vous indiquer, répondit Derodes avec ennui.

— Si ce n'est pour lui que ce soit pour moi.

— Alors, vous me prenez pour courtier ?

— Non, assurément, mon cher monsieur ; seulement, j'avoue tout franchement que si je trouvais en passant par La Feuillade, où je suis venu pour vous, l'occasion de faire une petite affaire, j'en serais bien aise, et je vous demande de me fournir cette occasion.

— Mais personne ne m'a prié de lui trouver un prêteur.

— Ne vous inquiétez pas de cela ; je ne serai pas assez simple pour aller tout droit lui dire que je viens de votre part.

— Je sais que vous n'êtes pas simple et que vous n'aimez guère les chemins droits.

— Mon cher monsieur, chacun prend le chemin qu'il peut; dans l'espèce, je manœuvrerais de façon à ce que vous ne paraissiez en rien dans l'affaire : donnez-moi les noms de quelques officiers peu fortunés, auxquels vous reconnaissez de l'avenir, c'est tout ce que je vous demande. Vous ne me refuserez pas cela.

Derodes se trouvait dans l'état d'agacement où vous mettent quelquefois les mendiants peu intéressants qui vous obsèdent.

— Mais quels officiers voulez-vous; des jeunes, des vieux ?

— Des jeunes, rien que des jeunes, des lieutenants, des capitaines.

— Il y a les lieutenants Bonnet, Guitteau, Renaud, qui ne sont pas fortunés comme vous dites.

— Et lequel d'entre eux vous paraît avoir le plus d'avenir?

— Bonnet, incontestablement.

— Et bien entendu il n'est pas marié, M. Bonnet?

— Non, bien sûr; mais j'ai dans l'idée qu'il se marierait volontiers, si sa situation changeait.

— Alors, c'est l'homme qu'il me faut, s'écria Caffié.

Puis, tout de suite, se reprenant :

— C'est l'homme qu'il me faut, parce qu'il a de l'avenir; vous comprenez que je ne dois pas exposer l'argent de mes clients ; si par un prêt fait à propos nous tirons M. Bonnet d'une situation difficile, il pourra un jour se marier avantageusement, et alors il nous remboursera.

Caffié avait ouvert son carnet il écrivit le nom de Bonnet.

— Et il est d'une bonne famille? demanda-t-il.

— D'une famille de paysans, son père est meunier.

— Cela ne fait rien; famille honnête c'est tout ce qu'il me faut.

Caffié dit son « cela ne fait rien », comme si, au contraire, cela lui faisait plaisir.

— Et savez-vous d'où est cette famille? demanda-t-il.

— De la Vendée.

— Vous ne vous rappelez pas le nom du pays.

— Saint-Martin-du-Mont, je crois, ou quelque chose comme ça.

— A-t-il des frères, des sœurs?

— Vous m'en demandez trop; comment diable voulez-vous que je sache tout cela; je ne la connais pas, la famille de M. Bonnet.

Et Derodes rompit l'entretien. Caffié commençait à le fatiguer et depuis longtemps déjà il lui aurait tourné le dos s'il n'avait voulu garder certains ménagements avec un homme qui, à un moment donné, pouvait le tourmenter. Quelle âpreté aux affaires! Ne pas vouloir venir à La Feuillade sans tâcher d'en entamer une nouvelle. Il était digne d'être juif, l'aimable Caffié, que rien ne rebutait. Bonnet allait avoir de l'agrément. Et cette pensée amena un sourire sur le visage de Derodes, qui n'aimait pas son camarade. Cela serait drôle de voir plus tard Bonnet le raide aux prises avec Caffié le doucereux.

En prévision de ce plus tard, Derodes voulut prendre ses précautions.

— Surtout ne dites jamais à M. Bonnet que je vous ai parlé de lui.

— Ne craignez rien.

— Il est fier et pourrait trouver mauvais que je me sois mêlé de ses affaires, alors surtout qu'il ne m'en aurait pas prié.

— Je puis même feindre de ne pas vous connaître, si vous le désirez.

— Cela m'est égal que vous me connaissiez; ce que je ne veux pas, c'est que vous parliez de moi.

— Soyez tranquille; les moyens ne me manqueront pas pour me mettre en relations avec M. Bonnet.

— Cela suffit, je ne désire pas que vous me disiez ceux que vous emploierez. Au revoir, monsieur Caffié.

— Vous me permettrez de ne pas prendre congé de vous avant de vous avoir adressé tous mes remerciements.

— Cela n'en vaut pas la peine.

— Mais si, mon cher monsieur, je vous assure que si.

Bien que Derodes n'eût pas voulu connaître les moyens que Caffié allait mettre en œuvre pour offrir à Bonnet un prêt que celui-ci ne demandait pas, il ne put pas résister à la tentation d'interroger le vieil usurier, quand, deux jours après cet entretien, il le rencontra se promenant sur le mail, comme un étranger qui visite une ville de province, flânant de-ci de-là les mains derrière le dos, à petits pas, pour tuer le temps.

— Comment, dit-il en l'abordant, vous êtes encore à La Feuillade, monsieur Caffié?

— Je n'ai pas encore vu le jeune homme en question; avant de me présenter chez lui, j'ai voulu avoir des renseignements sur la famille, parce que si elle a quelque bien, ce sera une garantie pour notre prêt; j'ai donc écrit à Saint-Martin-du-Mont, et je compte recevoir ces renseignements ce soir ou demain matin au plus tard.

— Allons, bonne chance.

— Je vous réitère tous mes remerciements.

II

Le lendemain, Caffié, ayant reçu de Saint-Martin-du-Mont les renseignements qu'il avait demandés, se présenta chez Bonnet, occupé en ce moment à travailler à sa traduction.

— C'est à monsieur le lieutenant Bonnet que j'ai l'honneur de parler, dit Caffié, avec sa politesse des grandes circonstances.

— Parfaitement.

Caffié tira un papier de sa poche et se plantant un lorgnon sur le nez, il lut :

— Vous vous appelez bien Henri Bonnet et vous êtes bien fils de dame Rosalie-Jeanne Meillon, décédée épouse de M. Louis-Victor Bonnet, présentement meunier à Saint-Martin-du-Mont?...

— Mais, monsieur..., interrompit Bonnet, avant de m'interroger ainsi, ne pourriez-vous me dire qui vous êtes, et dans quelles intentions vous vous présentez?

— Mon nom, le voici, dit Caffié en tendant sa carte à Bonnet, avec mes qualités et mon domicile. Quant à mes intentions, je vous les ferai connaître dans un instant, si vous le voulez bien; en attendant, soyez assuré qu'elles n'ont en vue que votre intérêt.

Il reprit sa lecture :

— Madame votre mère avait pour frère unique messire Jean-Hyacinthe Meillon, décédé prêtre desservant de Meuville?

— Oui.

— Et vous, monsieur, vous êtes aussi fils unique né du mariage de votre père et de votre mère?

— J'ai eu un frère et une sœur qui sont morts jeunes.

— Enfin vous êtes seul habile à vous porter héritier de votre mère et de votre oncle?

— Je le crois.

— Cela est certain ; eh bien ! cette qualité va vraisemblablement vous mettre en possession d'un héritage... important.

Jusque-là, Bonnet avait écouté toutes ces questions avec une impatience visible, mais à ces mots « un héritage important », sa physionomie et son attitude changèrent.

— Veuillez donc vous asseoir, dit-il à Caffié qu'il avait laissé debout, afin d'être débarrassé plus vite de ce fâcheux : maintenant ce n'était plus un fâcheux qu'il voyait dans ce bonhomme, qu'au premier abord on pouvait prendre pour un vieux coquin : si peu âpre qu'on soit à l'argent, on n'entend pas parler d'un « héritage important » sans curiosité et sans émotion, — hériter, n'était-ce pas devenir le mari de Julienne?

— Avez-vous quelquefois entendu parler, par madame votre mère ou par monsieur votre oncle, commença Caffié, d'un certain Meillon (Hyacinthe-Jean), les mêmes prénoms que votre oncle, remarquez-le, mais dans un ordre différent, qui s'embarqua, à la fin du siècle dernier, pour La Floride?

— Non, jamais.

— Votre ignorance ne m'étonne pas : ce Meillon (Hyacinthe-Jean) était un assez mauvais sujet, au moins en sa jeunesse, et dans les familles on ne parle pas volontiers des mauvais sujets : cela est d'observation courante, n'est-il pas vrai ?

Comme Caffié s'était arrêté, Bonnet dut faire un signe affirmatif pour qu'il continuât.

— Ce mauvais sujet, en France, fut un aventurier habile et hardi en Amérique où il amassa une belle fortune. Il mourut laissant un enfant, une fille qui elle-même décéda intestat, sans enfants et sans héritiers connus. Voilà donc une succession importante en déshérence. C'est ma profession de m'occuper des successions en deshérence et de rechercher, moyennant une honnête rémunération, c'est-à-dire un tant pour cent, les héritiers habiles à recueillir ces successions, dont, sans mon ministère, ils ne connaîtraient jamais l'existence. C'est ainsi que je fus amené à m'occuper de cette succession Meillon et à rechercher les héritiers qui pouvaient avoir des droits à faire valoir sur elle. Les recherches furent longues et difficiles : tout ce que je savais de Meillon (Hyacinthe-Jean), c'est qu'il était venu en Amérique sur un navire de La Rochelle; renseignement bien vague, vous le voyez ; mais enfin il a suffi après des investigations, dont le récit vous intéressera, j'en suis certain, quand j'aurai le temps de vous le faire détaillé, à me mettre sur la trace de Jean-Hyacinthe Meillon, décédé à Meuville, votre oncle, et sur celle de Rosalie-Jeanne Meillon, épouse Bonnet, c'est-à-dire sur la vôtre, et me voici auprès de vous.

Bonnet avait écouté ce récit sans admettre un seul instant qu'il pouvait n'être pas d'une entière vérité. Pourquoi n'eût-il pas été vrai ? Il ne voyait pas quel intérêt le vieux brave homme pouvait avoir à le tromper ; l'annonce d'une fortune ne dispose ni au doute, ni à l'incrédulité, ni à la malveillance; le fâcheux et le vieux coquin s'était changé en un vieux brave homme.

D'ailleurs, si des doutes s'étaient présentés à son esprit, Caffié les eût dissipés par la demande qu'il lui adressa :

— Vous voudrez bien remarquer, monsieur, que j'ai procédé avec une complète sincérité, sans aucunes précautions, sans finasseries, sans porte de derrière, comme il convient lorsqu'on a l'honneur de traiter une affaire avec un officier français.

Décidément, le vieux brave homme était un galant homme; Bonnet salua.

— J'aurais eu affaire au premier venu que bien certainement je n'aurais pas ainsi livré tous mes renseignements, j'aurais agi moins simplement, avec plus de prudence, comme agissent mes confrères et comme j'agis d'ailleurs moi-même dans les cas ordinaires, car ils ne sont pas rares les héritiers qui, mis en possession d'un héritage, ne pensent qu'à frustrer l'intermédiaire qui le leur a fait obtenir, de sa juste rémunération. Avec un officier français, cette prudence eût été une injure.

Caffié salua à son tour, puis il continua :

— Vous ne trouverez donc pas mauvais que maintenant nous parlions de cette rémunération et que nous en fixions le quantum.

— Rien de plus juste.

— Nous allons donc, si vous le voulez bien, signer un petit arrangement à ce sujet, que j'ai préparé d'avance.

Et Caffié présenta à Bonnet ce petit arrangement qui stipulait en sa faveur une remise de huit pour cent sur le montant de la succession à recueillir, — pour ses soins, démarches et déboursés.

— Ils ont déjà été gros ces déboursés, elles ont été longues et délicates ces démarches.

— Mais quel est le montant de cette succession ? interrompit Bonnet impatient.

— Plus de trois millions.

Bonnet eut un éblouissement.

— Malheureusement, continua Caffié, je ne crois pas que nous puissions en tirer plus de deux millions ou de quinze cent mille francs ; nous rencontrerons des difficultés et l'envoi en possession pourra tarder.

— Qu'appelez-vous tarder ? demanda Bonnet, qui venait de voir les quinze cent mille francs étalés sur sa table.

— Quelques mois, une année peut-être. Vous savez quelles lenteurs on rencontre à l'étranger ; et puis, je vous avoue que je n'ai pas encore toutes les pièces qui constatent que vous avez seul droit à cette succession.

Tout en parlant, Caffié suivait l'effet de ses paroles sur le visage de Bonnet ; ces derniers mots amenèrent un mouvement de déception qui ne lui échappa point.

— Vous comprenez, mon cher monsieur, que je ne négligerai rien pour hâter votre envoi en possession, car j'y suis intéressé comme vous, plus que vous-même ; vous êtes jeune, moi je suis vieux.

Comme Bonnet ne pouvait pas dire que c'était précisément parce qu'il était jeune et amoureux qu'il tenait à entrer en possession de cet héritage le plus vite possible, il ne dit rien.

— Sans doute, continua Caffié, il est regrettable que vous n'ayez pas tout de suite la libre disposition de cette fortune, mais ce n'est qu'un retard, je vous l'affirme ; je ne suis pas venu vous donner une fausse joie et pour vous prouver quelle est ma foi en vos droits, je mets dès aujourd'hui à votre disposition les sommes dont vous pouvez avoir besoin pour des exigences immédiates.

Il prit son air bonhomme.

— Il serait vraiment cruel de rester dans l'embarras pour quelques petites dettes, alors qu'avant un an vous disposerez d'une belle fortune, qui, dès maintenant, vous appartient. Il n'y a pas qu'au service de l'Autriche que le militaire n'est pas riche.

— Je n'ai pas de dettes.

— Eh bien! mon cher monsieur, il faut en faire ; c'est bien de n'avoir pas de dettes quand on est pauvre ; mais quand on est riche ce serait naïf.

Ouvrant son portefeuille, Caffié en tira quelques billets de banque qu'il étala sur la table en les froissant comme s'il voulait que la tentation entrât à la fois par les yeux et les oreilles dans le cœur de Bonnet.

— De combien croyez-vous avoir besoin? demanda-t-il.

— De rien. Je vous remercie.

— Mon cher monsieur, ne faites pas de cérémonies avec moi, je vous en prie ; cet argent est le vôtre ; je vous fais une simple avance que je retiendrai plus tard, et ce plus tard, c'est peut-être bientôt ; si j'ai dit que l'envoi en possession n'aurait pas lieu avant quelques mois ou avant un an, c'est par exagération de scrupules, pour que vous ne me reprochiez pas de vous avoir trompé.

Et de nouveau il agita les billets de banque ; mais ce fut inutilement. Bonnet ne se laissa pas tenter. Assûrement il croyait à cet héritage, à son héritage; il croyait à la bonne foi de Caffié; mais la fortune qui lui tombait du ciel ne l'affolait pas au point de lui faire oublier sa peur et son horreur des dettes. Ce ne serait que dans quelques mois, dans un an peut-être, qu'il disposerait de cette fortune; eh bien! il attendrait.

Ce fut en vain que Caffié déploya son éloquence, et persista dans ses offres, Bonnet persista dans son refus :

— Laissez-moi vous dire, mon cher monsieur, que cela n'est pas sage : à votre place j'aurais voulu m'habituer progressivement à la fortune, et ne pas passer brusquement de la gêne à l'opulence.

— Je m'y habituerai en imagination.

— Voilà au moins une bonne parole, la parole d'un homme avisé : j'en ai vu des fils de famille passer instantanément, par la mort de leurs parents qui leur tenaient serrés les cordons de la bourse, de la misère à la richesse, et ils se ruinaient.

— Je ne crois pas que ce soit mon cas.

— Le meilleur moyen de prévenir ce danger, c'est, comme vous le disiez, de vous habituer à la fortune en imagination, d'arranger votre nouvelle existence, de combiner vos dépenses, de rêver les plaisirs que vous vous offrirez. Enfin, mon cher monsieur, il ne m'appartient pas de vous donner des conseils, et j'espère que vous ne verrez dans mes paroles que le témoignage de la bien vive sympathie que vous m'inspirez : je n'imaginais pas qu'on pût rester si bien maître de soi en face de la fortune.

Caffié dut réintréger dans son portefeuille les billets qu'il en avait tirés, ce qu'il fit d'un air de regret, en expliquant à Bonnet comment il allait procéder pour se procurer les dernières pièces qui lui étaient nécessaires : il ne perdrait pas un jour, pas une heure, et chaque fois qu'il obtiendrait un résultat nouveau ou qu'il rencontrerait une difficulté — mais les difficultés n'étaient pas à craindre — il écrirait : on pouvait compter sur son exactitude.

Si Bonnet était resté maître de soi devant Caffié, il s'abandonna au transport de joie qui le soulevait quand le vieil homme d'affaires fut parti.

Deux millions! quinze cent mille francs !

Il marchait par sa chambre sans savoir ce qu'il faisait ; tout à coup ses yeux tombèrent sur le cahier où il écrivait sa traduction allemande qui, depuis dix mois, lui donnait tant de mal, il le prit et le lança au plafond : — Ce n'était plus maintenant qu'il avait besoin de se jeter à corps perdu dans un travail absorbant — maintenant Julienne était à lui.

III

Bonnet fit comme Caffié le lui avait conseillé, il arrangea la nouvelle existence que la fortune allait lui donner.

Sur les deux points principaux rien n'était plus

simple : il restait officier et il devenait le mari de Julienne.

Il aimait assez sa profession pour ne pas l'abandonner le jour où il n'en avait plus besoin pour vivre ; et il aimait assez Julienne pour que l'idée ne se présentât même pas à son esprit qu'avec ses deux millions il pouvait épouser une femme plus riche qu'elle ; il avait été trop pauvre pour elle, il ne serait pas trop riche.

Mais ce n'était pas tout de régler ce qu'il ferait plus tard, lorsqu'il serait mis en possession de son héritage, il fallait aussi décider ce qu'il y avait à faire dès maintenant : devait-il tout de suite s'expliquer franchement avec Julienne ? Ou bien n'était-il pas mieux d'attendre.

Attendre ! C'était le mot dont sa vie avait été faite jusqu'à ce jour. Que n'avait-il pas attendu depuis dix ans, ayant toujours les raisons les plus fortes pour rester immobile et se taire, alors que tant d'autres le poussaient à agir et à parler.

Devait-il en être ainsi maintenant ? Ne pouvait-il pas, au lieu d'attendre, s'ouvrir immédiatement à Julienne.

Lorsque son premier trouble de joie fut passé, il essaya d'examiner froidement ces questions.

Bien des raisons le poussaient à cette ouverture immédiate ; il donnait satisfaction à son amour ; il en finissait avec l'attitude réservée, gauche et ridicule qui depuis si longtemps, était la sienne ; il ne s'exposait pas à ce que Julienne qui ne devait rien comprendre à cette attitude, acceptât un beau jour Jactat ou un autre mari; — une seule le retenait, et cependant ce fut celle-là qui l'emporta.

Si bizarre que fût la démarche de Caffié, si surprenant que fût l'héritage qui lui arrivait sans qu'il eût jamais entendu parler de ce Meillon de la Floride, il ne mettait pas en doute la sincérité de l'homme d'affaires pas plus que la réalité de son héritage. Pourquoi eût-on voulu le tromper? il ne le voyait pas. Tous les jours, ou si ce n'est tous les jours quelquefois au moins, ces héritages miraculeux, ne viennent-ils pas enrichir des pauvres gens, qui n'y pensaient guère, et devaient mourir comme ils avaient vécu, misérablement.

Il avait entendu raconter des histoires de ce genre, et une fois, en chemin de fer, il avait voyagé avec un de ces agents en héritage, à la recherche d'héritiers. Tout cela ne suscitait donc aucun doute en lui, pas plus que le gain du bon numéro de la loterie, ou d'un gros lot des obligations de la ville de Paris, n'en eût suscité s'il avait eu des billets de loterie, ou des obligations quelconques; c'était étonnant, c'était prodigieux, mais enfin c'était possible.

Ce qui l'inquiétait, c'était seulement l'entrée en possession de cet héritage. « Nous rencontrerons des difficultés. » Il faudrait engager des procès peut-être. Combien dureraient-ils? Comment se termineraient-ils? Tous les procès, même les meilleurs sont perdables.

Dans ces conditions, pouvait-il aller trouver Julienne et lui dire franchement : « Je vous aime, je vous aime depuis que je suis arrivé à La Feuillade; si, jusqu'à ce jour, j'ai retenu cet aveu que vous avez vu bien des fois sur mes lèvres, c'est parce que je n'étais qu'un pauvre diable sans le sou, et que ma dignité m'empêchait de parler, mais je viens d'hériter de deux millions et je vous demande d'être ma femme. » Que répondrait-il si le notaire de Julienne prouvait que ces deux millions se réduisaient à une espérance, ou même à un procès qui n'avait que peu de chance d'être gagné, il serait perdu. Ne pourrait-on pas alors l'accuser d'avoir spéculé sur des espérances chimériques, ne pourrait-on pas croire, ne pourrait-on pas dire qu'il savait très bien que ce procès serait perdu, et que c'était cette certitude qui l'avait fait se marier avec une fille riche, avant que le jugement fût rendu.

Il ne devait donc pas plus parler de ces millions comme s'il les avait entre les mains, qu'il n'avait dû parler des quelques centaines de mille francs que vaudrait un jour la lande de son père; les uns et les autres étaient bien en l'air.

Mais s'il ne pouvait pas les annoncer comme certains et de façon à baser dessus sa demande en mariage, au moins pouvait-il les présenter à Julienne comme probables en lui laissant entendre que le jour où il n'aurait plus à craindre de les voir lui échapper, il en dirait davantage.

Après les représentations de quatre ou cinq vaudevilles et d'une dizaine de monologues qui les avaient réunis pendant l'hiver chez madame de Bosmoreau, les parties de lawn-tennis et de croquet avaient repris avec la belle saison, malgré Esparbarinque qui soutenait que la comédie pouvait se jouer tout aussi bien l'été que l'hiver, et qu'un théâtre dans le cloître serait tout à fait « ravissant. » C'étaient toujours les mêmes fidèles : Derodes, Cholet, Vézin, Carrelet, M. de Rosseline, le sous-préfet et sa femme, de temps en temps le lieutenant-colonel et la baronne très occupée maintenant par des leçons de diction qu'elle prenait de Béral, et rarement, très rarement Drapier brouillé avec Derodes; quant à madame Drapier, on ne la voyait plus et son mari disait qu'elle était prise par sa petite fille, très fatiguée et même un peu souffrante.

L'intimité qui s'était établie pendant cet hiver entre ces personnes avait changé le caractère de ces réunions; elles s'étaient faites familières : plus d'invités, des amis. Un moment on s'était même demandé dans la ville si Derodes n'allait pas épouser Agnès et Bonnet Julienne, puis ces mariages ne se réalisant pas, les bavardages sans cesser avaient pris un autre cours : n'était-elle pas étrange cette familiarité entre des officiers et des jeunes filles; qu'en résulterait-il, lequel était le préféré? Jamais madame Collas, qui savait tout et disait tout, ce qu'elle savait comme ce qu'elle inventait, n'avait été écoutée avec autant de curiosité; quelquefois on la recherchait; on l'interrogeait.

Bien que Bonnet se tînt toujours dans une réserve très grande avec Julienne, cette intimité avait cependant rendu forcément leurs relations moins cérémonieuses; aussi le lendemain de la visite de Caffié put-il lui dire naturellement qu'il voudrait bien l'entretenir un moment en particulier.

— Allons dans le cloître, puisque c'est le lieu choisi pour les confidences.

Elle dit cela assez légèrement, mais en réalité elle était surprise et même un peu émue.

— J'ai reçu hier une étonnante visite, dit-il, et je veux vous en faire part pour que si ce qu'on m'annonce se réalise jamais, vous ne m'accusiez pas de cachotterie.

— Et que vous a-t-on annoncé de si étonnant; est-ce bon au moins ?

— Oh ! très bon, si prodigieusement bon que cela en est invraisemblable; ma vie peut en être complètement changée; de triste et solitaire qu'elle est, sans autre espérance que les satisfactions de mon métier, elle peut devenir la plus heureuse, la mieux remplie.

— Dites donc vite, s'écria-t-elle ! car pendant qu'il parlait lentement en cherchant ses mots comme s'il avait peur d'en employer de trop vifs allant plus loin qu'il ne voulait, elle avait eu le temps de réfléchir et de comprendre que cette chose si étonnante ne pouvait être qu'un mariage ou un héritage, — ce qui, pour elle, était bien différent.

Alors il lui répéta l'histoire de l'héritage telle que Caffié la lui avait contée.

— Deux millions, dit-elle.

Son accent n'avait pas été celui de la joie, et ce fut avec une inquiétude presque évidente qu'elle ajouta :

— Deux millions. Oh! c'est beaucoup, c'est une belle fortune.

— Une fortune qui me ferait libre si tout cela était vrai..

— Libre de quoi, de quitter l'armée ?

— Quitter l'armée, jamais; abandonner mon métier parce que j'aurais de la fortune, ce serait une lâcheté, une honte.

— Alors, libre de quoi?

Il hésita un moment :

— Libre de diriger ma vie du côté qui me plaît, où je trouverais le bonheur.

— Et il vous faut deux millions pour cela ?

— Il me faut l'indépendance et l'égalité.

— L'égalité de deux millions ?

— Non, certes.

Des deux côtés les mots étaient partis involontairement, et ce fut par la réflexion qu'ils eurent l'un et l'autre conscience de ce qu'ils avaient dit.

— Quelle importance vous attachez à la fortune! reprit-elle. Quelle place tient-elle donc dans votre vie, dans vos déterminations, dans vos réflexions.

— Heureusement... pour vous, vous êtes riche, mademoiselle, et vous ne savez pas, vous ne pouvez pas savoir ce qu'est la fierté des misérables; combien ils sont ombrageux, craintifs, et comme cette fierté les rend gauches, maladroits, embarrassés, timides, sinon dans leurs pensées... au moins dans leurs paroles.

— Vous avez tort de croire que je ne comprends pas cela, c'est un sentiment très noble que je m'explique et que... j'admire ; à votre place il me semble que je serais comme vous.

— N'est-ce pas !

Ce fut presque un cri de soulagement, une sorte de

justification qu'il mit dans ce n'est-ce pas, elle ne le blâmait donc point de n'avoir pas parlé ; à sa place, elle eût fait comme lui. Les craintes qu'il avait eues si souvent qu'elle le trouvât ridicule ne reposaient sur rien. A sa place, elle eût fait comme lui. Elle savait qu'il l'aimait et elle trouvait que c'était à un sentiment de fierté très noble qu'il avait obéi en taisant son amour. Il fut resté dans sa position de misérable que le « je serais comme vous », eût été terrible en lui enlevant tout espoir. Mais avec cet héritage en perspective, c'était pour le passé qu'il pouvait se féliciter, il n'avait pas à prendre souci de l'avenir.

— Il est vrai, reprit-elle, qu'il ne faut pas exagérer ces exigences d'égalité ; je ne la vois pas là où vous la mettez ni aussi exclusivement que vous. Elle n'est pas surtout dans la fortune comme vous la placez. Elle est plutôt dans la position, l'éducation, les sentiments, les idées.

— Dans la position ? demanda Bonnet en insistant.

— Certainement dans la position ; on peut être de la même position et n'avoir pas une fortune égale ; on est du même rang, du même monde, et c'est cette égalité qui est indispensable, puisque c'est elle qui fait l'accord de la vie. Quoi qu'il en soit, je suis bien heureuse de la nouvelle que vous m'annoncez.

— Vous deviez être la première à l'apprendre... et la seule.

— Je suis plus heureuse encore de la confiance amicale que vous me témoignez.

— N'était-ce pas à vous que je devais en parler : votre jeunesse, votre grâce, votre beauté...

Elle leva la main comme pour l'interrompre, il continua :

— Et par-dessus tout votre bonté, vos attentions si ingénieuses dans leur spontanéité et par là si touchantes pour un homme qui n'avait été gâté ni par la vie, ni par personne, un abandonné, m'obligeaient à vous mettre de moitié dans mes espérances de bonheur.

Elle lui tendit les deux mains, et, avec un sourire rayonnant :

— J'y suis, dit-elle.

Ils restèrent ainsi assez longtemps, les mains dans les mains, les yeux dans les yeux, se souriant avec une franchise de bonheur que ni l'un ni l'autre ne pensait à dissimuler. Une situation nouvelle ne venait-elle pas de se créer par ces quelques paroles qui, sans rien dire de précis, avaient cependant tout dit.

IV

Julienne ne crut pas commettre une indiscrétion, contraire aux intentions de Bonnet, en apprenant cette étonnante nouvelle à Agnès, quand celle-ci lui demanda en riant ce qu'ils avaient pu se dire pendant tout le temps où ils étaient restés en tête à tête dans le cloître.

— Une chose extraordinaire qui va te surprendre..

— Il s'est décidé à te dire qu'il t'aimait, interrompit Agnès avec moquerie.

— Non.

— C'est cependant ce qui aurait pu me surprendre le plus.

— Tu n'auras pas seulement de la surprise, tu auras aussi des regrets.

— Je n'y suis pas du tout, dis ta nouvelle.

— Eh bien, il hérite de deux millions ; tu vois que tu aurais pu le prendre pour mari quand je te le proposais et que tes rêves de fortune se seraient accomplis.

— Il t'aimait.

— Je ne savais pas alors qu'il dût m'aimer un jour, et le jugeant à ce moment ce que depuis l'expérience nous a montré qu'il était réellement, j'aurais voulu qu'il devînt ton mari.

— Tu as pensé à moi avant de penser à toi.

— N'est-ce pas naturel, je voyais en lui un mari désirable, je voulais qu'il fût le tien.

— Et il sera tien. Où prends-tu les regrets que je dois éprouver : tout n'est-il pas pour le mieux?

— Je trouve en lui une certitude de bonheur pour la femme qu'il épousera, que je n'aperçois pas en M. Derodes.

— Tu n'es pas juste pour M. Derodes.

— A qui la faute? Il t'aime et il ne demande pas ta main.

— M. Bonnet aussi t'aime et il me semble que lui non plus ne demande pas ta main.

— C'est sa pauvreté qui l'en a empêché ; c'est une

noble fierté et elle ne peut inspirer que des sentiments d'admiration et de respect pour le silence qu'il s'est imposé.

— Que ce silence ait été admirable hier, je le veux bien, mais aujourd'hui, qu'est-il?

— Il n'est pas moins digne qu'il ne l'était hier : on lui a annoncé qu'il avait fait ce gros héritage, mais on ne le lui a pas encore remis; il attend qu'il l'ait aux mains pour parler.

— Puisque tu comprends si bien les raisons qui ferment les lèvres de M. Bonnet, pourquoi ne veux-tu pas comprendre celles qui obligent M. Derodes à attendre; l'un est paralysé par la pauvreté, l'autre l'est par la fortune; ce n'est pas du jour au lendemain qu'il peut amener ses parents follement orgueilleux de leur richesse, à accepter une fille qui n'a rien.

— Il y a bientôt six mois que nous attendons la seconde visite de son père qui devait suivre de près la première.

— Sois tranquille, tu ne l'attendras pas longtemps maintenant.

— Combien de fois déjà m'as-tu dit cela!

— T'imagines-tu donc que ces retards ne sont pas une angoisse pour moi?

Ce cri était si ému que Julienne troublée et inquiète examina sa sœur :

— Tu me fais peur, dit-elle.

— Il n'y a pas de peur à avoir, mais il ne faut pas me reprocher des lenteurs qui me sont aussi... douloureuses qu'elles peuvent l'être pour toi.

— Tu vois M. Derodes sous un jour où je ne peux

pas, malgré tout ce que tu me dis et me répètes, le voir moi-même, car je le regarde à travers les changements qui se sont faits en toi, ta pâleur, les plis de ton front, ta gaieté perdue...

Agnès vint à sa sœur vivement, et lui mettant les deux mains sur ses yeux :

— Veux-tu bien ne pas me regarder ainsi, dit-elle en faisant un effort évident pour prendre un ton plaisant, tu vas me persuader que je suis devenue laide. Parle-moi plutôt de cet héritage.

Dire une chose à Agnès, c'était la dire à Derodes : il y avait clair de lune ce soir-là, et comme toutes les nuits où l'ascension du rocher était possible, à minuit, il arrivait dans le cloître où depuis, la belle saison, Agnès l'attendait quand il devait venir. Pendant les deux heures qu'ils passèrent ensemble, elle eut le temps de lui raconter l'histoire de l'héritage de Bonnet. Derodes fut abasourdi, mais il ne souleva aucune objection et ne manifesta aucun doute, ce qu'il n'aurait pu faire qu'en parlant de Caffié et en disant quelle part il avait dans cette histoire.

Deux millions! Caffié avait persuadé Bonnet de la réalité de cet héritage. Qui diable pouvait bien se cacher sous cette invention extraordinaire? Caffié tel qu'il le connaissait, n'était pas homme à se donner tant de peine, pour un résultat médiocre, et c'en eût été un que combiner cette machine compliquée pour arriver simplement, à prêter quelques milliers de francs à Bonnet. Il y avait autre chose. Mais quoi? Là était le mystérieux. Il fallait s'attendre à quelque chose de drôle, et pour lui, l'amusant était que par Agnès, il saurait ce qui se passerait.

La physionomie de Bonnet allait être intéressante à étudier; on pourrait s'amuser de lui, et le faire poser.

C'était ce que Derodes aimait par-dessus tout, faire poser ses camarades, et s'amuser d'eux; il s'offrit cette récréation, dès le lendemain au déjeuner.

— Vous avez l'air bien impatient aujourd'hui, dit-il tout à coup à Bonnet qui avait appelé deux fois la bonne.

— Et pourquoi serais-je impatient? répliqua Bonnet avec raideur.

— Je ne vous le demande pas; je constate votre impatience sans en chercher la cause.

— Et en quoi cela peut-il vous intéresser que je sois ou ne sois pas impatient?

— En rien du tout.

Et ils se regardèrent en chiens de faïence comme cela arrivait souvent, car leurs rapports, loin de s'améliorer à mesure qu'ils s'étaient mieux connus, avaient pris un caractère d'hostilité presque déclarée qui, plus d'une fois, avait obligé Hoctrue à intervenir entr'eux avec son autorité de chef de calotte : Derodes reprochait à Bonnet l'air de supériorité qu'il ne se donnait qu'avec lui et sa fierté dédaigneuse; il lui en voulait aussi de ne pas subir le prestige de sa fortune ; de son côté Bonnet voyait en Derodes un incapable, un inutile, un homme gâté par la fortune qui abaissait leur profession, dont il était indigne par sa paresse et ses préoccupations mondaines, et de plus il ne lui pardonnait pas l'attitude compromettante qu'il prenait avec Agnès comme à plaisir, par gloriole, par fatuité. A chaque instant il y avait des piques entr'eux qu'Hoctrue surveillait, car il mettait son honneur à ce qu'il n'y eût pas de querelles à la table qu'il présidait.

Deux jours après, ce fut une observation sur la belle humeur de Bonnet que Derodes essaya, puis quelques jours après, encore une autre sur sa préoccupation; évidemment, l'affaire avec Cafflé passait par des phases variées, des bonnes et des mauvaises.

La première lettre que Bonnet avait reçue de Cafflé était pleine d'assurances de succès; la seconde, arrivée peu de temps après la première, était moins affirmative, et laissait pressentir que des difficultés pourraient se présenter à propos de la généalogie des Meillon; il s'agissait de savoir si la branche vendéenne que Bonnet représentait était à un degré plus rapproché qu'une autre branche, qui habitait le pays basque; Cafflé n'avait pas de doutes à ce sujet et même il avait si grande foi dans le succès final, qu'il insistait sur ses offres d'argent. Un silence s'était fait, puis une nouvelle lettre avait accentué les craintes de Cafflé : les Meillon du pays basque paraissaient redoutables; et, cette fois, il n'offrait pas d'argent, il fallait attendre, peut-être serait-il obligé d'aller à Bayonne; en revenant, il passerait par La Feuillade.

Comme Bonnet avait dit à Julienne que le règlement de cet héritage semblait devoir prendre plusieurs mois et peut-être même une année, il lui était possible de ne pas parler de ces lettres de Cafflé et des angoisses qu'elles lui causaient; mais pour être cachées, ses angoisses n'étaient pas moins vives : n'aurait-il mis la main sur la fortune que pour la voir lui échapper au moment même où il croyait la saisir; mieux eût valu rester dans la misère sans espoir d'en sortir jamais; son imagination s'était habituée à la fortune comme son cœur s'était habitué au bonheur.

Une après-midi, il vit entrer Caffié dans sa chambre, la tête basse, l'air désolé.

— Eh bien ?

— Eh bien, mon cher monsieur, j'arrive de Bayonne; ce sont les Meillon du pays basque qui incontestablement héritent; nous nous sommes trompés, j'ai été trompé par une lacune dans la généalogie. Tenez, voyez vous-même.

Et Caffié étala une grande feuille de papier toute couverte d'accolades et de barres avec des dates et des noms écrits çà et là.

— C'est inutile, dit Bonnet en repoussant ce tableau généalogique des Meillon.

— Je comprends que la déception soit dure pour vous, mon cher monsieur, je la partage; depuis Bayonne jusqu'ici, ma parole d'honneur, je n'ai cessé de penser à vous... ce pauvre jeune homme, ce brave officier !... Permettez-moi de vous dire que j'ai conçu pour vous une grande estime et que le coup qui vous frappe m'atteint aussi douloureusement. C'est pour cela que j'ai tenu à venir moi-même au lieu de vous écrire. En chemin de fer, une idée... providentielle, j'ose le dire, m'a surgi dans l'esprit, inspirée à coup sûr par la sympathie. Certainement je ne peux pas vous rendre les deux millions que vous perdez, mais enfin je puis atténuer la violence de ce malheur.

— Je n'ai pas besoin d'argent, je vous remercie.

— Vous vous méprenez, mon cher monsieur, vous vous méprenez; ce n'est pas d'un prêt qu'il s'agit, c'est... d'un mariage, dont l'idée m'est venue justement en chemin de fer, quand je pensais à vous, et à votre déception.

— Un mariage!

— Il faut que vous sachiez, mon cher monsieur, que je ne m'occupe pas seulement de successions, je gère aussi les propriétés et les affaires de quelques personnes qui ont confiance en moi. Parmi ces personnes il s'en trouve une heureusement, — c'est le cas de le dire, qui a une fille en âge d'être mariée: jeune fille accomplie, élevée dans un couvent à la mode, belle, spirituelle, toutes les vertus, et ce qui ne gâte rien, deux cent mille francs de dot en espèces qui seront comptés le jour du contrat.

Bonnet qui tout d'abord n'avait pas prêté attention aux paroles de Caffié, les écoutait maintenant en l'examinant. Le front plissé, les sourcils abaissés, dans l'attitude d'un homme qui cherche à pénétrer et à comprendre une chose cruelle.

— Et cette jeune personne accomplie? demanda-t-il d'un ton de voix qui surprit Caffié.

— Vous la verrez quand vous voudrez, et je suis sûr qu'elle produira sur vous une impression d'enchantement

— Je vous demande ce qu'elle est, ce qu'est sa famille.

— Sa mère est une artiste du plus grand talent qui s'est acquis une belle réputation au théâtre. Vous savez ce qu'est le théâtre! Bref, je vous l'avoue, il y a une paille dans la naissance. Mais cela ne détruit pas la beauté de la jeune fille, ni ses vertus, ni ses deux cent mille francs. La mère qui adore sa fille ne la verrait que quand le mari le permettrait, elle comprendrait, je vous en donne ma parole, les scrupules d'un officier, c'est une femme fort intelligente, tout à fait supérieure.

— Et c'est elle qui a eu l'idée de cette comédie?

— Comédie! Quelle comédie?

— Celle que vous êtes venu jouer auprès de moi en me parlant d'un héritage qui n'a jamais existé afin d'exciter ma convoitise, en me proposant de l'argent afin de m'endetter et de me lier à vous; celle que vous jouez en ce moment en m'offrant un mariage que, dans la folie de la déception je dois accepter, vous imaginez-vous?

— Mais, mon cher monsieur.

— Sortez d'ici, misérable! et à ceux de vos pareils qui vous raconteront que dans leurs agences on a marié des officiers français avec des malheureuses comme la vôtre, dites que vous en avez rencontré un qui vous a chassé à coups de bottes. Sortez!

Courbant les épaules, Caffié sortit au plus vite.

V

Quand le bruit des pas précipités de Caffié se fut éteint dans l'escalier, ce fut contre lui-même que Bonnet tourna sa colère.

Pouvait-on être plus niais, plus maladroit, plus crédule et plus imprudent qu'il ne l'avait été en cette affaire.

Comment ne s'était-il pas tenu en garde contre ce vieux coquin à la mine patibulaire qu'il avait eu la bêtise de prendre pour un brave homme au moment où il avait été question de cet héritage.

Comment avait-il pu être assez naïf pour croire à cet héritage miraculeux et assez imprudent pour aller conter tout de suite cette histoire à Julienne.

Qu'il n'en eût parlé à personne il en serait quitte pour sa déception et la punition suffirait, mais maintenant il était ridicule et justement pour celle dont le jugement lui tenait le plus au cœur.

Qu'allait-elle penser de lui quand il serait obligé de raconter le dénouement de cette histoire comme il en avait raconté le commencement, — honteux et non plus glorieux, désespéré et non plus plein de confiance et d'assurance.

Car c'était là ce qu'il y avait de grave et de terrible, en parlant avec cette hâte maladroite, il avait si bien arrangé les choses que Julienne était perdue : « Pour diriger sa vie du côté où il devait trouver le bonheur, il lui fallait l'indépendance et l'égalité »; il avait pris soin de préciser ses exigences en traçant sa ligne de conduite de telle sorte qu'il ne pouvait pas s'en écarter ; et cela avait été si bien compris que Julienne non plus ne pouvait pas revenir sur ce qu'elle avait dit : « Je m'explique et j'admire le sentiment très noble auquel vous obéissez, à votre place je serais comme vous. »

De part et d'autre ils étaient bien liés, et c'était lui-même qui, de ses propres mains avait eu l'intelligence de se mettre la corde au cou.

Comment revenir sur cette fière déclaration ? Il n'en voyait pas le moyen et ne se sentait pas capable de cette lâcheté; c'était fini, à jamais fini, elle était perdue pour lui et perdue par sa propre faute ; toutes ses belles espérances, ses rêves de bonheur auraient duré quelques jours, quelques semaines.

A la vérité il pouvait, en taisant la visite de Caffié, prolonger la situation que sa confidence avait créée ; il verrait encore comme il le voyait depuis ce jour l'aimable sourire de Julienne venir à lui aussitôt qu'il arriverait et l'envelopper tendrement ; il entendrait encore les douces intonations qu'elle ne prenait qu'en lui parlant; mais lui comment répondrait-il, comment la regarderait-il ; s'il avait la force de la tromper, il ne se tromperait pas lui-même; c'en était fait de cette intimité et de cet accord de deux fiancés de cœur, qui s'aiment sans s'être encore avoué leur amour, mais en se le disant à chaque instant avec tout ce qui peut parler en eux, le regard, le sourire, l'accent, le silence, tout excepté les lèvres.

Il fallait donc qu'il confessât la vérité; la cacher n'était digne ni d'elle, ni de lui. Mais à cette pensée une lâcheté le prit, et il se réfugia dans le grand moyen des timides et des honteux : il écrirait. Justement son camarade Cholet, attaché en ce moment à la revision de la carte avec des officiers de l'état-major, venait de se blesser au pied ; il le remplacerait, et cela lui fournirait une occasion pour quitter La Feuillade pendant quelques jours en même temps qu'un prétexte pour écrire. Tout de suite il courut chez Cholet, qui gardait la chambre ; il arrangea cette affaire avec lui ; puis, après l'avoir fait régulariser, en rentrant, il écrivit sa lettre :

« Mademoiselle,

» J'ai le regret de ne pouvoir pas assister, demain,
» à votre réunion. Je remplace mon camarade Cholet
» qui s'est donné une foulure, et je pars pour la
» campagne. L'homme d'affaires qui m'avait entre-
» tenu de cet héritage... invraisemblable, vient de
» revenir et de m'apprendre que je n'y avais aucun
» droit. Voilà donc mes beaux rêves évanouis, il n'en
» restera qu'un souvenir qui, désormais, emplira ma
» vie.

» Veuillez croire, mademoiselle à mon inaltérable
» attachement.

» HENRI BONNET. »

Le lendemain matin, à huit heures, il se rendait à

la gare pour prendre le train et il rencontrait madame Collas qui, de loin, l'interpellait.

— Où allez-vous, M. Bonnet?

— A Dex.

— Moi aussi ; comme ça se trouve ; vous allez m'aider à arrimer mes colis.

Et avec sa prolixité ordinaire elle lui raconta qu'elle voulait faire à des amis qu'elle avait aux environs de Dex la surprise de déjeuner avec eux; c'étaient les meilleurs gens du monde ; seulement on ne trouvait jamais rien à manger chez eux; alors elle leur portait ce qu'il fallait pour ne pas mourir de faim, — ce qui constituait ses colis : un melon, des écrevisses vivantes qui grouillaient dans un panier avec des bruits rauques, un concombre long d'un mètre, un bocal de cerises à l'eau-de-vie, et une immense tarte aux groseilles.

— C'est une chance que je vous rencontre, je crois que j'aurais été un peu embarrassée.

Ce fut Bonnet qui se trouva terriblement embarrassé quand elle lui eut mis le concombre sous le bras, et dans les mains le melon, le bocal et la tarte.

Elle ne garda que les écrevisses, son chien, son parasol et un fichu de précaution.

Il fallut qu'il montât dans le même compartiment qu'elle, et comme on les laissa seuls, madame Collas put causer librement :

— Comment trouvez-vous Agnès? demanda-t-elle.

— Mais charmante, répondit Bonnet surpris de la question, bien qu'avec madame Collas, femme gendarme, femme à barbe, à l'allure de tambourmaître, il fallût n'être surpris de rien, et s'attendre à tout.

— Je pense bien pardi ; vous êtes tous comme ça ; elle est charmante cette poupée blonde, c'est même ce que dit le commandant parlant à ma personne ; ce n'est pas ça que je vous demande ; n'avez-vous pas remarqué des changements en elle.

Il avait à la vérité remarqué certains changements dans Agnès, mais il ne jugea pas à propos d'en convenir.

— Pas du tout.

— Alors, vous n'y voyez pas ; vous n'avez pas remarqué qu'elle a pâli, ses yeux sont battus, elle a la figure tirée ; elle a perdu sa fleur... la fleur de ses joues ; je ne dis jamais que ce que je sais ; et puis, elle a l'air sombre, préoccupé, ça ne va pas ; et il ne faut pas être astronome pour voir ce qui ne va pas, c'est son mariage ; elle a voulu se faire épouser par M. Derodes qui ne veut pas d'elle. Drôle d'idée chez une fille sensée. En voilà un qui ne me plaît pas M. Derodes, avec ses manières de vous regarder, comme s'il voyait sur vous des chenilles ou une araignée ; mauvais soldat. Et puis vous savez ce n'est pas un galant homme : il se conduit de telle sorte avec mademoiselle de Bosmoreau qu'elle est désormais une jeune fille perdue.

C'était l'habitude de laisser madame Collas vider son sac aux médisances et aux calomnies sans l'interrompre, car alors elle en ouvrait un nouveau ; mais Bonnet ne fut pas assez calme pour ne pas protester : n'eût-il pas eu pour cette poupée blonde une très vive affection qu'elle était la sœur de Julienne ; mais avec son ton de gendarme, madame Collas lui coupa la parole.

— Vous ne me soutiendrez pas qu'un jeune homme tel que M. Derodes ne va pas assidûment chez une jeune fille sans qu'il se passe entre eux des choses... Vous êtes là à me regarder ; je ne vais pas vous les dire ; voyez si ces choses ne sont pas écrites sur le visage de cette petite... de cette poupée. Tout le monde en parle dans La Feuillade, c'est un scandale que M. Derodes se plaît à aggraver par son attitude et ses propos. Vous qui êtes familier dans la maison, vous devriez en avertir la mère ou plutôt la sœur aînée, qui est assez simple, j'en suis sûr pour ne rien voir.

— Moi, madame ! s'écria Bonnet interdit autant qu'indigné.

— Vous savez, ça m'est égal, vous ferez ce que vous voudrez. Au reste, ça va bien à La Feuillade en ce moment : je voudrais savoir ce que vous dites à votre pension de la baronne et de son élève du Conservatoire.

— Nous n'en parlons pas.

— Elle appelle ça prendre des leçons de diction : je voudrais bien savoir quel est des deux celui qui donne la leçon à l'autre ; j'avais entendu dire que les élèves femmes du Conservatoire ne valaient pas grand'chose, mais je ne savais pas que les hommes faisaient le même métier.

Bonnet voulut interrompre ces bavardages ; il mit

le nez à la portière et regarda le paysage qui défilait devant eux :

— Je crois que nous allons avoir de l'orage, dit-il.

— Nous verrons bien. A propos, pourriez-vous me dire ce que madame de La Genevrais va faire tous les matins, à neuf heures, dans la campagne. En voilà une, n'est-ce pas, sur le compte de laquelle il semble qu'on ne puisse rien trouver ; eh bien ! elle va tous les matins dans la campagne à neuf heures.

— Peut-être se promène-t-elle, dit Bonnet avec un sourire moqueur.

— Vous croyez ça ; vous croyez aussi, n'est-ce pas, que c'est madame Bontemps qui paie avec la solde de son mari et les intérêts de sa dot — simplement réglementaire, les chapeaux à plume, les robes de velours, les fourrures, les bijoux avec lesquels elle nous assassine ; eh bien ! alors, dites-moi, je vous prie, ce que fait M. Montariol dans ce ménage d'où il ne démarre pas ; il est riche lui.

La locomotive siffla ; on allait arriver à Dex ; il était temps ; un quart d'heure de plus et toutes les femmes du régiment étaient passées au fil de la langue de madame Collas, une demi-heure, toutes celles de la ville suivaient.

Bonnet respira ; cependant, il n'était pas libéré.

— J'espère que je vais trouver à la gare quelqu'un pour m'aider à porter mes vivres, dit la commandante.

Mais à la gare ce quelqu'un ne se trouva pas.

— Êtes-vous galant? demanda-t-elle à Bonnet.

Il fallait bien qu'il le fût ; il reprit son chargement :

le concombre sous le bras, le melon dans une main, la tarte dans l'autre, et il suivit madame Collas, décidée comme elle le disait, à faire au pas accéléré les deux kilomètres qui séparaient la gare de la maison de ses amis.

Lorsqu'ils arrivèrent à cette maison, au haut d'une montée raide et ensoleillée, elle voulut bien le remercier :

— Vous êtes un bon garçon, M. Derodes n'en aurait pas fait autant que vous. A propos de M. Derodes, pensez à ce que je vous ai dit : je vous donne ma parole que c'est sérieux.

Bonnet n'avait pas besoin de cette recommandation pour penser à Derodes et à Agnès ; les paroles de madame Collas ne lui révélaient pas une situation ignorée, mais elles lui révélaient la gravité de cette situation. Il n'y avait pas que de la méchanceté dans ces paroles, elles reposaient sur un fond de vérité. Oui, Derodes compromettait Agnès par son attitude et ses propos, et souvent même semblait-il que ce fût à plaisir ; il l'avait vu plus d'une fois, et plus d'une fois il l'avait entendu, mais il n'imaginait pas qu'on le voyait comme lui ; et voilà que madame Collas disait hautement au premier venu, criait par-dessus les moulins que c'était un scandale et qu'Agnès était une fille perdue.

Devait-il, comme elle le lui conseillait, en avertir Julienne ?

Ce fut la question qu'il examina pendant les quelques jours qu'il passa à Dex : il n'eût pas aimé Julienne, il n'eût pas eu de l'amitié pour Agnès, il n'eût pas été attaché à madame de Bosmoreau et à madame Amilhau par une vive sympathie et par un sentiment de reconnaissance, qu'il eût rejeté loin cette idée ; mais elles étaient seules, elles n'avaient pas un parent, pas un homme pour les défendre ; n'était-ce pas un devoir pour un ami d'intervenir et leur montrer un danger qu'elles étaient assez simples, comme le disait madame Collas, pour ne pas voir ?

VI

C'était chose délicate pour tout le monde d'avertir Julienne des propos colportés par madame Collas, mais pour Bonnet, cette difficulté déjà bien lourde, se compliquait de celles que sa situation personnelle ne pouvait pas manquer de provoquer : comment parler d'Agnès et de Derodes sans parler de cet héritage manqué, comment n'être pas fatalement entraîné sur une pente où il ne voulait ni s'engager ni se laisser engager ?

Tout le temps qu'il passa à Dex il tourna et retourna la résolution qu'il devait prendre, et en fin de compte, le jour où il devait rentrer à La Feuillade et où il n'y avait plus à reculer, il s'arrêta à un moyen terme : il ne ferait pas lui-même cette démarche auprès de Julienne, il en chargerait madame Drapier. De toutes les personnes qui étaient reçues sur le pied de l'intimité dans la maison Bosmoreau, il n'y en avait aucune pour laquelle il ressentit autant de sympathie que pour cette pauvre petite femme; il pourrait s'expliquer franchement avec elle, et ce qui n'avait pas moins d'importance, elle s'expliquerait avec Julienne sans tous les ménagements et toutes les réticences qu'il serait lui-même obligé d'observer s'il abordait un pareil entretien. Ce qu'il fallait, c'était que Julienne fût prévenue, peu importait par qui.

C'était un mercredi qu'il était revenu à La Feuillade, il ne prit que le temps de s'habiller et se rendit chez madame Drapier, certain de la rencontrer puisque c'était son jour.

Comme il entrait dans l'allée sombre au bout de laquelle commençait le pauvre escalier qui l'avait si fort étonné lors de sa première visite, il se trouva en face de Montariol.

— Est-ce que c'est chez madame Drapier que vous allez? demanda le médecin-major.

— Oui.

— Dispensez-vous de votre visite.

— Elle est malade?

Montariol, qui d'ordinaire parlait haut et clair, baissa la voix.

— Elle se meurt.

— Et de quoi?

Montariol baissa encore la voix en se penchant vers Bonnet :

— De misère.

— Ah! mon Dieu!

— Un drame lamentable, mon cher.

Et prenant le bras de Bonnet :

— Vous aviez de la sympathie pour elle, n'est-ce pas?

— Beaucoup.

— Vous êtes le camarade de promotion de Drapier?

— Oui.

— Eh bien, accompagnez-moi chez le pharmacien où je vais faire exécuter une ordonnance pour cette pauvre femme, et vous allez voir que malheureusement il n'y a pas d'exagération, vous m'aiderez à intervenir dans cet intérieur misérable; peut-être trouverez-vous quelque chose pour la soigner et la soutenir moralement, ce qui n'est pas moins utile que de la soigner médicalement.

La précaution de Montariol de prévenir Bonnet qu'il n'y avait pas d'exagération dans ses paroles était à propos, car après le premier moment de la surprise Bonnet se disait déjà que comme toujours le major mettait sans doute les choses au pire, et que si madame Drapier était malade, elle n'était pas mourante : mourante cette jeune femme de vingt-trois ans qu'il voyait encore si vaillante ! C'était l'habitude de Montariol de tout exagérer et d'aller aux extrêmes. Vous le consultiez pour un bobo au doigt, après vous avoir examiné en hochant la tête et avec des grimaces significatives, il vous déclarait sérieusement qu'il faudrait peut-être couper ce doigt et même la main; puis tout de suite il accompagnait ce diagnostic d'histoires d'opérations effroyables. Quand il avait commencé sa phrase favorite : « Cela me rappelle... » il n'en finissait plus; c'était un chapelet. Ce qui ne l'empêchait pas d'être l'homme le plus gai du régiment, ses histoires, qui épouvantaient les autres, n'étaient que drôles pour lui, et quand il ne contait pas une opération chirurgicale, il avait une chanson sur les lèvres.

— Vous avez dû remarquer, commença Montariol, que depuis un certain temps madame Drapier changeait d'une façon inquiétante.

— Elle nourrissait.

— C'est la fonction d'une femme de nourrir, et quand elle est en bon état et dans une situation normale elle s'en trouve bien au lieu de s'en trouver mal. Mais précisément elle n'était pas dans une situation normale : elle mourait de faim.

— Est-ce possible ?

— C'est à la lettre; elle mourait de faim; comme vous, quand j'ai découvert la vérité j'ai dit : « Est-ce possible ? » mais vous allez voir qu'il n'est pas permis de douter. J'aurais été le dernier des ânes si je n'avais remarqué le dépérissement de cette petite femme; et bien qu'elle ne se soit jamais plaint, je l'avais interrogée. Vous pensez bien qu'elle ne m'avait pas dit la vérité, de sorte que, tout en voyant les effets, j'avais été assez naïf pour n'en pas deviner les causes. Elle maigrissait, elle s'affaiblissait, il y avait des frissons, de la fièvre, des sueurs, elle toussait; il fallait la relever et vous voyez d'ici ma médication tonique : bonne alimentation, viandes rôties, œufs, vins généreux, etc., sans parler de tous les adjuvants médicaux qui devaient accompagner ce régime réparateur.

— Pauvre femme !

— Appelez-moi imbécile plutôt, car je croyais ce qu'elle me disait, quand je lui demandais ce qu'elle avait mangé pour son déjeuner, et qu'elle me racontait son menu : deux œufs à la coque, une côtelette, de la chicorée cuite, du fromage, vin, bière; j'acceptais tout cela, me demandant seulement comment avec ce régime et mes adjuvants elle n'allait pas mieux et je m'étonnais; j'avais peur de ne pas voir clair, de faire fausse route. Comment aurais-je eu des soupçons? A la vérité, je n'ignorais pas que Drapier fût endetté, mais je croyais à du désordre simplement. Pouvais-je imaginer la réalité dans cet intérieur coquet, dans ce salon élégant, avec une femme toujours soignée, parée même et qui ne formulait jamais une plainte ni sur la dureté du sort, ni sur la mauvaise chance, ni sur la vie ni sur le monde, ni sur son mari, ni sur personne, ni sur rien. Il y avait bien son sourire noyé de tristesse qui me poursuivait, mais je l'attribuais à son état maladif. Vous savez toutes les bêtises qu'on entasse les unes par-dessus les autres et qu'on trouve moyen d'amalgamer quand on s'est emballé sur une fausse piste. Et ce qui aggrave mon imbécillité, c'est qu'à côté de la mère il y avait l'enfant, un pauvre petit qui, né solide et bien constitué, dépérissait comme elle, un peu moins qu'elle cependant.

Bonnet ne croyait plus aux exagérations de Montariol et il écoutait le cœur serré par l'émotion.

— Comme je n'ai pas accouché madame Drapier, je n'étais jamais entré dans sa chambre, pas plus que dans sa salle à manger d'ailleurs, et j'imaginais que ces deux pièces étaient dans le genre du salon. Vous allez voir. Il y a une heure à peu près, j'arrive, c'est l'ordonnance qui m'ouvre, madame Drapier est sortie, elle doit revenir d'un moment à l'autre. J'attends dans le salon, l'ordonnance reste dans l'antichambre. Tout à coup, j'entends un enfant crier, je comprends que c'est la petite qui dormait dans la chambre et qui vient de s'éveiller. Elle crie plus fort. Alors, tout naturellement, j'ouvre la porte de cette chambre pour calmer la braillarde, et j'entre. Qu'est ce que je vois : une pièce nue ayant pour tout meuble un lit en fer, un berceau et une vieille chaise dont le dossier est cassé. C'est un trait de lumière, je devine tout; non tout, mais enfin je devine, et vous imaginez ce que je me dis. Mais l'enfant continue de brailler; je vais à son berceau et la berce; elle crie plus fort; alors je la prends; il faut bien la calmer, n'est-ce pas? Me voilà marchant par la chambre en dodelinant l'enfant : « Dodo l'enfant, do, l'enfant dormira tantôt. » Je t'en fiche; elle hurle, et pourtant je vous assure que je la balançais de mon mieux. Là-dessus je me dis qu'on ne crie pas comme ça sans avoir quelque chose. Je la démaillotte. Voilà qui devient navrant. J'ai retiré son lange; au lieu de couche qu'est-ce que je trouve, un numéro de journal dans lequel elle est enveloppée! Huit jours auparavant j'avais prié sa mère de me la déshabiller, et sur ses pauvres petites fesses maigres j'avais vu, imprimées en noir gras, des lettres retournées. Je n'y avais rien compris; maintenant tout s'explique. Il n'y a pas plus de linge que de meubles dans la maison et les journaux servent de couches. Vous ne dites rien.

— Je suis abasourdi.

— Il y a plus fort. Quand je dis qu'il n'y a pas de linge, ce n'est pas vrai. Sur le lit j'aperçois une belle couche blanche, bien repassée. Je la prends et je remmaillotte la petite qui me fait risette, heureuse d'être délivrée de son journal, et de sentir la fraîcheur et la douceur du linge propre. Je la reprends dans mes bras et je la repromène : « Dodo, l'enfant do. » En prenant la couche sur le lit, il m'avait paru plus dur que ne l'est ordinairement un matelas en laine ou en crin. Je le tâte. Il n'y a ni laine, ni crin. C'est un matelas en feuilles de maïs qui est posé sur le sommier, et c'est là-dessus qu'ils couchent. Drapier ce n'est rien, mais cette pauvre femme si maigre. Je recommence à m'injurier, puis, dans ma promenade, mes yeux tombent sur une liasse de papiers posés sur la cheminée avec un caillou dessus. Je reconnais mon écriture. Ce sont mes ordonnances : l'idée me vient d'en vérifier une pour laquelle j'avais des scrupules. Tenant l'enfant d'une main, de l'autre je les feuillette; pas une seule ne porte la griffe et le numéro d'ordre du pharmacien; pas une seule n'a été exécutée parce que l'argent manquait. Et moi qui doutais de mes adjuvants? Je ne suis pas trop tendre, Dieu merci, mais dans cette chambre misérable, devant ce lit honteux, devant ce journal qui avait servi de couche à l'enfant, devant cette liasse de papiers qui s'entassaient et auraient continué à s'entasser sans jamais un mot de plainte, je crois qu'une larme m'est montée à l'œil.

— Et moi aussi je le crois.

— Tenant toujours la petite, je revins dans le

salon et j'appelai l'ordonnance de planton dans l'antichambre attendant les visites. Je l'interrogeai. C'est un garçon qui n'est pas trop bête et qui répond quand on sait le questionner. — Il n'y a pas de bonne ici, n'est-ce pas? — A quoi servirait-elle; c'est moi qui balaie et fais l'appartement. — Et la cuisine? — On ne fait pas de cuisine. — Qu'est-ce qu'on mange? — Jusqu'au dix ou douze du mois il y a des miettes à balayer et aussi des peaux de saucisson; à partir du quinze il n'y a plus que des épluchures de pommes de terre; la famille de madame lui envoie des légumes et du beurre... quelquefois, pas souvent. — Qu'est-ce qu'on boit? — De l'eau, il y a eu du vin des parents, il n'y en a plus; c'est comme le linge, il y en a eu, il n'y en a plus; madame Soubirous l'a emporté avec des robes et des vêtements pour se payer des choses qu'elle loue; alors madame a commencé à laver elle-même le peu qui lui restait, mais ça la fait trop tousser, et c'est moi qui savonne. C'en était assez pour comprendre, d'ailleurs la sonnette retentit, c'était madame Drapier qui rentrait, essoufflée, terriblement essoufflée d'avoir monté ses trois étages. Si vous saviez quel regard elle me jeta en voyant sa petite dans mes bras, regard de confusion et de reconnaissance à la fois; ce ne sont pas les gens qui crient qui sont les plus éloquents, qui se plaignent qui sont les plus touchants. Pour couper court à son embarras, je lui dis qu'il fallait tout de suite donner à téter à la petite. Et pendant qu'elle allaitait l'enfant, je l'examinai. Ah! mon cher, Dieu vous préserve de voir les seins d'une nourrice qui se meurt de faim. Je l'inter rogeai, puis quand la petite ne put plus rien tirer des seins vides qu'elle suçait, je l'auscultai ; râles sibilants, crépitants dans les lobes supérieurs, diminution de la sonorité dans les deux poumons, il n'y avait pas à s'y tromper : c'était une phtisie subaiguë, ce qu'on appelle une phtisie galopante.

— Mais c'est mortel !

— On peut quelquefois l'enrayer, c'est justement pour cela que je vous entraîne chez le pharmacien, où je vais lui faire des pilules de tartre stibié ; je ne vais pas recommencer la stupidité des ordonnances ; je lui ai dit qu'il s'agissait d'un médicament délicat que je voulais préparer moi-même. Nous voici arrivés, attendez-moi, car j'ai besoin de vous.

VII

— Maintenant retournons chez madame Drapier, dit Montariol en sortant de chez le pharmacien, que je lui fasse prendre sa première pilule moi-même. Mais vous comprenez que toutes les pilules du monde ne modéreront le processus que si elles sont jointes à une suralimentation ; et c'est pour cela que j'ai besoin de vous.

— Que puis-je ? répondit Bonnet, je n'ai pas besoin de vous dire, n'est-ce pas, que je suis à vous entièrement.

— C'est entendu. Les gens à qui nous avons affaire

sont fiers et susceptibles, la femme plus encore que le mari avec une dignité que celui-ci n'a pas eu toujours, car dans le commencement il ne se gênait pas pour faire des emprunts à toutes les bourses qui voulaient bien s'ouvrir pour lui ; s'il n'en fait plus, cela tient à des causes qui probablement sont indépendantes de sa volonté, à des avertissements sévères du colonel, à la peur de perdre sa position ; enfin, quoiqu'il en soit il n'en fait plus. Quant à la femme, les privations qu'elle s'est imposées jusqu'à en mourir, disent ce qu'elle est. Nous ne pouvons donc pas procéder avec eux tout franchement et leur dire : « Vous êtes malheureux, nous vous venons tous en aide » ; ce que pour ma part, je trouverais parfaitement juste. Nous devons leur venir en aide sans le leur dire et leur faire accepter adroitement ce qu'ils refuseraient si nous le leur offrions. Pour les médicaments, cela m'est facile : je serai censé les préparer moi-même à cause des soins tout particuliers qu'ils exigent. Mais les médicaments ne sont pas tout, ils sont même peu de chose dans mon traitement; l'essentiel, c'est l'alimentation et les soins moraux. Je ne peux pas la nourrir et je ne peux pas la distraire. Elle s'ennuie cette malheureuse, je devrais dire qu'elle se désespère : elle avait cru qu'en épousant un officier qu'elle allait vivre dans le monde, elle vit, elle meurt dans l'isolement. Vous avez ici des relations mondaines que moi je n'ai pas, il faut y battre le rappel.

— C'est facile.

— La première chose à faire, c'est de lui enlever

son enfant qui l'épuise et qu'elle empoisonne. Il faut donc avant tout trouver une nourrice, et ensuite il faut, quand l'enfant sera parti, que la mère n'ait pas un moment de solitude et d'ennui. Madame de Bosmoreau et ses filles qui sont du pays, peuvent nous trouver une nourrice; madame La Hontan, madame de La Genevrais, madame Collas, madame Bontemps peuvent entourer madame Drapier de soins; voyez-les et entendez-vous avec elles sur ce qu'il y a à faire; mieux que nous elles imagineront des moyens ingénieux pour ne pas provoquer des susceptibilités ombrageuses.

En parlant ainsi ils étaient arrivés devant la maison du lieutenant-colonel.

— Entrez, dit Montariol, à cette heure-ci, vous rencontrerez la baronne chez elle.

En effet, madame La Hontan était dans son salon où Béral lui donnait en ce moment une leçon de diction : un guéridon les séparait, madame La Hontan lisait et Béral renversé dans un fauteuil, la jambe droite jetée par-dessus la gauche, tenant son pied dans sa main avec l'élégante désinvolture de l'Acaste du *Misanthrope*, écoutait en lui souriant : « Très bien! très bien! » L'entrée de Bonnet les interrompit et Béral reposa sur le parquet son pied chaussé d'une élégante bottine et non d'un affreux godillot; en saluant Bonnet, il laissa voir une manchette immaculée que retenait un gros bouton en or ciselé.

— Ah! monsieur Bonnet, dit la baronne, vous allez assister à ma leçon; vous êtes si bon comédien, vous allez donner votre avis.

Mais à la mine de Bonnet, la baronne vit qu'il devait se passer quelque chose de grave.

— N'avez-vous pas à me parler? demanda-t-elle.

— Oui, madame.

— Alors la leçon est finie; à demain, monsieur Béral.

Béral parti, Bonnet raconta ce que Montariol venait de lui apprendre.

— Mais c'est abominable, s'écria madame La Hontan qui avait de la bonté; M. Montariol a raison de compter sur nous, ce serait un crime de l'abandonner; nous ne sommes déjà que trop coupables de n'avoir rien su; mais aussi le colonel est trop sévère pour les dettes, il aura prononcé des retenues trop fortes qui ont réduit les malheureux à cette détresse. Enfin, c'est du présent, c'est de l'avenir qu'il s'agit, non du passé. Donnez-moi votre bras et conduisez-moi chez madame de Bosmorcau que nous nous entendions avec Julienne et Agnès.

Ce fut un soulagement pour Bonnet; il eût dû aller seul chez Julienne, qu'il n'eût pas hésité; mais il se sentait plus ferme avec madame La Hontan, il ne serait pas question de l'héritage devant elle... ni des propos de madame Collas.

Le cri de madame de Bosmorcau, de Julienne et d'Agnès fut le même que celui de madame La Hontan :

— C'est abominable.

La discussion ne fut pas longue sur ce qu'elles devaient faire : Julienne avait un métayer dont la femme était très bonne nourrice, celle-ci se chargerait de l'enfant qu'elle viendrait prendre dès le lendemain; pour le paiement, on aurait le temps dans un mois de trouver un subterfuge pour le payer sans blesser le père et la mère.

— Maintenant, dit madame La Hontan qui commandait, M. Bonnet va voir madame de La Genevrais, madame Bontemps, madame Collas, qui nous rejoindront chez madame Drapier.

— Madame Collas... dit Agnès.

— Oui, mon enfant, il est bon de savoir si elle s'associera à nous et de voir jusqu'à quel point le régiment lui tient au cœur et est de sa famille.

Pendant que Bonnet s'acquittait des commissions de madame La Hontan, celle-ci accompagnée de madame de Bosmoreau, de Julienne et d'Agnès, se rendait chez madame Drapier, qui dans son salon sans fleurs, car elle n'avait plus la force d'aller en chercher, attendait des visites, en se disant que comme toujours sans doute elles ne viendraient pas, et qu'il en serait de ce mercredi comme des autres.

Un sourire éclaira son visage amaigri quand elle entendit sur le palier un bruit de pas et dans son vestibule un froufrou de robes; la porte du salon fut ouverte par l'ordonnance qui annonça :

— Madame la baronne La Hontan, madame de Bosmoreau.

Un trouble de joie coupa la parole à madame Drapier et lui donna une petite crise de toux.

— Comment, vous êtes souffrante, dit madame La Hontan, et vous ne nous en prévenez pas; sans M. Montariol il aurait fallu attendre votre guérison pour le savoir.

— C'est mal, dit madame de Bosmoreau affectueusement.

Julienne avait pris la petite fille et la faisait sauter dans ses bras.

— M. Montariol nous a appris une autre nouvelle bien plus grave, dit-elle, c'est qu'il fallait vous séparer de votre fille.

— Je n'ai plus assez de lait, elle en souffre ; il faut penser à elle avant tout.

Agnès alla à la fenêtre pour cacher son émotion.

— Justement, continua Julienne, j'ai une très bonne nourrice à vous proposer, c'est la femme de mon métayer, elle est soigneuse, propre et ils sont à leur aise... ce qui a bien son importance pour le bien-être des enfants. Elle peut venir la chercher demain.

Madame Drapier, tout en remerciant, parut embarrassée.

— C'est que je n'aurai peut-être pas tous les objets de la layette, dit-elle ; vous savez chez soi on n'a pas besoin d'autant de choses qu'il en faut à une nourrice.

La porte du salon s'ouvrit de nouveau :

— Madame la comtesse de La Genevrais, madame Bontemps, annonça l'ordonnance.

Il y eut un moment de brouhaha. Madame Drapier n'avait jamais eu tant de monde à la fois dans son salon, elle était embarrassée pour trouver un siège à chacun. Ce fut après un certain temps de conversation banale que Julienne revint à sa proposition.

— Vous me disiez qu'il vous manquait quelques pièces de layettes, dit-elle, nous pourrions peut-être les compléter.

— C'est inutile, dit madame Bontemps, je serais heureuse d'offrir à madame Drapier celle de la petite fille que j'ai perdue ; ce sera plus qu'un plaisir qu'elle me fera en acceptant, ce sera une sorte de consolation.

Une larme monta aux yeux transparents de madame Drapier, mais madame La Hontan ne la laissa pas couler.

— Ma chère petite, dit-elle, vous pouvez me rendre un vrai service ; vous allez voir comment. Notre animal de colonel, nous pouvons bien dire ça entre nous, n'est-ce pas, il n'y a pas d'hommes, — notre animal de colonel veut me priver de mon cuisinier, sous le prétexte que j'occupe trop d'hommes du régiment à mon service : comme s'ils n'étaient pas mieux chez moi et comme si je ne les payais pas bien. M. Montariol m'a dit qu'il était très important pour vous d'avoir des bouillons, et mon cuisinier n'a pas son pareil pour faire le bouillon. Je réponds au colonel que je le garde pour vous... qui êtes malade, et il est collé. En même temps, je vous ferai faire quelques petites choses qui vous mettront en appétit. Vous ne me refuserez pas cela, j'espère.

— Le grand avantage que vous aurez à prendre ma nourrice, continua Julienne, c'est que tous les matins on vous donnera des nouvelles de votre petite fille ; en apportant son lait à la ville, mon métayer passera ici ; seulement, pour qu'il soit exact, il faut qu'il ait une autre raison qu'une raison de sentiment pour monter vos étages ; il vous déposera donc tous les matins du lait, des œufs et du beurre ; vous savez que j'ai l'orgueil de mes produits et ce n'est pas à La Feuillade que vous en trouverez de pareils.

Madame de La Genevrais était la seule qui n'eût encore rien offert, et avec sa pauvreté que pouvait-elle offrir; cependant il était évident qu'elle cherchait.

— C'est parce que vous êtes un peu faible, n'est-ce pas, dit-elle, que vous n'avez plus dans votre salon de ces belles fleurs des prairies et des bois qui lui faisaient une décoration si originale.

— C'est mon grand chagrin.

— Dites-moi donc où vous allez les cueillir; M. Montariol m'oblige à me promener tous les matins pour ma santé, à marcher, et je suis lasse d'aller toujours droit devant moi; dites-moi où vous trouvez ces fleurs et je vous en apporterai une brassée tous les matins.

— J'espère, dit madame La Hontan voulant marquer qu'il n'y avait pas d'indiscrétion à accepter cette offre, que vous m'en donnerez bien aussi une poignée de temps en temps.

— Oh! bien volontiers.

Comment madame Drapier eût-elle pu refuser ce que la baronne demandait sans scrupule; d'ailleurs elle ne pensait pas à refuser, elle était si heureuse que la confusion se noyait dans le tourbillon de sa joie : si abandonnée, si désespérée le matin, si entourée, si choyée le soir, et autour d'elle tant de mains tendues, tant d'yeux amis.

— Je vous envoie ce soir un échantillon du savoir-faire de mon cuisinier, dit madame La Hontan.

— Demain matin, je viendrai avec mon métayer, dit Julienne.

Un quart d'heure après, on apporta de la part de madame Bontemps une caisse et plusieurs cartons que madame Drapier ouvrit avec une émotion fébrile : c'était une riche layette au grand complet, bien rangée, chaque série de pièces attachée avec des faveurs roses.

Elle prit une chemise garnie de dentelle, une brassière, des couches en toile fine, des bas de laine, et en tremblant elle habilla sa fille.

— Comme tu es belle, disait-elle en l'embrassant, et tu pars demain.

Drapier rentra ; il revenait de chez Montariol, sombre, dur, exaspéré. Une nourrice pour sa fille ; avec quoi la payer ?

— Qu'est-ce que tout cela ? demanda-t-il.

Elle lui raconta les visites qu'elle avait reçues et ce qui s'était dit.

— Tu vois, fit-elle en le regardant tendrement, il ne faut pas désespérer.

— Tout cela ne paie pas nos dettes, et nous en voilà de nouvelles avec cette nourrice.

— Ne me reproche pas de ne pas la nourrir, j'en suis assez malheureuse.

— Je fais bien mon service, moi, le ventre vide.

VIII

Toutes les femmes des officiers du régiment avaient été convoquées pour le soir chez madame de Bosmoreau par madame La Hontan, et on avait appelé aussi quelques-uns des camarades de Drapier, ceux de sa compagnie, la première du deux, ainsi que Bonnet, Cholet et Derodes. Tout le monde avait été exact, — à l'exception de Derodes ; mais une lettre de lui était arrivée adressée à la baronne : il s'excusait de ne pouvoir pas se rendre à cette réunion, une dépêche qu'il recevait à l'instant l'appelait auprès de sa mère gravement malade.

Si ce brusque départ assombrissait le front d'Agnès, par contre il soulageait le cœur de Bonnet : tant que Derodes serait absent il n'y avait pas à s'occuper des propos de madame Collas ; avant qu'il revînt madame Drapier serait peut-être en état de prendre auprès de Julienne le rôle d'intermédiaire, — Montariol ne disait-il pas qu'avec des soins et surtout une bonne nutrition la phtisie galopante pouvait s'enrayer et entrer dans la forme chronique.

— Il est bien entendu, dit Montariol qui tout naturellement avait pris la direction de la réunion, il est bien entendu que la pauvre petite femme est aussi malade au physique qu'au moral et que tout ce que vous ferez pour la distraire et la soutenir, mesdames, aura autant d'influence et même peut-être plus que la médication que je puis établir.

Chacun raconta ce qu'il avait fait : Julienne pour la nourrice, madame La Hontan pour la cuisine, madame Bontemps pour la layette, madame de La Genevrais pour les fleurs.

— Voilà la solidarité noblement comprise, dit Montariol.

— Ne sommes-nous pas de la même famille, dit madame La Hontan. Madame Drapier est une fille ou une sœur pour nous.

— Si au lieu de laisser madame Drapier dans son petit appartement, interrompit madame de Bosmoreau, nous l'installions ici.

On se regarda ; il y eut un moment d'hésitation.

Julienne demanda la parole.

— Je regrette de n'être pas du même avis que ma mère et je demande à dire pourquoi, si je puis expliquer ce que je sens.

— Vous l'expliquerez fort bien, mademoiselle, affirma Montariol.

— M. Montariol, continua Julienne, vient de nous dire que madame Drapier est aussi malade au moral qu'au physique, et il me semble que si nous pouvons la soigner ici au physique mieux peut-être que chez elle, il n'en sera pas de même au moral.

— Et pourquoi cela ? demanda madame Collas.

— La maladie morale de madame Drapier, répondit Julienne, c'est l'abandon et la... pauvreté, je n'ose dire la misère.

— Dites-le donc, interrompit madame Collas.

— C'est pour jouir des plaisirs du monde qu'elle a épousé un officier, poursuivit Julienne, c'est pour vivre de la vie mondaine. Des raisons qu'il est inutile de rappeler n'ont pas permis la réalisation de ses espérances, et aujourd'hui elle se meurt de cette déception.

— Très bien, très bien, s'écria Montariol.

Bonnet n'osa pas interrompre, mais il attacha sur Julienne un regard ému qui disait « très bien » non moins éloquemment que la voix enthousiaste du major.

— Ce qu'elle n'a pas trouvé, reprit Julienne, il faut que nous le lui donnions, et c'est chez elle seulement que cela est possible. C'est dans son salon — elle souligna ces mots — que nous pouvons lui donner l'illusion de la vie mondaine et de ses désirs.

— Bravo, dit Montariol.

— Je lui enverrai mon théâtrrre, roula Esparbarinque, qui, commandant la première du deux ; « Bouge pas Cocotte », avait été convoqué en cette qualité, et je lui dirrrai des monologues qui lui dilaterrront la rrrate.

Madame Collas était la voisine de Bonnet, elle se pencha vers lui, et d'une voix sifflante :

— Cette bonne Julienne est vraiment naïve, murmura-t-elle, elle ne devine pas que tout cela n'a d'autre but que de ménager entre M. Montariol et madame Bontemps des rendez-vous qui devenaient difficiles chez le capitaine, dont la jalousie ne peut plus se dissimuler... honnêtement.

— C'est d'aujourd'hui seulement que je connais

M. Montariol, répliqua Bonnet, je ne savais pas ce que son abord brutal cachait de générosité et de noblesse.

— C'est parce qu'il a applaudi Julienne que vous dites cela.

Bonnet ne répliqua pas et écouta les dispositions qu'on arrêtait pour la journée du lendemain.

— A dix heures j'arrangerai les fleurs dans le salon, dit madame de La Genevrais.

— A onze heures, j'enverrai le déjeuner, continua madame de la Hontan.

— Le moment cruel de la journée, dit Julienne, sera celui de la séparation de la mère et de l'enfant ; j'ai donné rendez-vous à la nourrice à deux heures ; je pense qu'elle partira vers deux heures et demie ; je serai à ce moment avec ma mère et ma sœur auprès de madame Drapier et nous tâcherons de lui adoucir les adieux ; peut-être faut-il lui laisser un peu de temps pour pleurer en liberté ; mais si l'une de ces dames pouvait venir vers trois heures ce serait une diversion favorable.

— Nous y serons à trois heures, dirent en même temps madame de La Genevrais et madame Bontemps.

— Est-il possible de se donner un rendez-vous plus effrontément que cela, souffla madame Collas.

— Et nous, à quelle heure pourrons-nous nous présenter ? demanda Cholet.

— Quand vous voudrez, messieurs.

Le lendemain, les choses s'arrangèrent comme il avait été convenu : dès le matin, Julienne vint présenter son métayer à madame Drapier qui le fit longuement causer en lui adressant ses recommandations ; à dix heures, madame de La Genevrais arriva chargée de fleurs qu'elle arrangea dans le salon en se conformant aux exigences de la malade, puis, à deux heures, Julienne revint avec sa mère et sa sœur en compagnie de la nourrice.

La petite fille était habillée et la layette bien rangée dans sa caisse et ses cartons.

— C'est *cha* une belle petite fille, dit la nourrice en la prenant dans ses bras, *j'allons li* donner à téter ; mon lait *barre*.

Et déboutonnant son corsage elle mit à nu un beau sein ferme et plein qui ne ressemblait guère à celui de madame Drapier ; la petite fille le prit et se mit à téter gloutonnement.

— Ah ! mais, ah mais en v'là une qui est sur sa faim.

Des larmes avaient empli les yeux de la mère et elle s'était détournée pour les cacher.

— Vous la verrez dans huit jours, dit Julienne pour la distraire.

— Je sais bien, mais c'est plus fort que moi ; j'étais si heureuse de la nourrir et de l'avoir.

Elle voulut retarder la séparation, mais la nourrice avait son char à bancs qui l'attendait à la porte, et l'homme s'impatienterait si elle ne descendait pas : le travail pressait aux champs.

— Vous ne la... gronderez point, n'est-ce pas ?

— La gronder ! c'te petite, mais pourquoi faire, bonne Vierge !

La crise de larmes que Julienne avait prévue fut cruelle, et la venue de mesdames La Hontan, Bontemps et La Genevrais se fit à propos pour la couper.

Montariol arriva, puis ensuite Bonnet, Cholet; alors la conversation devint générale, allongée sur son canapée, madame Drapier la dirigeait, et son visage pâle se transfigurait.

Quand Esparbarinque survint à son tour, il dit le mot exact de la situation :

— C'est la plus charmante réunion intime que j'aie vue à La Feuillade.

Madame Drapier rougit d'orgueil.

— Je vais en profiter pour vous dire l'*Obsession*, continua Esparbarinque, en attendant que je vous envoie mon théâtre.

Après l'*Obsession* Bonnet se mit au piano et joua des valses pendant que la conversation continuait.

Au milieu de tout ce monde qui emplissait son salon, Drapier allait et venait sombre, humilié et glorieux à la fois.

A quatre heures et demie on apporta une sorbetière d'où Montariol tira une glace qu'il offrit à sa malade.

— Oh! vous me comblez, dit-elle.

— Je ne vous comble pas, c'est un médicament comme un autre que vous devez prendre deux fois par jour, à cette heure et le soir.

Mais la gloriole de Drapier ne pouvait pas souffrir qu'on offrît des médicaments de ce genre à sa femme; il s'en expliqua nettement avec Montariol.

— Je ne peux pas refuser puisque c'est un médicament; mais je ne l'accepte qu'à condition que vous me direz ce que cela coûte.

— Rien; vous savez, nous avons des machines pour ça.

En réalité, la machine de Montariol était une belle locomotive qui de Bordeaux, où il les commandait, lui apportait ces glaces deux fois par jour.

— Mais enfin vous avez des dépenses : du sucre, du lait, des essences.

— Ça me coûte bien trois sous par jour, et puisque vous le voulez, vous m'en tiendrez compte; mais vous n'allez pas me mettre ces trois sous tous les jours dans la main. Quand votre femme sera guérie, je vous présenterai ma note de dépenses.

— Comme cela, j'accepte avec reconnaissance.

Madame Drapier marqua aussi sa reconnaissance à celles qui s'étaient empressées autour d'elle, mais d'une façon moins rogue :

— Il fallait que je fusse malade, dit-elle à Julienne en l'embrassant, pour que j'eusse une pareille journée de joie.

— Vous en aurez beaucoup d'autres de pareilles, soyez tranquille.

En effet la journée du lendemain fut exactement ce qu'avait été celle de la veille : le matin, le métayer, en apportant ses œufs et son beurre, dit que la petite avait passé une bonne nuit et qu'elle tétait comme une goulue; à dix heures, madame de La Genevrais arriva avec sa botte de fleurs; à partir de deux heures commença le défilé des visiteurs. On fit de la musique, Esparbarinque dit un monologue et Carrelet en dit un autre; si on ne les avait pas arrêtés, ils auraient alterné jusqu'à la nuit.

Sur son canapé, madame Drapier trônait et distribuait à chacun ses sourires de reine; enfin, elle jouissait de tout ce qu'elle avait si ardemment désiré.

Il ne lui manquait que le brillant de la toilette et bien qu'elle n'en parlât jamais on devina son envie; alors on décida qu'on lui broderait une robe de chambre en cachemire blanc doublée de soie rose.

— Je sais bien que la traîne ne se porte plus beaucoup; cependant, il me serait agréable d'en avoir une.

On broda donc une longue traîne, chaque femme, pendant le temps qu'elle passait là, travaillait à cette robe sous la direction de madame de La Genevrais qui faisait elle-même toutes ses toilettes.

Il ne fallait pas qu'on fût en retard ou qu'on manquât, car alors la malade vous faisait sentir doucement que vous lui aviez causé un vif chagrin : elle était si heureuse quand elle avait tout son monde autour d'elle.

Si ces soins et ces distractions produisaient un effet salutaire sur le moral de madame Drapier, les soins médicaux de Montariol n'en produisaient aucun sur la maladie, qui continuait son cours avec une rapidité foudroyante.

— Il était trop tard, disait-il, quand on l'interrogeait, la faillite était déjà prononcée.

Bientôt il n'y eut plus d'espérances à conserver, les jours étaient comptés.

— Donnons-lui au moins la joie de sa robe, recommandait Julienne.

Mais malgré l'activité avec laquelle on travaillait, on arriva trop tard. Quand elle fut enfin terminée, Madame Drapier était à l'agonie.

Elle servit à l'ensevelir.

Ce qu'on avait fait pour la malade, on le fit pour la morte : toutes celles qui l'avaient soignée voulurent se charger de ses funérailles, et cette fois il n'y eut pas à vaincre la fierté de Drapier; il laissa faire sans un mot de défense, comme sans un mot de remerciement.

Ce fut seulement à la sortie du cimetière qu'il voulut bien dire qu'il était touché des témoignages de sympathie et d'estime qu'on lui avait donnés.

Alors Hoctrue lui prenant le bras lui dit qu'on l'attendait ce soir-là à la table des lieutenants, où il trouverait des amis et des camarades qui se serraient autour de lui.

Il vint en effet et prit sa place entre Bonnet et Cholet, ses deux camarades de promotion :

— Qui m'aurait dit, murmura-t-il, que je serais heureux de me retrouver un jour à la table de la pension.

IX

En revenant de l'enterrement de madame Drapier, madame Collas s'était approchée de Bonnet, et ils avaient marché à côté l'un de l'autre, sans qu'il pût se débarrasser d'elle. Allait-il avoir à subir encore ses bavardages et ses méchancetés ? Vainement il avait jeté autour de lui des regards éplorés, personne n'était venu à son secours, car tout le monde fuyait la commandante.

— Voilà Bonnet aux prises avec la Benzine, dit Vézin, qui veut le délivrer !

— Pas moi, répondit Derodes revenu à La Feuillade depuis six jours.

— Ni moi, répliqua un autre.

— Eh bien, demanda madame Collas en sifflant ses paroles comme elle en avait l'habitude, ce qui lui permettait de parler sans être entendue par d'autres que par ceux à qui elle s'adressait, avez-vous prévenu Julienne des propos qui courent la ville.

— Non, madame.

— Eh bien ! vous avez eu tort.

Bonnet ne répondit pas.

— Regardez Agnès, continua madame Collas.

Agnès avec sa mère, sa grand'mère et sa sœur marchait à quelques pas devant eux.

— Je ne vois rien de particulier en elle, répondit Bonnet surpris.

— Vous ne voyez pas qu'elle marche en fléchissant les jambes, en tournant sur ses hanches et en effaçant les épaules.

— Pas du tout.

— Vous ne voyez pas qu'elle, qui ne se serrait pas autrefois, est étranglée dans sa robe. Eh bien, regardez. Qu'est-ce que je vous disais en allant à Dex? Rappelez-vous-le, et vous verrez que ça y est. Elle est enceinte. Je pense que vous n'y êtes pour rien. Il serait trop bête à moi de vous annoncer cette nouvelle.

Bonnet regarda madame Collas comme s'il voulait l'étrangler.

— Ça vous suffoque, mais vous avez beau dire, ça y est, ça y est.

Et elle s'arrêta pour aller communiquer cette nouvelle à ceux qui venaient derrière elle : « Ça y est, regardez-la marcher. »

Il n'y avait plus à balancer ni à reculer, la pauvre madame Drapier n'était plus là pour le remplacer, Derodes était revenu, il fallait donc prévenir Julienne, — ce serait de sa part déloyauté d'attendre encore ; et d'ailleurs quoi attendre.

Le soir même, après dîner, il monta chez madame de Bosmoreau, où il trouva Agnès seule avec madame Amilhau, sur la terrasse ; cela n'était pas son affaire et il laissa, jusqu'à un certain point paraître son désappointement.

— Est-ce que madame votre mère et mademoiselle Julienne sont sorties ?

— Non, ma mère, a été très émue par la triste cérémonie de la journée, et elle est nerveuse ce soir ; ma sœur est montée pour la coucher.

— Quel malheur, dit madame Amilhau qui, vaguement avait compris sur le visage de sa petite-fille qu'il était question de madame Drapier.

Agnès ne laissait jamais sa grand'mère s'égarer dans des quiproquos.

— M. Derodes ne vous a pas dit qu'il viendrait ce

soir? demanda-t-elle d'un ton trop indifférent pour être sincère.

— Non, mademoiselle! répondit Bonnet, fâché qu'elle lui parlât ainsi de Derodes.

Mais en voyant sur le visage d'Agnès le trouble que sa réponse produisait, il fut pris d'un mouvement de compassion.

— Il est vrai que je ne lui ai pas dit moi-même que je venais.

Il y eut un moment de silence dont madame Amilhau profita pour poursuivre son idée:

— A vingt-trois ans, dit-elle.

Bonnet prit le cahier et écrivit:

— Sa mort a été plus douce que ne l'avait été la dernière année de sa vie.

— La mort n'est rien pour ceux qui partent, c'est pour ceux qui restent qu'elle est terrible; cette pauvre petite fille, que va-t-elle devenir, nous nous en chargerons pendant qu'elle restera chez la nourrice, là elle sera heureuse, mais après?

— Est-ce que M. Derodes vous a parlé de sa mère? demanda Agnès.

— J'ai appris incidemment qu'elle était guérie. Mais vous ne l'avez donc pas vu depuis son retour?

— Non.

Bonnet se demanda si cette absence se prolongeant depuis six jours ne rendait pas sa démarche inutile, et il voulut faire parler Agnès.

— Comment ne l'avez-vous pas encore vu, demanda-t-il.

— Je n'en sais rien ; sans doute, il croyait que tout notre temps se passait chez madame Drapier.

— Il n'est jamais venu chez madame Drapier ?

— Non, au moins pas pendant que nous y étions.

A s'en tenir à ces réponses seules, il était assez difficile de savoir ce que cachait cette absence, mais ce qui était précis, c'était l'accent d'Agnès quand elle parlait de Derodes, c'était l'inquiétude de son regard, l'émotion de sa voix. Bonnet n'avait pas l'habileté de madame Collas pour reconnaître qu'une femme est ou n'est pas enceinte, mais malgré son ignorance en cette matière, il ne pouvait pas ne pas être frappé des changements qui, en ces derniers temps, s'étaient faits de jour en jour dans toute la personne d'Agnès, dans son visage amaigri et flétri, dans ses yeux troublés, dans ses narines dilatées, dans ses lèvres aux coins abaissés, enfin dans toute son attitude qui avait une nonchalance bien différente de sa vivacité et de son exubérance d'autrefois. Ce qui n'était pas moins caractéristique, c'était qu'elle montrât de la confusion et de la gêne lorsqu'on l'examinait. Elle s'efforçait alors de sourire et de redevenir la fille gaie et gamine qu'elle avait toujours été.

Cependant, malgré ces changements qui le frappaient, il ne pouvait pas croire que ce que madame Collas avait dit fût vrai : enceinte cette mignonne fille, cela était invraisemblable, et dans l'Agnès qu'il avait connue il ne pouvait pas voir une femme enceinte ; il y avait entr'elles incompatibilité absolue.

Julienne vint les rejoindre sur la terrasse, et pendant un certain temps, il ne fut question que de madame Drapier et de son enfant.

— Monsieur Bonnet, dit Julienne, vous devriez bien me venir en aide en trouvant un moyen pour faire accepter à M. Drapier que je paie les mois de nourrice.

— C'est que je ne suis pas très fort pour inventer des combinaisons de ce genre; je crois qu'avec Drapier le mieux est de ne parler de rien. Sans doute il parlera lui-même à votre métayer, mais il s'écoulera un certain temps avant qu'il puisse passer des paroles aux faits, surtout s'il ignore que c'est à vous que ces mois sont dus; sa fierté ne souffrira pas avec un paysan.

Bonnet se demandait comment il allait pouvoir dire à Julienne qu'il désirait l'entretenir en particulier, lorsque celle-ci pria Agnès d'aller voir si leur mère était endormie.

Malgré son embarras, il commença tout de suite : bien que madame Amilhau ne pût pas entendre ce qu'il dirait, sa présence lui était un encouragement, il se sentait moins seul avec Julienne; ils étaient sous son regard.

— J'ai une confidence à vous faire, mademoiselle, bien difficile pour moi, bien pénible pour vous.

— Pour moi.

— Pour vous toutes : c'est l'estime, la reconnaissance que j'ai pour votre famille qui me délie les lèvres et me fait un devoir de parler.

Une rougeur passa sur le visage de Julienne : un pressentiment lui avait serré le cœur, et si pour elle

elle n'avait rien à craindre de personne, elle ne se sentait pas invulnérable du côté d'Agnès.

— Alors, parlez vite, dit-elle.

— Quand je suis allé à Dax pour les travaux de la carte, j'ai voyagé avec madame Collas, qui m'a beaucoup parlé de mademoiselle Agnès et de M. Derodes.

La pâleur remplaça la rougeur sur le visage de Julienne.

— N'est-ce pas, on en parle, dit-elle.

— Madame Collas est la seule personne qui m'en ait parlé, et comme vous, comme tout le monde, je sais le cas qu'il faut faire des propos que lance cette bouche terrible; mais enfin ce n'est pas à moi seul qu'elle les a tenus ces propos, avec son besoin de médisance, sa rage de calomnie, elle les a sûrement colportés par la ville, et bien qu'on la connaisse, ils ont pu créer une situation... dangereuse.

— Mais qu'a-t-elle dit?

— Que mademoiselle Agnès était maintenant triste et préoccupée, qu'elle avait beaucoup changé et que M. Derodes était la cause de ce changement moral et physique, sur lequel elle a insisté avec des insinuations allant plus loin encore que ses paroles.

Julienne était éperdue et elle n'osait lever les yeux sur Bonnet; sa grand'mère, voyant ce trouble, voulut savoir ce qui le provoquait; mais, suivant toujours sa pensée, qui ne quittait ni Drapier ni madame Drapier, et n'imaginant pas d'ailleurs, qu'il pût être question d'elle et de ses enfants.

— Mais, qu'est-ce qui arrive donc encore à ce pauvre M. Drapier? demanda-t-elle.

Julienne prit le cahier et écrivit :

« Je te raconterai tout cela plus tard, rassure-toi pour M. Drapier, il ne lui arrive rien de mal. »

— Très bien alors, très bien.

Bonnet reprit :

— Madame Collas a même voulu que je vous prévienne de cette situation. J'ai hésité à le faire et à la fin je m'étais décidé à vous envoyer madame Drapier pour ne pas avoir à traiter un sujet aussi pénible avec vous. En arrivant, j'ai trouvé madame Drapier malade, et, d'autre part, M. Derodes avait quitté La Feuillade. J'ai donc attendu. Mais aujourd'hui, en sortant du cimetière madame Collas m'a abordé et a repris ses confidences.

C'était là le point décisif pour Bonnet; comment dire à une jeune fille qu'il aimait : « Votre sœur est enceinte »; le mot était trop gros et trop grossier pour qu'il pût le prononcer.

Après un moment de silence, il continua :

— Mon Dieu, mademoiselle, vous voyez ma confusion; il y a des paroles qu'une femme peut dire à un homme, mais que cet homme ne doit pas, ne peut pas répéter à une jeune fille qu'il respecte. De ces paroles il résulte qu'il faut que M. Derodes épouse mademoiselle Agnès.

Julienne resta un moment sans comprendre, puis quand la lumière se fit dans son esprit bouleversé, elle murmura avec égarement :

— Oui... je comprends.

— Ah! mademoiselle, pardonnez-moi la douleur que je vous cause; j'ai cru agir en ami.

Elle lui tendit la main :

— Et c'est aussi en ami que vous avez agi, je vous en remercie; personne autour de nous n'eût eu le courage de me parler comme vous l'avez fait.

Sans oser les questionner, madame Amilhau les regarda avec surprise; que se passait-il donc : l'angoisse qu'elle voyait sur le visage de sa petite-fille et le trouble de Bonnet ne lui permettaient pas de se rassurer malgré ce serrement de mains.

— N'oublions pas grand'maman, dit Julienne, il faut lui éviter la douleur qui m'étouffe.

Ne sachant plus quelle contenance prendre devant madame Amilhau, ils gardèrent un moment le silence.

Bonnet n'avait plus rien à dire, et, s'il avait osé, il se serait sauvé au plus vite sans attendre davantage. L'émoi de Julienne le désolait, il eût voulu qu'elle ne rougît pas devant lui et que la nuit qui commençait fût plus sombre.

Il se leva.

— Vous n'attendez pas Agnès, dit madame Amilhau.

Bonnet répondit par un signe que cela lui était impossible, et il serra la main tremblante que la vieille mère lui tendait.

Julienne le conduisit jusqu'à la grand'porte

— Ne vous étonnez pas, dit-elle, que je ne vous explique pas ce que nous allons décider, ce que vous êtes pour nous m'en ferait un devoir. Vous comprenez qu'avant tout il faut que j'interroge ma sœur. Revenez demain, je vous prie. Qui sait si nous n'aurons pas besoin de votre appui!

— La plus grande preuve d'estime que vous puissiez me donner, c'est de l'accepter.

Si les paroles étaient volontairement modérées, l'accent trahit la chaleur du cœur qui les inspirait.

X

Julienne monta rapidement à la chambre de sa sœur et ouvrit la porte si vite qu'Agnès, qui était assise dans un fauteuil, accoudée sur une table, la tête enfoncée dans ses deux mains, n'eut ni le temps ni la pensée, dans sa surprise, d'essuyer les larmes dont son visage était baigné.

Elle lui mit la main sur l'épaule, et d'une voix tremblante :

— Agnès, la vérité ; il faut me dire la vérité.

Agnès n'eut pas besoin de répondre ; elle tourna la tête vers sa sœur et son visage ruisselant de larmes, éclairé par les dernières lueurs du soir, parla pour elle.

— C'est vrai ! c'est donc vrai ! s'écria Julienne en reculant.

Mais tout de suite elle revint à sa sœur et la prenant dans ses deux bras :

— Oh ! pauvre enfant ! misérable enfant !

Une même étreinte les unit, leurs larmes se mêlèrent.

— Vrai, c'est vrai, murmurait Julienne avec stupeur, toi, mon Agnès, ma sœur, ma fille, toi ma fierté !

Il y avait des reproches, de la colère, de l'indignation dans ces mots entrecoupés que ses lèvres murmuraient inconsciemment, mais combien plus encore de douleur, de désespoir, de tendresse et de maternité !

Agnès, suffoquée, la serrait, l'embrassait, et d'une voix suppliante :

— Julienne, ne me repousse pas, soutiens-moi, viens-moi en aide, sauve-moi !

— Et tu ne m'en as rien dit...

— Si malheureuse de ne pas oser parler.

— Tu t'es cachée de moi.

— J'étais si honteuse quand tu me regardais que mes lèvres n'auraient jamais pu s'ouvrir.

— Je ne suis donc pas ta sœur, ton amie, ta mère ?

— Mais c'est pour cela même que je ne pouvais pas parler, la pensée de tes reproches, de ta honte, de ta douleur, tout me fermait la bouche ; c'est maintenant que je sais, que je sens comme je t'aime, ma Julienne.

Pendant quelques minutes, il n'y eut que des sanglots ; puis Julienne se dégageant de l'étreinte de sa sœur, alla pousser les volets des fenêtres, et quand la nuit fut faite, elle revint à Agnès ; s'asseyant dans un fauteuil, elle la prit sur ses genoux comme une enfant :

— Maintenant, dis-moi tout, lui murmura-t-elle tout bas, en la serrant contre sa poitrine.

— Oh ! je t'en prie !

— Il faut bien que je sache.

— Je ne pourrais jamais.

Sans la presser, sans la violenter, Julienne la tint dans son bras, la joue appuyée contre la sienne, attendant que cette crise de sanglots et de suffocation se calmât un peu.

— Allons, fais un effort, ma mignonne, disait-elle de temps en temps.

— Oui... tout à l'heure ; je sais bien qu'il faut tout te dire ; je le voulais depuis longtemps ; cent fois j'ai été résolue à parler ; jamais je n'ai eu le courage de commencer ; j'arrivais décidée et puis quand je te regardais, quand tu me regardais le cœur me manquait.

— Je ne te regarde pas ; je ne te vois pas, les volets sont fermés : tu seras moins malheureuse quand nous serons deux ; tu sais bien que je ne te repousserai pas ; tu sais bien que je te sauverai.

— Me sauver !

— Que je te soutiendrai.

— Et maman, et grand'maman ?

— Nous chercherons, nous trouverons ; c'est pour cela qu'il faut tout me dire, tout.

Peu à peu et par un mouvement instinctif, Julienne en était arrivée à bercer Agnès dans son bras ; une jeune mère n'eût pas été plus tendre pour son bébé en proie à la douleur et, dans ce bercement maternel, le désespoir de celle qui devait bientôt être mère elle-même s'était engourdi. La chambre était sombre et, dans le silence du soir, on n'entendait que le bruit de leur respiration oppressée qui, de temps en temps, exhalait un soupir ou un sanglot.

— Pauvre petite, pauvre mignonne, murmurait de temps en temps Julienne en lui flattant la main et en l'embrassant, pauvre chérie, parle à ta sœur, parle à ta maman.

— Oh! maman! maman!

Alors un cri de remords l'étouffait :

— Et c'est par moi que tu es désespérée, par moi déshonorée, toi si bonne, toi que j'ai toujours si tendrement aimée, toi qui m'as élevée.

Il fallait que Julienne se raidît pour ne pas s'abandonner et pour garder un peu de raison : n'était-elle pas la mère?

— Et quand je pense, disait Agnès, que ce qui arrive tu l'avais pressenti, que tu m'en avais avertie. Je les entends, tes paroles de sagesse, combien de fois me les suis-je répétées! te souviens-tu de ce que tu m'as dit : « Si tu l'aimes, et si lui ne t'aime pas; tu veux le prendre; qu'arrivera-t-il si c'est lui qui te prend? » Il m'a prise, Julienne; il m'a prise. Et quand vous étiez là près de moi pour me protéger, toi, maman, grand'maman, vous toutes que j'aime et qui m'aimez! Et comment? Ah! je voudrais te le dire; mais je ne sais pas; je m'imaginais que j'étais forte, que je pouvais diriger ma vie et la faire; ah! folle que j'étais, misérable que je suis!

La parole lui manqua; mais bientôt elle reprit :

— Ce fut le soir de la représentation que pour la première fois il me parla franchement. Je croyais qu'il m'aimait. Mais je n'en étais pas sûre, il ne me l'avait jamais dit; je croyais ce que j'espérais, ce que je voulais. Après la *Bouchetiquette*, il s'approcha de moi, et tout bas il me dit : « Il faut que je vous parle, ce soir à minuit sur la terrasse. » Et à minuit j'ai été sur la terrasse, Julienne.

— Et à minuit tu as été sur la terrasse!

— Ah! comment? pourquoi? ne me le demande pas, je ne sais pas; je ne peux te dire qu'une chose : malgré moi.

— Et il est venu?

— Par le rocher. Alors il a voulu que je lui dise que je l'aimais. Je n'ai pas voulu, je ne l'ai pas dit.

— Ah! bien ça.

— Il est parti fâché. Son père est venu : j'ai cru que c'était pour vous demander ma main. Mais tu l'as cru aussi, toi.

— C'est vrai.

— Tu vois. Son père parti, je suis retournée sur la terrasse. Il a voulu encore que je lui dise que je l'aime... et... dans le salon je le lui ai dit.

— Il est venu souvent ?

— Toutes les fois qu'il faisait assez clair pour monter le rocher.

— Et depuis qu'il est revenu de chez sa mère, tu l'as vu ?

— Non.

— Pourquoi?

— Ah! pourquoi, parce qu'il ne m'aime plus, parce qu'il m'abandonne.

— Qui peut te faire croire?

— Je lui ai écrit, il n'est pas venu; et c'est par

M. Bonnet que j'ai su tout à l'heure que sa mère était guérie; à l'enterrement de madame Drapier, je l'ai regardé pour l'appeler, il a détourné les yeux; j'ai voulu marcher près de lui, il est resté en arrière. Il ne m'aime plus, il ne m'aime plus !...

Julienne laissa échapper un cri étouffé.

— Il sait ?...

— C'est lui qui me l'a dit; il a senti notre enfant.

— Ah ! s'écria Julienne anéantie, notre malheur va encore au delà de ce que j'avais imaginé.

Il y eut un moment de stupeur; Agnès avait glissé sur le parquet où elle s'était affaissée, serrant dans ses mains les mains de sa sœur.

Ce fut elle qui reprit la première :

— Mais, pour que tu sois venue me demander de te dire la vérité, qu'est-ce donc que M. Bonnet t'a appris.

— Ce qu'on raconte dans la ville.

— Dans la ville !

— Ce que colporte madame Collas.

— Alors tout est perdu, tout est fini.

— Pourquoi fini ? c'est pour que tout ne soit pas fini, c'est pour te défendre, c'est pour te sauver que je suis venue te demander de me dire la vérité, car je ne pouvais pas croire M. Bonnet.

— Il sait... il t'a dit?

Bien que Julienne ne pût pas voir sa sœur, elle sentit, elle devina qu'elle se cachait le visage dans ses mains.

— Tu ne le connais pas, répondit-elle; c'est l'homme de la délicatesse et de l'honneur; comme toi j'ai eu un moment d'épouvante et de honte quand j'ai senti quelles paroles allaient sortir de ses lèvres : il m'a dit : « Il faut que M. Derodes épouse mademoiselle Agnès. »

— Alors, cela se voit ?

— Non, puisque je n'ai pas vu.

— Oh ! toi, avec tes yeux de sœur, mais les autres avec des yeux méchants.

— Pour le moment il ne s'agit pas des autres; les autres, nous nous en occuperons plus tard, il s'agit de nous, de toi, de ce que nous devons faire.

— Et que veux-tu que nous fassions, il ne m'aime plus.

— Est-il ou non un homme d'honneur, c'est là ce qu'il faut savoir.

— Mais comment ?

— Cherchons.

— Cherche, moi je ne pense plus, je n'ai plus la tête à moi; quand je ne suis pas folle, je suis anéantie.

Julienne resta assez longtemps sans répondre : jamais son rôle de mère de famille n'avait été aussi lourd, sous le poids, ses épaules plièrent et en furent écrasées.

— Grand'maman, dit-elle, se parlant à elle-même, c'est impossible, maman. Ah ! la pauvre femme ! Et puis, il faudrait tout leur dire. Moi ? S'il venait, oui. Mais, puisqu'il ne vient plus, puisqu'il ne veut plus venir, je ne peux pas aller chez lui. Qui peut me remplacer ?

Elle chercha un moment.

— Nous n'avons personne, pas de parents, pas d'amis qui puissent parler et nous défendre.

— Mon Dieu !

Après un instant de silence, elle saisit les mains de sa sœur et les lui pressant fiévreusement :

— Si, nous en avons un, s'écria-t-elle.

— Qui ?

— Celui qui, quand tout le monde se taisait autour de nous, a eu le courage et la loyauté de parler...

— M. Bonnet !... Tu veux ?

— En connais-tu un qui soit plus digne de notre confiance ! Parmi les hommes que nous voyons qui, plus que lui, a de la dignité, de la fierté, du dévouement.

— Est-ce une raison pour qu'il prenne notre défense ?

— Il m'aime.

— Il te l'a dit ?

— Jamais.

— Et toi ?

— Je l'aime. Du jour où je l'ai vu j'ai été attirée vers lui, et c'est alors que j'ai voulu te le donner pour mari. Que ne l'as-tu accepté à ce moment ?

— Je t'aurais pris ton bonheur.

— J'aurais assuré le tien. Mais aimer M. Bonnet et être aimée de lui ne fait notre bonheur ni à l'un ni à l'autre. Nous sommes séparés par sa fierté : il est pauvre, je suis riche, du moins trop riche pour lui. Son honneur et sa dignité lui fermeront toujours les lèvres, comme ils les lui ont fermées jusqu'à ce jour ; l'héritage qu'il attendait les lui avait entr'ouvertes : cet héritage est perdu.

— Qu'attends-tu de lui?

— Je lui ai demandé de venir demain, nous tiendrons conseil ; je n'ai rien à lui apprendre puisqu'il sait tout. Nous raisonnons comme des femmes malheureuses et affolées qui ne connaissent rien, qui ne peuvent rien ; il me fera entendre le langage d'un homme, d'un homme de raison. Sois sûre, ma mignonne, que si tu peux être sauvée, c'est par lui.

Elle se frappa le cœur.

— Et j'entends là une voix qui me dit qu'il te sauvera.

— Ah! si je pouvais espérer comme toi, si tu pouvais me donner un peu de ta foi.

— J'ai foi en M. Bonnet.

— Et moi je n'ai plus foi en celui que j'aime.

— Tant que la lutte est possible il ne faut pas se décourager, et M. Bonnet nous rend la lutte possible, voilà ce que tu dois te dire, et le mot que dans la nuit tu peux te répéter : tu n'es plus seule, nous sommes là.

Elle voulut la coucher, et comme au temps où Agnès était petite fille, toute petite fille, elle la déshabilla, non plus en jouant comme autrefois, mais en la caressant doucement ; elle la mit au lit, lui posa la tête sur l'oreiller et lui tint la main dans les siennes, jusqu'à ce que le sommeil abaissât ses paupières aux longs cils blonds sur ses beaux yeux navrés.

Ce fut comme dans un rêve qu'Agnès sentit les lèvres de sa sœur lui effleurer le front.

XI

Quand Bonnet revint le lendemain, on le fit entrer dans le grand salon, où presque aussitôt Julienne le rejoignit.

Rapidement ils échangèrent quelques paroles de politesse, puis il s'établit un moment de silence d'autant plus pénible qu'ils n'osaient ni l'un ni l'autre se regarder, et qu'ils restaient face à face, les yeux baissés, ne sachant quelle contenance prendre.

— Asseyez-vous, je vous prie, dit Julienne.

Elle lui montra un fauteuil et en prit un elle-même, mais pour être assis, ils n'en étaient pas moins embarrassés.

Bonnet eut voulu venir en aide à Julienne et commencer; mais commencer quoi? Que dire, sans en trop dire?

Heureusement pour les gens qui vont droit devant eux, il y a toujours un moyen de sortir d'embarras, c'est de continuer leur chemin franchement; — ce qu'il fit.

— Depuis hier, mademoiselle, je suis resté sous l'impression de vos paroles, et je ne saurais vous exprimer combien elles m'ont touché.

Par un geste dont la simplicité et le naturel affirmaient la sincérité, il mit la main sur son cœur.

— Vous m'avez parlé en ami de votre famille,

permettez-moi de vous affirmer que je le suis, le plus affectionné, le plus dévoué, à vous, mademoiselle... et aux vôtres.

— Vous avez vu, monsieur, qu'il n'était pas besoin de paroles entre nous à ce sujet, et que j'étais si assurée de ce dévouement, que je l'appelais à notre aide, dans les circonstances... désespérées où nous nous trouvons.

Tout cela se disait les yeux baissés, chacun se tenant au fond de son fauteuil, dans une attitude contrainte; cependant à mesure que Julienne parlait, Bonnet reprenait une contenance moins embarrassée, et il allait la regarder franchement quand le mot « circonstances désespérées » lui abaissa de nouveau les paupières.

C'était un aveu ce mot, la confirmation des craintes, qui depuis la veille le tourmentaient : désespérées, ces circonstances ne l'eussent point été s'il n'y avait eu que de la légèreté dans les relations d'Agnès et de Derodes : les accusations de madame Collas étaient donc fondées.

Il y avait là de quoi le troubler, et avec l'amitié qu'il éprouvait pour Agnès de quoi le peiner sincèrement : pauvre fille, qu'allait-il advenir d'elle; mais en plus il y avait de quoi aussi rendre bien difficile son entretien avec Julienne; il n'avait su comment lui traduire les insinuations de madame Collas, comment maintenant allait-elle, non pas traduire, mais confesser, nue et brutale, la cruelle vérité.

Il eût été gêné pour traiter un pareil sujet avec une indifférente, combien plus l'était-il avec une femme qu'il aimait, non une femme, mais une honnête et pure jeune fille qu'il respectait.

Et cependant à son trouble se mêlait un sentiment d'espérance vague et de fierté : elle avait donc bien grande confiance en lui qu'elle le choisissait entre tous pour lui demander son appui, lui qui n'était ni un parent, ni un ami de plusieurs années.

Cette pensée lui donna du courage, il leva les yeux, et il haussa la voix :

— Soyez certaine, mademoiselle, que rien de ce qu'on peut dire n'altèrera les sentiments de sympathie, d'affection que j'éprouve pour mademoiselle Agnès ; croyez bien que ce n'est pas seulement pour vous que je lui suis dévoué, mais que c'est encore pour elle et que, quoi que ce soit que vous me demandiez, je suis prêt à le faire; n'hésitez donc pas; montrez-moi mon but, cela suffit, je n'ai besoin de rien savoir.

— Et moi j'ai besoin de tout vous dire; nous ne serions pas dignes du dévouement que vous nous montrez si nous gardions un secret avec vous.

— Est-il donc indispensable que je connaisse ce secret, et ne puis-je pas vous servir en aveugle.

— Ce secret n'en est plus un puisque vous me l'avez appris, et qu'avant peu tout le monde le connaîtra : cela n'est que trop vrai, il faut que M. Derodes épouse ma sœur.

C'était là le gros mot, celui autour duquel ils tournaient l'un et l'autre; maintenant qu'il était dit, ils n'avaient plus qu'à continuer.

C'était à Bonnet d'interroger :

— Est-ce que M. Derodes se refuse à ce mariage.

— Nous ne l'avons pas vu depuis son retour.
— Il a pu être empêché.
— Ma sœur lui a écrit.
— N'y a-t-il pas eu entre eux une brouille passagère.
— C'est la question que j'ai posée à ma sœur ce matin ; elle m'a répondu qu'il n'y avait rien eu entre eux.
— Ses parents, pendant le temps qu'il a passé auprès d'eux, n'ont-ils pas pesé sur sa volonté et changé ses dispositions.
— C'est là précisément ce qu'il faut savoir; mais ma sœur, je dois vous le dire, a perdu confiance en lui; si elle pouvait s'accrocher au moindre espoir ou lui trouver la plus petite excuse, elle me l'aurait dit.
— Alors, il faut le voir, il faut le faire s'expliquer.
— Qui ?
Bonnet ne répondit pas, la question était grave.
— Est-ce ma grand'mère? demanda Julienne. Non, n'est-ce pas. Est-ce maman? Pas davantage. Est-ce moi?
— C'est impossible.
— Je ne le voulais pas. Nous ne sommes que des femmes, M. Derodes a beau jeu pour se moquer de nous et rire de ce que nous pouvons faire puisque nous ne pouvons rien. Ah! si Agnès avait son père! si nous avions un frère.
Dans la chaleur de l'entretien les regards s'étaient levés, ils allaient de l'un à l'autre; les embarras, les réticences avaient cessé, emportés par l'angoisse de la situation : les ménagements, la réserve, la discrétion

s'étaient effacés devant le principal qui était de sauver Agnès.

Mais ce mot, « si nous avions un frère » à cette situation en ajouta une autre : à côté d'Agnès, Julienne entra en scène ; il la vit désespérée au milieu de cette famille dont elle était la mère, le père, la sœur aînée, impuissante parce qu'elle était femme et qu'il ne suffisait plus pour soutenir les siens et les rendre heureux, de bonté, de tendresse, de générosité, mais qu'il lui fallait, ce qu'elle n'aurait jamais, tant qu'elle resterait seule, la force de l'autorité.

Comme il se taisait sous l'oppression de cette pensée qui lui troublait l'esprit et le cœur, Julienne continua :

— Que je sois un homme et que j'aille trouver M. Derodes, que je sois le frère qui nous manque, ne croyez-vous pas que tout changerait aussitôt.

Il garda encore le silence pendant un certain temps, et Julienne le vit pâlir ; tout à coup il se leva et venant à elle :

— Si vous aviez un mari ?

Il y avait tant de choses dans ce mot, et dans l'élan, dans l'accent avec lequel il l'avait prononcé que Julienne resta quelques instants sans pouvoir en mesurer toute la profondeur et toute la portée ; mais quand la lumière se fit dans son esprit, la joie emplit son cœur.

— Ah ! si j'avais un mari, dit-elle, Agnès, ma mère, grand'maman, moi, nous serions toutes sauvées !

Puis, lui tendant les deux mains, le regard éperdu, la voix frémissante :

— Voulez-vous l'être ?

Il lui saisit les mains :

— Vous savez que je vous aime.

— Je l'ai su le jour où j'ai senti que je vous aimais.

— Vous savez que si je n'avais pas été le misérable que je suis, il y a des mois que je vous aurais demandé d'être votre mari.

— C'est moi, aujourd'hui, qui vous demande d'être votre femme.

— Ah ! Julienne, chère Julienne.

Ils restèrent se regardant, emportés, perdus dans leur enivrement.

— Je ne serais pas digne de vous, dit-il, en un pareil moment, si dans des circonstances aussi cruelles je vous entretenais de mon amour et de mon bonheur. Tandis que nous sommes ici, de l'autre côté de ce mur, cette chère fille reste livrée à l'angoisse de l'attente ; c'est à elle que nous devons penser, non à nous. Qu'importe la minute de l'heure présente, quand nous avons l'avenir ; pour vous dire mon amour, nous aurons demain, nous aurons la vie. C'est d'elle seule qu'il faut nous occuper.

— Que voulez-vous faire ? Vous êtes mon mari, vous êtes son frère.

— Je venais tout à l'heure ici pour me mettre à votre disposition, pour faire ce que vous diriez, et non pour vous dire moi-même ce qui devait être fait. Votre demande, je l'avoue, me prend au dépourvu, et d'autant plus que je n'avais pas imaginé la réalité. Au lieu de vous répondre et de vous imposer une impulsion irréfléchie, cherchons ensemble... comme mari et femme. Vous disiez que si vous étiez un homme vous iriez trouver M. Derodes et que tout changerait. Aviez-vous une idée ?

— Je lui aurais demandé de tenir ses engagements.

— Je vais le lui demander et tout de suite.

Mais au lieu de partir, il s'arrêta et se montra hésitant.

— Avant de faire cette démarche, dit-il en retombant dans la gêne du début de leur entretien, il faut que je sache tout. Les ménagements que je devais garder avec vous, ne s'imposent plus avec autant de force... puisque c'est à ma femme que je m'adresse :
— Est-ce que tout est vrai.

— Tout est vrai, murmura Julienne.

— La pauvre enfant !

— Ah ! elle a été entraînée, croyez-le.

— J'en suis sûr. C'est là ce qui rend plus lourde encore la responsabilité de Derodes. Il faut qu'il épouse Agnès... et il l'épousera.

Sans l'interroger franchement, Julienne le regarda avec inquiétude.

— Comment nous l'obligerons à ce mariage ? Dieu merci nous avons plusieurs moyens. En ce moment, Derodes, se voyant engagé dans une aventure qui peut l'entraîner plus loin qu'il ne lui convient et probablement plus loin qu'il n'avait prévu, veut s'en retirer. De là son absence. Cela finira tout seul, se dit-il en pensant à lui et non à elle. Vous êtes seule, vous n'avez pas d'hommes pour vous défendre ; ni madame de Bosmoreau, ni madame Amilhau, ni vous ne pouvez l'aller relancer, et il compte bien rester tranquille chez lui, à l'abri de l'orage qui va se passer chez vous. Tant pis pour elle ; pourquoi ne s'est-elle pas défendue ? Il était dans son rôle en lui parlant d'amour ; elle était dans le sien en ne l'écoutant point. Pourquoi l'a-t-elle écouté ?

— Hélas !

— Soyez certaine que c'est là son raisonnement ; il est probable qu'il s'y mêle une pensée de regret, car on ne renonce pas à une jeune fille aussi charmante que mademoiselle Agnès sans déchirement, seulement, il aime encore mieux ce renoncement, si douloureux qu'il puisse être, que le mariage. Mais par cela que je deviens votre mari et le beau-frère d'Agnès, ce qui faisait la tranquillité de Derodes disparaît et son raisonnement tombe : vous avez un homme pour vous défendre, un homme qui a autorité pour parler ; il y a des gens qui n'entendent leur conscience que lorsqu'elle parle par la voix d'un autre ; peut-être Derodes est-il de ceux-là ; s'il est sourd à sa propre voix, il faudra bien qu'il écoute la mienne et qu'il l'entende.

— Et s'il ne l'entend pas.

— Je regrette d'avoir à vous parler de Derodes avec sévérité, mais depuis un an que nous mangeons à la même table, j'ai pu l'étudier. Derodes est un ennuyé auquel il ne manque, pour trouver la vie agréable et charmante que la liberté et la fortune. Le jour où il ne sera plus soldat et où la loi d'héritage lui aura mis aux mains la grosse fortune de ses parents — et il ne croit pas que ce jour soit maintenant bien éloigné, car c'est par miracle que sa mère vient d'échapper à la mort, et son père a déjà eu deux attaques d'apoplexie — personne n'aimera la vie autant que lui. Il a pour le moment des projets dont il nous a assassinés cent fois, nous autres pauvres diables, qui prouvent combien il serait malheureux de les voir menacés dans leur réalisation prochaine. Ne voyez-vous pas que cela nous met une arme aux mains.

Le regard de Julienne prit une expression plus inquiète.

— Je ne dis pas que Derodes ne soit pas brave, il est soldat, mais les raisons qu'il a d'aimer la vie sont trop bonnes, pour qu'il la risque volontiers.

— Vous voulez vous battre.

— Je veux que placé entre ces deux alternatives : un duel sérieux et le mariage, il préfère encore le mariage.

— Il peut vous tuer.

— Si je n'avais pas eu ma vie à vous offrir, est-ce que j'aurais parlé : notre amour fait d'Agnès ma sœur, je dois la défendre. Maintenant l'outrage de Derodes ne s'adresse plus seulement à vous, il s'adresse à moi aussi. Vous ne me demandez pas d'entrer dans votre famille en courbant la tête. Le père, le frère que vous vouliez eussent fait ce que je dois faire, ce que je vais faire... avec bonheur puisque je vous aime. Dans une heure je reviens.

XII

C'était la première fois que Bonnet venait chez Derodes ; celui-ci, il est vrai, l'avait invité comme tous leurs camarades lorsqu'il avait pendu sa crémaillière, mais Bonnet ne s'était pas rendu à cette invitation, et depuis Derodes ne lui en avait point adressé d'autre, — ce que leurs rapports tendus expliquait, de reste. Aussi, quand Derodes fut averti par son valet de chambre « que M. le lieutenant Bonnet désirait le voir », descendit-il au fumoir plus vite qu'il n'en avait l'habitude.

Bonnet chez lui. Que diable cela pouvait-il vouloir dire ?

Il entra cependant le sourire aux lèvres, mais la mine grave de Bonnet effaça vite ce sourire ; il fallait évidemmment être attentif.

— C'est au nom de madame de Bosmoreau et de mademoiselle Agnès que je viens vous trouver, dit Bonnet, qui avait l'habitude d'aborder de front les difficultés.

— Et que désirent-elles de moi ? En quoi puis-je leur être agréable ?

— Je vais vous le dire ; mais avant, je crois devoir vous faire part de mon mariage avec mademoiselle Julienne.

Si maître de lui qu'il voulut être, Derodes ne pût

pas ne pas laisser échapper un mouvement de surprise.

— C'est donc comme gendre de madame de Rosmoreau, comme beau-frère de mademoiselle Agnès, continua Bonnet, que je m'adresse à vous.

Derodes voulut faire bonne contenance :

— Ces qualités n'ajoutent rien à l'attention que je dois à un camarade.

— Vous vous trompez ; il n'y a pas de camarade ici, il n'y a qu'un gendre et un beau-frère.

— Comme vous voudrez, répliqua Derodes avec une certaine raideur.

Puis tout de suite, se faisant bonhomme, car il ne savait pas encore quelle attitude il avait intérêt à prendre.

— Beau-frère, camarade, je suis heureux de vous voir chez moi et de vous adresser mes compliments pour votre mariage.

Bonnet eût un geste d'impatience.

Cette exagération de politesse l'irritait.

— Je vous ai dit que c'était au nom de madame de Bosmoreau et de sa fille que je venais vous trouver. Vous voyez maintenant que c'est aussi en mon nom que je parle : je vous prie de me faire savoir quelles sont vos intentions à l'égard de ma belle-sœur.

— Votre belle-sœur ? demanda Derodes comme s'il cherchait.

— De mademoiselle Agnès.

— Ah ! très bien, pardonnez-moi je n'y étais pas ; quand nous nous voyions chez madame de Bosmoreau, mademoiselle Agnès n'était pas votre belle-sœur.

Si Derodes voulait s'échapper, Bonnet ne le lui permettrait pas :

— Elle l'est maintenant ; j'ai donc qualité pour vous adresser une question : Quelles sont vos intentions?

— De quelles intentions parlez-vous ?

— Je regrette que vous m'obligiez à préciser.

— Encore faut-il que je sache ce que vous voulez dire.

— Je veux dire que vos assiduités dans la maison de Bosmoreau vous font un devoir d'épouser Agnès.

— Les vôtres vous ont peut-être fait un devoir d'épouser mademoiselle Julienne, mais les miennes !

Le premier mouvement de Bonnet fut de répondre à cette injure, qui s'adressait à Julienne comme à lui, en souffletant Derodes, mais il n'était là ni pour Julienne ni pour lui ; c'était à Agnès qu'il devait penser, à Agnès seule, pour elle il devait se contenir.

— Je vous préviens que quoi que vous disiez je ne me laisserai pas emporter ; après que vous m'aurez répondu pour ma belle-sœur, nous règlerons ce qui m'est personnel.

— Mais que voulez-vous que je vous réponde. Je n'ai rien à répondre.

— Si vous êtes prêt à l'épouser?

— Pourquoi l'épouser?

S'ils continuaient ainsi, l'entretien pouvait se continuer indéfiniment sans arriver à rien.

— Parce qu'elle est enceinte, dit Bonnet.

— Voilà vraiment un accident fâcheux pour une aussi jolie fille ; mais en quoi cela me regarde-t-il ?

— Me direz-vous que vous n'êtes pas le père de cet enfant ?

— Peux pas savoir.

Bonnet fit un pas vers Derodes les poings crispés.

— Je vous donne ma parole, continua Derodes que je ne veux vous blesser ni vous, ni mademoiselle Dorat, mais vous conviendrez que votre démarche auprès de moi est plus qu'étrange ; si j'avais voulu épouser mademoiselle de Bosmoreau je n'aurais pas attendu que vous vinssiez me la proposer. Pourquoi vous adressez-vous à moi, plutôt qu'à Cholet, à Carrelet, à Vézin : leurs assiduités dans la maison ont été aussi compromettantes que les miennes... que les vôtres. Vous, vous épousez mademoiselle Julienne, et je le comprends, mais vous n'avez jamais eu l'idée d'épouser mademoiselle Agnès, pourquoi voulez-vous me la coller ?

— Parce que vous l'avez séduite.

— Je ne peux pas répondre à cela ; si je vous disais c'est vrai, je serais un goujat ; si je vous dis ce n'est pas vrai, vous ne me croirez pas. Ça ne se discute pas, ces questions-là. On épouse une femme parce qu'on l'aime, ou parce qu'on a intérêt à l'épouser, on ne l'épouse pas parce qu'on l'a séduite — c'est même celles qu'on séduit, qu'on n'épouse pas.

Bonnet était à bout de forces ; tout ce qu'il s'était dit, tout ce qu'il s'était promis en venant, le calme, la modération, la dignité, la voix de la raison et de l'honneur, l'appel à la conscience, tout avait été emporté par l'indignation et la colère que ces paroles railleuses et décevantes soulevaient en lui.

— Justement, vous avez un intérêt à épouser Agnès, dit-il.

— Vraiment, je serais curieux de le voir.

— Celui de n'être pas tué par moi.

Derodes eut une légère contraction de la gorge, mais tout de suite il revint au ton léger qu'il ne poursuivait pas pour son agrément, mais parce que c'était le seul qui lui permît de répondre sans s'engager.

— Mais alors, c'est de l'inti...mi...da...tion, dit-il avec une emphase ironique.

— Puisque vous ne voulez écouter ni la voix du devoir, ni celle de l'honneur, il faut bien que je parle celle que vous comprenez — celle de l'intérêt.

— Mais justement mon intérêt me défend de me battre avec vous... Vous êtes plus fort que moi, et puis d'autre part laissez-moi vous dire, puisqu'il s'agit d'intérêt, qu'il n'y a pas non plus égalité entre nous sous le rapport de la fortune, et que le duel n'est loyal, n'est admissible que quand il y a égalité entre les adversaires.

— Eh bien, cela même doit vous donner à réfléchir; vous savez qu'on ne se bat pas seulement avec qui l'on veut, ni quand l'on veut. L'outrage que vous avez fait à mademoiselle de Bosmoreau est le mien, puisque je deviens le chef de la famille, et j'ai le droit de vous en demander raison, c'est mon devoir.

— Croyez-vous qu'il soit de l'intérêt de mademoiselle de Bosmoreau qu'un duel entre nous fasse le scandale autour de... son accident.

— Ne vous occupez pas de l'intérêt de mademoiselle de Bosmoreau, laissez-moi ce soin, ainsi que celui de son honneur et du mien ; vous ne seriez pas logique avec vous-même, en faisant entrer dans vos calculs l'intérêt d'une autre. C'est du vôtre qu'il s'agit, puisque vous avez placé le débat sur ce terrain, et vous ne pouvez pas ne pas voir combien il se trouverait compromis par un duel avec un adversaire que vous reconnaissez comme plus fort que vous.

— Mais je ne l'accepte pas ce duel.

— Ne dites donc pas cela ; est-ce que je n'ai pas dix moyens pour vous y contraindre au cas où vous persisteriez dans ce refus... singulier.

— J'y persiste : mademoiselle de Bosmoreau est dans une situation fâcheuse, on cherche qui, dans son entourage pourrait bien l'en tirer, le choix tombe sur moi, ce qui, à un certain point de vue me flatte, mais ce qui, d'autre part me gêne, je refuse et demande qu'on me laisse tranquille.

— Ce que vous me dites-là, était bon avec madame de Bosmoreau, au cas où elle serait venue seule vous demander d'épouser sa fille, et je comprends que vous ayez préparé cet argument, — bien que cette préparation de défense soit bizarre chez un innocent ; — mais ce n'est pas madame de Bosmoreau seule qui vient chez vous, c'est moi et votre argument est en retard ; elle n'aurait pu que vous laisser tranquille, puisqu'elle n'est qu'une femme... et une malade, mais moi, je ne vous laisserai pas tranquille.

Derodes avait, tout d'abord, conservé son sang-froid et il s'était enfermé dans les moyens de défense qu'il avait préparés, les réponses qui ne répondaient pas, la raillerie, la blague, l'insolence, mais en se voyant serré de près et deviné, il perdit le calme :

— Voilà qui explique votre mariage, répliqua-t-il brutalement.

— Précisément, et puisque la famille de Bosmoreau a acheté un défenseur... et au besoin un vengeur, il faut bien que je gagne le prix dont elle m'a payé. C'est le rôle de défenseur que je remplis en ce moment, ne me poussez pas à prendre celui de vengeur. C'est à un camarade que je fais appel, et je ne peux pas croire qu'il reste sourd à la voix du devoir et de l'honneur. Tout ce que vous m'avez dit n'est pas sérieux. Vous savez bien que personne que vous n'a compromis la réputation d'Agnès. Vous savez bien qu'elle n'a jamais aimé, qu'elle n'aime que vous. Vous savez bien que vous êtes le père de son enfant. Vous n'avez pas pensé au mariage tout d'abord, vous n'étiez pas décidé à vous marier, je l'admets. Mais maintenant, est-il possible que vous refusiez d'épouser celle que vous avez aimée, celle qui vous aime, celle que vous aimez encore. Qu'a-t-elle fait pour que vous ne l'aimiez plus ? Direz-vous que vous vous éloignez d'elle parce qu'elle est enceinte ?

Derodes ne répondit pas.

— Avez-vous un grief contre elle ? En avez-vous contre sa famille ? Si je vous ai parlé sévèrement, ne suis-je pas prêt à vous tendre la main.

Bonnet fit un pas en avant, la main à demi tendue ; mais Derodes ne la prit point.

Bonnet attendit un moment, et, sans parler, ils se regardèrent les yeux dans les yeux, cherchant mutuellement à se deviner et à voir surtout jusqu'où chacun irait de son côté.

— Je vous ai répondu que je n'avais pas de raisons pour épouser mademoiselle de Bosmoreau, dit enfin Derodes, et que j'en avais au contraire de nombreuses, de sérieuses pour ne pas l'épouser : je persiste dans ma réponse.

— Et moi, je vous ai dit que vous deviez choisir entre le mariage et le duel, je vous le répète.

— Je n'accepte ni l'un ni l'autre.

— Alors, il ne me reste qu'à vous forcer à vous battre. Je vous donne jusqu'à ce soir pour réfléchir ; si tantôt, à notre dîner, vous ne venez pas à moi la main tendue en signe d'union, je vous fais devant tous nos camarades une injure publique, qui, en écartant le scandale de ma belle-sœur, vous obligera à vous battre. D'ici là, voyez où est votre intérêt — ou, ce qui vaut mieux, descendez dans votre conscience.

Bonnet n'avait plus rien à ajouter, tout ce qu'il pouvait dire il l'avait dit, il ne lui restait qu'à se retirer ; il se dirigea vers la porte, suivi de Derodes ; prêt à l'ouvrir, il se retourna pour risquer une dernière tentative :

— N'oubliez pas que vous aurez affaire à un adversaire résolu, et que vous reconnaissez comme plus fort que vous.

— Je serai l'offensé — j'aurai le choix des armes.

Ce mot acheva de détruire les faibles espérances d'arrangement que Bonnet, malgré tout conservait encore; acculé à un duel dans lequel il aurait été certain à l'avance de son infériorité, Derodes aurait peut-être cédé, mais trouvant dans le choix des armes une espérance de chance, il persisterait dans son refus.

Tristement, il remonta vers la maison de madame de Bosmoreau : pauvre Agnès, pauvre Julienne.

Ce fut Julienne elle-même qui lui ouvrit la porte.

— Eh bien !

Il fallut qu'il confessât la vérité, ce qu'il fit en rapportant exactement leur entretien.

— Perdue, s'écria Julienne en s'abandonnant à son désespoir, la pauvre enfant !

Il essaya de la rassurer en lui disant qu'il y avait encore de l'espoir, mais l'accent de la conviction manquait à ses paroles.

— Et nous vous entraînons dans notre malheur : je vous aime et je vous force à vous battre, car maintenant vous ne pouvez pas reculer devant ce duel; oh ! quelles angoisses !

Elle voulut qu'il lui promît de venir lui dire ce qui se serait passé dans ce dîner, mais il lui demanda de comprendre que cela n'était pas possible : il viendrait si Derodes cédait; si le duel devait avoir lieu, il ne viendrait point; il fallait qu'il restât à la disposition de ses témoins; pour Agnès, il importait qu'on ne le vît point revenir une troisième fois.

— Oui, vous avez raison, murmura-t-elle, je le sens, pardonnez-moi.

Puis, tout à coup, se redressant et le regardant avec un élan passionné :

— Au moins, dit-elle en se jetant dans ses bras, embrassez votre femme.

XIII

A la pension des lieutenants, tout le monde était arrivé, Derodes excepté ; il avait été décidé « par le suffrage universel » qu'on n'attendrait plus, et cela avait amené un peu plus d'exactitude ; il n'était pas agréable de manger froid et de se contenter des morceaux que personne n'avait voulus.

Sept heures allaient sonner. Hoctrue était déjà derrière sa chaise, prêt à s'asseoir ; dans un angle de la salle, Bonnet causait avec Drapier et Cholet, les yeux attachés sur la porte d'entrée : Derodes ne viendrait-il point ? Il semblait que cela fût impossible. Il y avait eu défi. Il ne reculerait point.

En effet, au premier coup de sept heures, la porte s'ouvrit et Derodes entra lentement, le sourire aux lèvres, le nez au vent, avec son air gouailleur et insolent.

Bonnet, qui était un peu dans l'ombre, fit deux pas en avant pour se placer dans un rayon de lumière, afin que Derodes l'aperçût, et il attendit.

Mais Derodes, après avoir jeté un coup d'œil de

son côté, ne vint point à lui; au contraire, il fourra les deux mains dans son pantalon et, lentement, négligemment, il se dirigea vers sa place.

Vivement, Bonnet alla à la sienne, et prenant sa chaise, il s'assit vis-à-vis de Derodes.

A travers la table, ils échangèrent un regard qui, pour être rapide, n'en fut pas moins plein de questions de part et d'autre : Derodes avait pris une attitude nonchalante et ennuyée, celle qu'il avait le plus souvent, mais en l'observant, il eût été facile de voir qu'il se tenait sur ses gardes, prêt à répondre à une attaque, quelle qu'elle fût.

On servit le potage et les conversations commencèrent, banales comme à l'ordinaire, chacun disant son mot, Derodes et Bonnet exceptés, tous deux étant trop profondément troublés et préoccupés pour pouvoir se mêler aux propos de leurs camarades.

Bonnet se demandait quelle provocation il allait adresser à Derodes; celui-ci cherchait d'où et à propos de quoi l'attaque allait lui venir, car il connaissait trop bien Bonnet pour imaginer que celui-ci reculerait; s'il attendait, c'était sûrement qu'il guettait une occasion.

Autour d'eux le brouhaha continuait : Vézin tâchait de pincer une nouvelle bonne qui venait de remplacer Aglaé, Guitteau racontait ses histoires à l'usage de la jeunesse féminine, Carrelet imitait Bouge-pas-Cocotte qui prétendait « sans forfanterie » n'avoir pas du tout d'*accint*, et Hoctrue rêvait à une place de garde au Bois de Boulogne qu'un cousin, conseiller municipal à Paris, venait de lui promettre, et dans laquelle il vivrait tranquille, logé, chauffé, ayant de quoi manger et à l'abri des colles des jeunes sous-lieutenants qui, au régiment, faisaient son désespoir et sa honte.

Comme il arrivait souvent, Derodes n'avait touché à rien de ce qu'on lui avait servi ; le coude sur la table il regardait manger ses camarades sans manger lui-même.

Plusieurs fois Bonnet avait levé les yeux sur lui en le regardant en face, et Derodes avait cru que la provocation allait éclater.

On était arrivé au dessert et déjà Derodes se disait que sans doute Bonnet renonçait à son idée pour se réserver lui-même le choix des armes, quand tout à coup Bonnet prit la parole d'une voix claire et vibrante qui fit taire toutes les conversations particulières.

— Est-ce que notre dîner vous dégoûte aujourd'hui, que vous affectez de n'en pas manger ? demanda-t-il.

Derodes ne broncha pas.

— Je vous ferai remarquer que je n'ai rien dit, répondit-il.

— Il n'y a pas besoin de parler, le regard suffit.

— Je ne vous regarde pas.

— Vous êtes un insolent.

— Messieurs, s'écria Hoctrue.

Mais il était trop tard, déjà Bonnet s'était penché vers ses voisins, Drapier et Cholet :

— Vous vous entendrez avec les témoins de Derodes.

Ils étaient stupéfaits de cette provocation de la part d'un homme aussi calme que Bonnet.

— Mais, mon cher, dit Cholet.

— Cependant, essaya Drapier.

— Il y a trop longtemps que Derodes nous blesse par son mépris, je lui donnerai une leçon.

Ils ne répondirent rien, car tous pensaient ce que Bonnet venait de dire : il y avait longtemps, que Derodes les blessait, il était bon que la leçon vînt de Bonnet.

Hoctrue avait voulu interposer son autorité de chef de calotte, mais les deux adversaires n'ayant plus ajouté un mot, il ne sut comment intervenir; ce fut seulement en se levant de table qu'il appela Bonnet dans un coin.

— Monsieur Bonnet, vous avez été bien vif, dit-il.

— Depuis longtemps je me contiens ; je n'ai pas été maître de moi,

— Le fait est que M. Derodes est quelquefois dégoûtant.

— Vous voyez bien.

— Ce n'était pas cela que je voulais dire.

— Mais vous l'avez dit :

Guitteau et Carrelet s'approchaient; Bonnet, laissant là Hoctrue, alla au-devant d'eux.

— Vous vous entendrez avec Cholet et Drapier, leur dit-il.

Et il rentra chez lui après avoir prévenu ses témoins qu'il ne sortirait point; il n'avait rien à faire en les attendant, il se mit à sa table et écrivit à Julienne : il ne la reverrait peut-être point; s'il était tué, elle ne s'aurait jamais combien elle était aimée;

il voulait le lui dire ; il voulait qu'elle gardât de lui un tendre souvenir.

Le temps passa vite, il fut surpris par l'arrivée de ses témoins.

Derodes choisissait le sabre de cavalerie avec le masque et exclusion de coups de pointe.

— M. Derodes veut qu'on se moque de nous, dit Bonnet.

— Il ne veut pas qu'on lui abîme sa belle figure à laquelle il tient, avoue-t-il franchement, dit Drapier.

— Il tient beaucoup plus à conserver son crâne, répliqua Bonnet.

— Il tient à tout conserver, dit Cholet, de là le choix du sabre ; une belle estafilade est moins dangeureuse qu'un coup d'épée à travers le poumon.

— Acceptez tout, excepté le masque.

Le sabre est l'arme des officiers de cavalerie, non celle des officiers d'infanterie, c'était pour cela que Derodes l'avait choisi espérant que Bonnet n'en savait pas le maniement, tandis que lui-même l'avait travaillé assez souvent. Mais son espérance se trouvait fausse ; Bonnet était presque aussi fort au sabre qu'à l'épée, pour avoir pratiqué ce genre d'escrime pendant plusieurs années en Afrique.

Ses témoins étaient à peine sortis que le sapeur Leplu frappa à la porte : c'était le colonel qui mandait Bonnet.

Le plus souvent les duels entre officiers ont lieu sans que le chef de corps ait été prévenu, ce qui a l'inconvénient d'exposer les adversaires et les témoins à des peines disciplinaires, mais ce qui a l'avantage, d'autre part, de supprimer les comparutions, les enquêtes et les interrogatoires. Bonnet aurait voulu que le colonel ignorât son duel, mais puisque celui-ci en était informé il n'y avait qu'à se rendre à son ordre.

Il trouva le colonel dans son bureau lisant à son fils couché sur un divan algérien, un livre de contes.

— J'ai appris ce qui s'est passé à votre pension, et à m'en tenir à ce qui m'a été dit, je suis surpris que vous vous soyez laissé emporter ainsi; mais il y a autre chose que ce qu'on m'a dit, je l'espère.

Bonnet hésita un moment.

— Oui, mon colonel.

— Quelque chose de grave?

— Oui, mon colonel : l'honneur d'une famille.

— Je ne vous en demande pas davantage; gardez votre secret; je suis heureux de voir que je ne m'étais pas trompé sur vous.

Daniel qui avait écouté couché sur son divan se souleva :

— Alors vous allez vous battre? demanda-t-il. A quoi?

— Au sabre.

— Comme je voudrais voir ça.

— Veux-tu bien te taire, dit le colonel.

Quand Bonnet rentra chez lui, il trouva ses témoins qui l'attendaient.

— Eh bien?

— Il a fallu toute l'insistance de Guitteau et de Carrelet, et leur menace de se retirer pour forcer Derodes à renoncer au masque, enfin, il a cédé; la rencontre est fixée à demain matin six heures, dans un pré où Pradon s'est battu l'année dernière, nous vous conduirons.

Bonnet aurait voulu écrire toute la nuit à Julienne, il avait tant de choses à lui dire, il avait pu si peu lui parler de son amour; mais c'eût été une maladresse de passer une nuit blanche à la veille d'un duel; il fallait arriver frais sur le terrain. Il se coucha à minuit et se leva à cinq heures. A la demie ses témoins arrivèrent avec Vézin, et ils partirent tous ensemble.

Le pré où s'était battu Pradon était à douze ou quinze cents mètres de la ville, et on s'y rendait par un chemin vert qui longeait la rivière; de temps en temps au caprice des branches on apercevait la maison de madame de Bosmoreau, et les balustres de sa terrasse au haut du rocher. Bonnet resta un peu en arrière pour voir s'il n'apercevrait point Julienne; mais comment eût-elle été là à pareille heure; elle ne savait pas qu'il devait suivre le chemin de la rivière.

Ils arrivèrent les premiers, mais presqu'aussitôt un roulement se fit entendre sur la route : c'était Derodes dans sa voiture avec ses témoins et Montariol.

Il était charmant ce petit pré avec son gazon encore humide de la rosée de la nuit et ses haies de saules qui le défendaient contre les rayons obliques du soleil du matin.

Pendant que les témoins s'entretenaient, Bonnet et Derodes se déshabillaient, enlevant dolman, chemise, ne gardant que le pantalon bien serré à la ceinture. Bientôt ils apparurent le torse nu, Derodes, la peau d'un blanc laiteux comme celle d'une femme. Bonnet plus brun, plus ambré, également vigoureux et bien musclé, deux beaux hommes dans leur type opposé.

— Ne les laissez pas s'enrhumer au moins, dit Montariol, qui avait employé le temps du voyage à raconter de terribles histoires de duels au sabre.

Les témoins n'avaient pas besoin de cette invitation, les adversaires étaient en face l'un de l'autre.

Les sabres engagés en tierce, Derodes porta un coup de ventre à Bonnet; mais celui-ci para la seconde en chassant le fer à droite si rudement qu'il désarma Derodes.

Il y eut un arrêt : Derodes parut perdre l'assurance avec laquelle il avait attaqué : était-ce humiliation? était-ce inquiétude de trouver en face de lui un adversaire plus redoutable qu'il n'avait cru.

Bonnet tenait les yeux fixés sur lui, et bien qu'il ne parlât point, parce qu'on ne parle point sous les armes, son regard traduisait ce qu'il voulait dire : « Epousez-vous Agnès? » Derodes secoua la tête d'un mouvement à peine perceptible : « Non ! — J'ai fait ce que j'ai pu, répondit Bonnet, avec ce même langage muet, maintenant, à Dieu va. »

De nouveau les sabres étaient engagés en tierce : Derodes qui avait reconnu la force de son adversaire voulut en finir tout de suite et porta à Bonnet un coup de banderolle que celui-ci para en ripostant à la poitrine.

Ce fut le sang en jaillissant sur les deux torses qui dit aux témoins ce qu'avaient été les coups : celui de Derodes amorti par la parade était tombé sans force sur l'épaule de Bonnet qu'il avait entamée; celui de

Bonnet frappant en plein avait atteint le haut du bras gauche et labouré la poitrine.

Les deux médecins étaient intervenus : la blessure de Bonnet était plus étendue que profonde et grave ; la peau coupée net laissait voir le trapèze ; pour large et béante que fût la plaie, elle était sans gravité, aussi Vézin, après avoir pris soin d'en recouvrir et d'en rapprocher les lèvres avec de la gaze phéniquée, et après avoir épinglé le bras en écharpe, pût-il venir aider Montariol qui avait fort à faire avec Derodes ; en effet, le sabre de Bonnet, après avoir frappé l'épaule en plein deltoïde et entaillé l'humérus juste au-dessous de l'articulation, avait sectionné obliquement les muscles du thorax, dont le large écartement formait une énorme plaie au fond de laquelle apparaissaient deux côtes décharnées sur une largeur de deux centimètres.

— Si ce n'était que cette énorme boutonnière, dit Montariol à Vézin pendant un instant où ils purent échanger quelques paroles, Derodes, avant deux mois, serait guéri ; le grave, le terrible, c'est l'affaire de l'épaule, c'est l'estafilade de l'os ; admirez-moi ça ; si dans six semaines le bras n'est pas atrophié je veux perdre mon nom, fini le beau Derodes, fichu son bras.

Bonnet revint avec ses témoins et Vézin qui leur rapporta le diagnostic de Montariol ; on félicita Bonnet de son coup.

— J'ai travaillé le sabre en Afrique, dit Bonnet modestement.

— Si Derodes l'avait su, lui qui n'a choisi le sabre que parce qu'il croyait que tu n'en avais pas la pratique.

— Vous voyez, dit Vézin, qu'il est bon de ne pas conter ses affaires à tout le monde.

XIV

En arrivant dans la chambre de Bonnet, Vézin compléta le pansement qu'il avait appliqué sur le terrain.

— Gardez le lit pendant trois jours, cela n'en ira que mieux et plus vite ; vous guérirez par première intention ; en une semaine la plaie sera cicatrisée sans conséquence ultérieure.

Drapier et Cholet voulurent rester avec lui, mais il les renvoya : il n'avait pas besoin qu'on lui tînt compagnie.

— On t'obéit, ne te fâche pas, dit Cholet en riant, tu as une manière d'arranger les gens dont la mine t'ennuie qui te fera respecter ; je te promets que la première fois que tu mangeras à la pension, on y regardera à deux fois avant de laisser quelque chose dans son assiette ; il ne faut pas dégoûter monsieur.

— C'est dégoûtant, dit Drapier, en imitant l'accent d'Hoctrue, qui n'avait que ce mot pour exprimer ses opinions.

En réalité, Bonnet voulait rester seul pour avoir la liberté d'écrire à Julienne. Sa première pensée, quand Vézin lui avait dit qu'il n'était que légèrement blessé, avait été d'aller tout de suite chez madame de Rosmoreau : qui remplacerait pour Julienne... et pour lui la joie du premier regard échangé! Mais la condamnation à trois jours de repos avait bouleversé son projet. Il ne fallait pas faire d'imprudence, car Julienne allait avoir besoin de lui, et le mieux était qu'il fût bientôt en état de lui venir en aide, à elle et à Agnès. D'ailleurs, une visite en sortant de ce duel serait trop significative et donnerait beau jeu aux bavardages. Alors à quoi bon la provocation du dîner, s'il empêchait lui-même qu'on la prît au sérieux. Il devait écrire.

Ce fut ce qu'il fit aussitôt que ses camarades furent partis : il allait avoir des visites, il devait se hâter.

« Chère Julienne.

» Le bon droit a triomphé : Derodes est griève-
» ment blessé, mais sans que sa vie soit en danger, il
» restera seulement paralysé du bras d'une façon
» irrémédiable, disent les médecins. Pour moi, je
» n'ai qu'une éraflure insignifiante qui va guérir, —
» par première intention, — c'est le mot de Vézin.
» L'ennui c'est qu'elle va me forcer à garder le lit
» pendant trois jours ; mais le bon c'est qu'elle sera
» cicatrisée en une semaine. Je dois donc remettre
» ma visite à trois jours. En attendant, lisez la longue
» lettre ci-incluse que j'ai écrite cette nuit quand je
» ne savais pas si nous nous reverrions : elle vous
» dira comme vous êtes aimée ; j'y ai mis tout mon
» cœur avec la sincérité d'un homme qui va peut-être
» mourir. »

Il n'eut pas le temps d'en dire davantage, les visites commencèrent, ce fut à peine s'il put remettre cette lettre à l'ordonnance qui avait remplacé Godailler devenu caporal et l'envoyer chez madame de Bosmoreau, sans être entendu par les camarades qui se succédaient dans sa chambre où les chaises manquaient.

Dans la bouche de tous se retrouvaient à peu près les mêmes paroles :

— Vraiment Derodes avait besoin d'une leçon.

Rares étaient ceux qui ajoutaient :

— Mais elle est dure.

Cependant il y en avait qui s'apitoyaient : Montariol ne disait-il pas que si on parvenait à lui conserver le bras, en tous cas il resterait estropié, impotent : — A vingt-six ans! un garçon qui jouirait d'une si belle fortune.

Ce fut trois jours après, à huit heures du soir seulement, au moment où il allait souvent chez madame de Bosmoreau et où par conséquent sa visite ne devait avoir rien d'insolite, qu'il sortit de chez lui.

La nouvelle de son duel était connue de toute la ville et ceux qui le rencontraient s'arrêtaient pour le voir passer le bras en écharpe fixé sur sa poitrine ; à son passage on sortait sur les portes en le suivant des yeux.

Comme il montait lentement la rue de madame de Bosmoreau, il vit venir à lui madame Collas qui descendait ; il était impossible de l'éviter car elle l'avait aperçu, et avec ses grands bras elle lui faisait des signes télégraphiques.

De loin, elle l'interpella :

— Mes compliments pour le coup de sabre.

Mais quand elle fut plus près, elle baissa la voix :

— Croyez-vous que c'était le bon moyen pour avancer le mariage?

— M. Derodes m'a insulté.

— Bon, faites croire ça à qui vous voudrez; il n'en est pas moins vrai que si nous n'avions pas été ensemble à Dex vous ne vous seriez pas battu; ça me réjouit de voir un chevalier.

Elle le regarda avec un sourire moqueur.

En arrivant devant la maison de madame de Bosmoreau, il vit le rideau d'une fenêtre du rez-de-chaussée légèrement soulevé, et derrière il aperçut Julienne; elle le guettait.

Ce fut elle qui lui ouvrit la grande porte.

— Cette blessure?

— Vous voyez que ce n'est rien.

— Toute une vie de tendresse et d'amour ne paiera jamais ce que vous avez fait pour nous.

— Ne parlons pas de nous : lui avez-vous appris notre duel?

— Quand j'en ai connu le résultat, oui.

— Et qu'a-t-elle dit?

— Elle est partagée entre deux sentiments contraires : la reconnaissance et la colère; la reconnaissance pour ce que vous avez fait; la colère parce que vous avez blessé celui que malgré tout elle aime encore.

— La pauvre enfant, il ne faut pas qu'elle me voie aujourd'hui, ni de quelques jours.

— Elle est auprès de maman, à qui j'ai dû apprendre toute la vérité, et qui, depuis, est tombée dans une crise nerveuse ; elle la veille, elle ne vous verra pas.

— Avez-vous aussi tout appris à madame Amilhau ?

— Grand'maman est vaillante, pleine de courage dans sa vieillesse, c'est elle qui nous remonte ; d'ailleurs, elle avait de vagues soupçons, non précis, elle n'aurait pas osé aller si loin ; mais des inquiétudes et des craintes. Mieux que nous, elle voyait les changements qui se faisaient dans Agnès et s'en tourmentait sans rien dire. Elle vous attend.

Ils allèrent sur la terrasse où tant de fois Bonnet était venu s'asseoir au milieu de cette famille heureuse et où maintenant il n'y avait plus qu'une vieille femme accablée par le malheur et la honte, qui se tenait sur sa chaise le dos voûté, comme si elle venait de vieillir de dix ans en un jour.

Quand elle aperçut Bonnet, son visage s'éclaira ; vivement elle vint à lui :

— Mon cher enfant, il faut que je vous embrasse.

— C'est moi, grand'maman, qui vais vous embrasser, et de tout cœur.

Si madame Amilhau n'entendit pas, elle devina ces paroles sur les lèvres et dans le geste de Bonnet.

— Le brave garçon, dit-elle ; le jour où je vous ai vu pour la première fois, j'ai compris ce que vous valiez ; je vous aurais choisi entre tous ; au moins ma bonne Julienne sera heureuse, et je vous promets que vous serez heureux par elle. Asseyez-vous là, il faut que nous parlions.

Elle lui donna la chaise près d'elle, du côté où était attaché son livre et son crayon.

— Maintenant que vous allez être le mari de Julienne, continua-t-elle, c'est à vous de nous diriger; vous voilà le chef de la famille, d'une pauvre famille bien malheureuse.

L'émotion lui coupa la voix, elle fit signe à Julienne de dire ce qui avait été convenu entre elles.

— Dans la journée, nous avons discuté, grand'maman et moi, ce que nous devions faire pour Agnès, mais nous n'avons rien arrêté, voulant l'une et l'autre nous en remettre à vous.

— Il n'y a qu'une résolution possible, quitter La Feuillade, fermer votre maison et vous cacher toutes à l'étranger, dans un pays où vous ne serez pas connues... jusqu'au jour où Agnès pourra revenir ici.

— Vous dites? demanda madame Amilhau.

Il résuma en une ligne sur le cahier ce qu'il venait de dire.

— Tu vois, Julienne, continua madame Amilhau, il n'a pas hésité à conseiller ce que nous n'osions envisager; il n'a pas pensé à lui.

— Sans doute, ce départ provoquera des bavardages, mais après ce qui s'est passé ce matin on se l'expliquera, sans aller jusqu'au bout, au moins avec certitude; on dira ce qu'on voudra, on n'aura de preuves de rien; ce qui, plus tard, restera de tout ce bruit, sera une histoire de mariage manqué. Il faut partir au plus vite, demain, dans quelques jours.

— Et vous? s'écria Julienne.

— Vous m'écrirez, je vous écrirai; il en sera de

nous comme si mon métier de soldat m'obligeait de partir sans vous. Ne nous occupons que d'elle.

Il fut décidé qu'elles iraient en Suisse, dans un coin perdu, loin du passage des touristes, et que leurs lettres seraient adressées à un camarade de Bonnet à Paris, qui les réexpédierait, afin que par l'adresse et le timbre il n'y eût pas d'indiscrétion possible : elles partiraient le surlendemain sans prévenir personne.

Les choses ainsi arrêtées, Julienne voulût qu'il lui racontât son duel; sans avoir pratiqué l'escrime comme Agnès, elle en savait assez pour comprendre et pour voir ce qu'il lui expliquerait.

Il lui fit ce récit complet depuis son départ jusqu'au coup de banderolle et la riposte à la poitrine.

— Comment, vous avez passé devant la maison, et je ne vous ai pas vu ? j'étais levée cependant.

— Si vous m'aviez aperçu, avec mes témoins, votre angoisse n'eût-elle pas été plus poignante de savoir que c'était juste à ce moment que le duel avait lieu et d'attendre notre retour ?

Elle fut émue jusqu'aux larmes qu'il eût désarmé Derodes pour risquer un dernier appel en faveur d'Agnès.

— C'est justement cela qui a perdu Derodes; il s'est laissé emporter par la rage et, pour en finir tout de suite, il m'a porté un coup qui devait me fendre la tête, mais qui, paré, me livrait sa poitrine ou son ventre; j'ai paré et riposté.

Il eût voulu prolonger la soirée, mais elle eut peur qu'il se fatiguât, et elle le mit à la porte presque de force.

— A demain ; venez de bonne heure, nous passerons la journée ensemble ; vous dînerez avec grand'-maman... et avec votre femme.

Mais le lendemain, il ne fut plus question de passer la journée ensemble ni de dîner ; dans la matinée, on lui apporta une lettre de Julienne ; pendant la nuit, madame de Bosmoreau avait été frappée d'une attaque de paralysie, qui bien que légère, disait le médecin, empêchait tout mouvement, au moins pendant un certain temps.

Dans ces conditions, il était impossible de partir pour la Suisse ; mais deux jours après un peu de mieux s'étant manifesté dans l'état de la malade, le médecin permit qu'on la transportât à la métairie de Julienne avec précaution et sans fatigue.

Cette métairie où elles n'allaient que de temps en temps, dans l'été pendant quelques jours, à l'automne pendant les vendanges, avait été autrefois habitée par les parents du père de Julienne, qui avaient commencé à s'enrichir là, à faire valoir leurs terres : la maison était grande, en belle situation sur un mamelon boisé de superbes châtaigniers, bien meublée de bons et vieux meubles, entourée d'un vaste potager et des bâtiments d'exploitation nécessaires à la culture : logement pour le métayer, étables, granges, chais. On y amena madame de Bosmoreau lentement, et on l'y installa dans une chambre immense, qu'un architecte citadin eût voulu à coup sûr transformer en plusieurs appartements complets.

Sans doute cela ne valait pas la Suisse pour la sécurité, mais enfin Agnès s'y trouverait jusqu'à un certain point à l'abri de la curiosité : la maison était isolée au milieu des bois et des vignes ; le chemin de traverse qui longeait la façade ne conduisait nulle part; personne n'y passait que quelques paysans, et il semblait que personne de la ville ne dût risquer jusque-là une promenade de deux lieues à travers des fondrières ou des déserts ensoleillés. D'ailleurs, si quelqu'un tentait l'aventure, on aurait la ressource de ne le laisser arriver ni auprès de madame de Bosmoreau, ni auprès d'Agnès; il s'agissait de gagner quelques jours, une ou deux semaines peut-être, en attendant que le départ pour la Suisse devînt possible.

Cependant, malgré le mauvais état du chemin, ses fondrières et ses deux lieues, Julienne n'était pas installée depuis huit jours, qu'une après-midi on lui annonça que madame la commandante Collas venait d'arriver et l'attendait.

— Vous comprenez, ma chère belle, que je n'ai pas voulu m'en tenir à des nouvelles vagues ; comment va notre malade ?

La malade allait mieux, mais le médecin avait défendu qu'elle reçût personne.

— Et la belle Agnès ?

La belle Agnès était auprès de sa mère qu'elle veillait.

— Mais, comment va-t-elle ?
— Elle va bien.
— Malgré ce duel ?
— En quoi ce duel peut-il la toucher ?

Malgré son assurance, madame Collas fut démontée par le calme de Julienne.

Elle essaya encore quelques insinuations, mais Julienne ne se troublant point, il fallut qu'elle se retirât sans avoir vu Agnès, et même sans avoir pu faire causer les gens de la métairie, car Julienne la reconduisit à près d'une lieue du côté de La Feuillade.

XV

Si ce mauvais chemin et ces deux lieues causaient une gêne grave aux curieux de La Feuillade qui n'osaient les affronter avec la perspective d'être reçus par madame Amilhau et par Julienne seules comme madame Collas l'avait été, ils n'étaient d'aucune importance pour Bonnet qui, tous les jours, aussitôt son service fini, partait allègrement : deux lieues, des fondrières, de la boue dans les creux, une épaisse poussière sur les plateaux, en allait-il prendre souci.

Selon qu'il était en avance ou en retard sur l'heure qu'il avait donnée la veille à Julienne, il marchait vite ou lentement. Quand madame de Bosmoreau allait bien et que Julienne pouvait sans inquiétude la laisser à la garde de madame Amilhau et d'Agnès, elle venait au-devant de lui jusqu'à un taillis de châtaigniers où elle attendait qu'il passât ; et alors la main dans la main, serrés l'un contre l'autre, ils se promenaient dans les allées herbées, aux talus fleuris de bruyères de ce petit bois, ou bien ils s'asseyaient à l'ombre d'un gros chêne, sur la mousse, en s'entretenant tendrement.

Que de choses ils avaient à se dire, et comme le temps qu'ils pouvaient se donner était toujours trop court! Ils n'avaient à craindre ni les indiscrets ni les importuns, car ce bois appartenait à Julienne, et une fois qu'ils étaient entrés et qu'elle avait mis dans sa poche la clef de la barrière, ils étaient l'un à l'autre entièrement. Pendant plus d'une année, ils s'étaient vus presque tous les jours ; leur intimité avait été ininterrompue ; sur tous les sujets dont on peut s'entretenir dans une vie intelligente, ils avaient échangé leurs idées ou leurs sentiments, et cependant il leur semblait qu'ils ne se connaissaient que depuis qu'ils s'aimaient, et à chaque instant ils faisaient en eux des découvertes qui les ravissaient : quelle bonté, quelle tendresse dans le cœur de la femme ; quelle force, quelle droiture, quelle sûreté dans le caractère du mari.

Quelquefois pourtant elle n'osait pas s'éloigner trop de sa mère, de manière à accourir si on l'appelait, et alors il devait aller jusqu'à une petite fontaine où il attendait qu'elle vînt le rejoindre quand il ne la trouvait pas arrivée avant lui assise sous le couvert d'un platane devant le bassin où l'eau tombait en un mince filet clapotant. Là, ils n'avaient pas les longues allées droites du taillis, mais l'endroit était assez frais pour que Bonnet pût s'y reposer, assez ombragé, assez entouré pour qu'ils y fussent à l'abri des regards ; d'ailleurs ils n'avaient point à se cacher, et si une femme de la ferme venait puiser une cruche d'eau, ils ne craignaient pas d'être surpris ; on savait que « Mademoiselle » était avec son fiancé qu'elle épouserait quand « Madame » serait guérie ; la seule chose qui étonnât c'était qu'il n'entrât jamais dans la maison.

A la vérité, Julienne le lui avait proposé plusieurs fois, mais dans des termes tels qu'il avait senti que le calme ne s'était point encore fait dans le cœur d'Agnès, et qu'il ne devait pas lui rappeler par sa présence tout ce qu'il fallait au contraire lui faire oublier : rien ne pressait il fallait attendre ; n'étaient ils pas bien dans le taillis ou au bord de la fontaine; seraient-ils mieux, auraient-ils plus de liberté dans la maison ; le cadre de quatre murailles vaudrait-il celui des bois verts et de la fontaine qui les berçait de sa musique avec le ciel au-dessus d'eux où leurs regards se perdaient.

Cependant les semaines s'écoulaient et le médecin refusait toujours de laisser partir madame de Bosmoreau.

— Vous ne voulez pas tuer votre mère, répondait-il à Julienne quand elle le pressait, attendez encore un peu ; ne l'exposons pas à une rechute. Et l'on attendait ; et les jours passaient. Agnès se sauvait quand on entendait le médecin arriver, et personne ne la voyait.

— Partez, partez, disait Bonnet quand Julienne lui communiquait ses craintes, certes je suis heureux, plus heureux que je ne pouvais l'espérer de vous avoir ici, de vous voir tous les jours, de passer près de vous ces quelques heures qui sont la joie de ma vie, et qui me mettent au cœur d'inoubliables souvenirs, mais je ne serai tranquille que lorsque je vous saurai en Suisse. Partez.

De ce qu'il avait pu tirer de Julienne sans la questionner franchement, il résultait qu'il leur restait encore deux mois, mais cela ne le rassurait point : et tous les jours il poussait au départ ; mais on ne pouvait pas partir sans madame de Bosmoreau, Julienne devait demeurer auprès de sa mère, et madame Amilhau ne pouvait pas s'en aller avec Agnès, c'eût été un aveu.

Une après-midi que leur rendez-vous avait été fixé au taillis, il ne trouva pas Julienne et après l'avoir attendue un moment il ne la vit pas venir ; il alla à la fontaine ; elle n'y était pas. Que signifiait ce retard : madame de Bosmoreau était-elle plus mal ?

Il allait se décider à monter jusqu'à la maison, quand il aperçut Julienne qui accourait ; il se hâta au-devant d'elle et reconnut sur son visage bouleversé qu'il avait dû se passer des choses graves.

— Elle a son enfant de ce matin, murmura Julienne éperdue.

— Mais alors ?...

— Il n'a que sept mois, dit le médecin qu'il a bien fallu envoyer chercher et qui est arrivé trop tard ; heureusement bonne maman était là, sans elle je ne sais pas ce que nous serions devenues.

— Comment est-elle ?

— On dit qu'elle n'est pas mal ; moi je ne la trouve

pas bien. Maintenant qu'allons-nous faire ? avec quelle angoisse je vous attends!

— Nous n'avons rien à faire qu'à accepter ce malheur et l'enfant; j'irai le déclarer demain avec le médecin. Où est-il ?

— Ma métayère sera la nourrice : elle sèvera la petite Drapier quand il faudra; il est bien petit, mais si joli.

— Je n'ai pas à vous dire combien je suis désolé de ce malheur, qu'il n'a pas tenu à moi d'éviter, pourtant il a cette contrepartie que voilà le voyage en Suisse inutile et notre mariage avancé. J'espère que nous n'aurons pas longtemps maintenant à rester à La Feuillade, le colonel se croit assuré de ma nomination de capitaine, là où nous irons Agnès viendra avec nous et n'aura pas à souffrir comme ici.

— Je vais lui dire cela.

— Ne lui parlez pas encore de moi ;. laissez-la se rétablir; dans quatre ou cinq jours, j'irai le lui dire moi-même : cela me fera une entrée. En attendant, je vais m'occuper des formalités à remplir pour notre mariage, qui pourra se célébrer dans ce village : la maladie de madame de Bosmoreau nous permettra de n'inviter que les témoins.'

Mais les choses ne s'arrangèrent point ainsi: Quand Bonnet arriva à la fontaine le troisième jour après l'accouchement, il trouva Julienne inquiète :

— Agnès ne va pas bien; elle a été prise d'un frisson violent, et puis ensuite elle a eu une forte fièvre, le visage est coloré, les yeux sont brillants.

Grand'maman croit que c'est la fièvre de lait. Moi, j'ai peur.

— Et le médecin ?

— Il ne vient que ce soir.

— Il vaut mieux croire grand-maman que vos pressentiments.

— Mes pressentiments, malheureusement, reposent sur des faits, sur ce qui se passe, sur ce que je crois. Le coup qui s'est abattu sur elle l'a écrasée, elle croyait si bien à ce mariage. Sa rupture, le duel, la blessure de... M. Derodes, l'anéantissement de toutes ses espérances, la honte, le remords, le chagrin, c'était trop pour elle, elle a ployé ; de là cette naissance de l'enfant à sept mois, et maintenant de là cette fièvre ; elle devait se rétablir, elle est plus malade, n'est-ce pas l'indice d'un trouble profond causé par une secousse trop forte pour elle ; je ne suis pas médecin, je n'entends rien à toutes ces maladies, mais avec le cœur on sent les choses ; elle n'est pas seulement ma sœur, vous le savez, elle est ma fille.

Le lendemain le médecin avait parlé : c'était une fièvre puerpérale ; l'état était grave. Pendant quatre jours il s'aggrava encore. Maintenant Bonnet ne s'arrêtait plus à la fontaine, il entrait dans la maison et on allait prévenir Julienne qui ne quittait plus Agnès que pour lui : elle descendait, ils échangeaient quelques mots rapides, un regard, un triste sourire, et il repartait

Le sixième jour qu'il avait pu venir le matin, il vit entrer Julienne éplorée, suffoquée.

— Perdue !

Elle se jeta dans les bras de Bonnet, qui essaya de lui murmurer quelques paroles de consolation.

— Elle sait si bien elle-même qu'elle est perdue qu'elle veut vous voir; nous allons monter ensemble: elle a aussi demandé son enfant que j'ai envoyé chercher.

Ils montèrent, Julienne essuyant ses larmes et faisant des efforts pour les contenir.

En entrant dans la chambre où se tenait madame Amilhau, Bonnet s'arrêta un court instant frappé par l'horreur des changements qui s'étaient faits dans Agnès : le visage était si profondément altéré qu'il était méconnaissable, les joues s'étaient affaissées, le menton aux fossettes si charmantes n'était plus qu'un os, les yeux enfoncés dans les orbites cerclés de noir, tous les traits exprimaient l'anxiété et l'oppression.

— Voulez-vous venir jusqu'à moi et me donner la main, dit-elle, j'ai à vous demander pardon de mon injuste ingratitude, et c'est de tout mon cœur que je le fais.

Elle lui serra faiblement la main qu'il lui avait donnée. A ce moment, la nourrice entra portant l'enfant.

— Mettez-le dans les bras de Julienne, dit Agnès.

Puis s'adressant à Bonnet :

— J'ai encore une chose plus importante à vous demander, c'est de pardonner à mon enfant et de veiller sur lui.

Bonnet prit la main de Julienne :

— Il sera notre fils aîné, je vous le promets.

De grosses larmes emplirent les yeux d'Agnès.

— Maintenant, je mourrai tranquille, dit-elle en parlant lentement car sa respiration était courte; c'est un fils, heureusement. Élevé par vous, — elle donna la main à Bonnet, — il deviendra un homme; par toi, — elle tourna les yeux vers Julienne, — un bon cœur. Mieux vaut cette mort que la mort lente que j'aurais eu dans le monde. Quand vous penserez à moi, que ce soit cette pensée qui te console, Julienne.

Elle fut obligée de s'arrêter pour retrouver un peu de respiration, et elle adressa un sourire affectueux à sa grand'mère qui écoutait anxieuse, sans rien entendre.

— Qu'aurais-je été pour mon enfant? Je n'aurais pas même eu le droit de l'élever près de moi; on eût crié au cynisme. Votre fils, votre aîné, il aura votre amour, il aura les exemples que vous lui donnerez; il sera presque l'égal de vos enfants.

— L'égal dans notre cœur, sois-en sûre, s'écria Julienne.

— Oh! j'en suis sûre, c'est ma force en ce moment et ma joie. Je vous vois tous autour de ce lit, me pardonnant, me pleurant; mais moi je ne me pardonne pas, je ne me pleure pas : j'ai fait ma vie ce qu'elle a été, j'ai fait ma mort; je n'ai voulu écouter personne; j'ai ri de Julienne quand elle m'avertissait; j'ai suivi mon rêve, voilà où il m'a conduite; et je ne peux pas ne pas trouver que ce soit une justice que les choses soient ainsi.

Elle eut une faiblesse, et ne put pas continuer.

Bonnet eût voulu rester près de Julienne, mais son service le rappelait à La Feuillade ; il fallait qu'il obtînt une permission et se fît remplacer. Il fit seller un cheval de la ferme et galopa jusqu'à la ville ; donnant son cheval à tenir à madame Ravaut, il courut chez le colonel.

— Le colonel est avec M. le médecin-major, répondit Leplu qui lui ouvrit la porte, rapport à M. Daniel qui est un peu malade ; ils se consultent comme il convient.

Leplu fit entrer Bonnet dans le bureau du colonel, où Daniel était couché sur le divan enveloppé dans une couverture.

— Bonjour, monsieur Bonnet, dit Daniel, vous avez de la chance d'arriver, vous allez entendre la Bérézina que Leplu est en train de me conter.

— Ah ! monsieur Daniel, s'écria M. Leplu.

— Conte, dit Daniel avec autorité, tu en étais resté à « Mon grand-père s'appelait déjà Leplu » : mais le mieux est de recommencer.

Leplu allait recommencer quand on entendit un bruit de pas cadencés dans la rue.

— On vient chercher le drapeau, s'écria Daniel ; je vais le donner.

C'était lui en effet qui, toujours, religieusement, fièrement, en fils de colonel qu'il était, en soldat qu'il serait un jour, remettait le drapeau à la garde.

— Monsieur Daniel, il ne faut pas vous lever, s'écria Leplu.

Mais déjà Daniel en chemise avait sauté à bas du

divan pour aller prendre le drapeau posé dans un angle ; à ce moment entraient Carrelet et cinq soldats de première classe.

Daniel ayant pris le drapeau fit deux pas pour le remettre aux mains de Carrelet, mais une faiblesse s'empara de lui, et sans Bonnet qui le soutint, il serait tombé tout de son long.

— Appelez le colonel.

Le colonel et Montariol accoururent :

— Mon fils !

Mais déjà Montariol, prenant l'enfant dans ses bras, s'était penché sur lui pour écouter son cœur.

Pendant ce temps, Carrelet sortit avec les soldats et l'on entendit un commandement dans la rue : « Portez armes ! présentez armes ! Au drapeau ! »

Les tambours battirent aussitôt, les clairons sonnèrent, la musique joua.

— Rassurez-vous, mon colonel, dit Montariol, ce n'est rien, une simple faiblesse.

Et remettant l'enfant dans les bras de son père :

— Soyez tranquille, votre fils vivra, pour vous, pour...

Le colonel l'éleva dans ses bras :

— Pour la France !

La musique s'éloignait.

Ce fut seulement après avoir recouché son fils, que le colonel aperçut Bonnet ; il vint à lui.

— Vous étiez là, pardonnez-moi de ne pas vous avoir vu ; j'ai une bonne nouvelle à vous annoncer, vous êtes promu au grade de capitaine et vous restez au régiment en remplacement du capitaine Roussel qui passe commandant à Bayonne.

— Je voudrais vous remercier, mon colonel, mais je suis sous le coup d'un grand chagrin : mademoiselle de Bosmoreau est à l'agonie ; je venais vous demander de rester auprès de ma femme pendant ces cruels moments.

— Pauvre Agnès ! Mieux vaut la mort pour elle.

FIN

NOTICE SUR LE LIEUTENANT BONNET

J'avais déjà écrit deux romans où le soldat joue le principal rôle : *Clotilde Martory* et *les Souvenirs d'un blessé*, mais précisément parce que je m'étais occupé de l'armée, je trouvais que je n'en avais pas fini avec elle : *Clotilde Martory* n'est que le roman d'un officier jeté dans la guerre civile *les Souvenirs d'un blessé*, le récit d'un soldat qui a traversé 'année terrible ; et ce qui était en situation en 1852 et en 1870-71, n'y est plus en 1875, encore moins en 1885.

Pour le romancier qui se propose de suivre la vie courante de son temps et de la peindre en mettant l'étude et la sincérité dans ses romans, le premier souci est d'être attentif aux transformations sociales, morales ou autres qui s'accomplissent autour de lui et de les voir de ses propres yeux, sans attendre, s'il ne veut pas faire œuvre de seconde main, qu'elles lui soient signalées par le livre ou la chronique du jour. Avec l'armée je reconnais qu'il n'était pas nécessaire de posséder des qualités d'observation bien extraordinaires pour être frappé des changements qui depuis la guerre s'opéraient dans ses mœurs, et s'apercevoir qu'en établissant les corps d'armée à demeure fixe dans une contrée, on en faisait une sorte de garde nationale où les maris sont très recherchés. (P. 3.)

Ce point de vue détermina l'idée de ce roman qui mêle

l'officier à la vie civile, le pauvre comme le riche, et alors je commençai, en employant la méthode qui m'a servi pour tous mes romans, à réunir le dossier du *Lieutenant Bonnet*, avec les faits qui devaient peindre le milieu où je le placerais, aussi bien que les traits caractéristiques des officiers de son régiment.

Justement parce que l'officier est entré dans la vie commune il se trouve étudiable, et on peut le saisir plus ou moins sur le vif avec les déviations que le métier imprime fatalement à tout être humain; mais comme il n'en est pas de même des soldats et des sous-officiers qui vivent à la caserne ou dans des milieux que mon âge ainsi que mes goûts m'interdisaient, j'ai dû les laisser de côté; heureusement ils n'entraient pas nécessairement dans mon étude.

La préparation en fut longue et ce fut seulement vers 1884 que mon dossier se trouva suffisamment documenté; mais un cadre d'officiers à peu près complet, et un ensemble de faits pris à la réalité ne suffisait pas pour écrire ce roman dont l'exécution était la partie difficile, et cette exécution m'apparaissait assez délicate pour m'embarrasser.

C'est qu'en effet on ne parle pas aujourd'hui de l'armée avec la même indépendance de pensée et d'expression qu'on parle du clergé ou de la magistrature. Si je ne suis pas juste pour le magistrat ou le prêtre de mon pays, peu importe, cela se passe en famille. Mais si je ne le suis pas pour le soldat de mon pays, cela ne se passe plus en famille. Le livre franchit la frontière, il ne faut donc pas qu'il porte des armes, si faibles qu'elles soient, à ceux qui montent la garde de l'autre côté.

Mon plan arrêté je le communiquai à F. Magnard, et il fut convenu que j'écrirais ce roman pour le *Figaro*, où il a paru de juin à août 1885.

C'est une puissante trompette que celle du *Figaro*, si elle ne renverse pas les murailles, au moins va-t-elle partout éveiller des échos : j'aurais traité mon sujet à la légère, on m'aurait sans doute laissé aller, je montrais la préoccupation de l'exactitude, on me voulut plus exact encore.

Un capitaine de cuirassiers m'écrivit que le chef de calotte était l'intermédiaire entre les officiers et le gargotier, mais qu'il n'était pas président de la table; un autre officier, de chasseurs celui-là, m'écrivit que le chef de calotte ne pouvait pas infliger des arrêts à un camarade; le duel de Bonnet fut critiqué, le pansement de Derodes fut jugé insuffisant; enfin d'autres observations, nombreuses mais courtoises, me furent adressées encore sur lesquelles il est inutile d'insister.

Pour le chef de calotte et les arrêts, je répondis que ce qui était inexact dans la cavalerie était vrai dans l'infanterie; pour le duel de Bonnet et la blessure de Derodes, je ne répondis rien du tout; mais puisque je dois écrire pour chacun des romans de cette collection, des notices qui, réunies, formeront en quelque sorte celle du romancier, c'est ici l'occasion d'expliquer comment je procède lorsqu'un point spécial de science, d'art ou de métier, se présente embarrassant ou obscur.

Avant tout, je commence par apprendre ce que j'ignore, comme je peux, du mieux que je peux, et j'avoue que cette éducation que je me suis ainsi donnée pour le plaisir des autres, a constitué pour moi bien souvent les meilleures heures de mon travail. Cela fait, je construis d'après ce que j'ai appris mon plan ou ma scène, en ne me laissant influencer que par mes seules idées. Puis, comme ce savoir fraîchement acquis ne m'inspire pas une confiance audacieuse, je vais consulter les gens compétents : si je me suis trompé, ils me corrigent, mais sans m'imposer une direction qui ne serait pas mienne.

C'est ainsi que le duel de Bonnet et de Derodes a été réglé sous mes yeux par deux moniteurs de l'école d'escrime de Joinville.

De même, j'ai confié Derodes blessé au docteur Landouzy, le professeur agrégé de l'École de médecine, qui a bien voulu le soigner, et si nous n'avons pas appelé Potain, c'est que le cas n'était pas désespéré.

Voilà de quelles précautions s'entourent ceux qui veulent serrer de près la vérité, ce qui ne veut pas dire qu'ils soient sûrs cependant d'éviter les erreurs ; pour cela, il faudrait que le romancier fût universel, qu'il eût tout et parlât la langue de tous les métiers, celle des soldats comme celle des savants, celle des rois comme celle des voyous.

Puisque je reviens à cette question d'exactitude, je dois prévenir les lecteurs qu'ils ne trouveraient pas La Feuillade sur la carte ; de même que j'ai dû inventer Condé-le-Chatel pour y placer le monde officiel de mes romans, de même, j'ai dû baptiser une ville très réelle, pour y placer un régiment dont on n'aurait pas manqué de reconnaître les officiers, même ceux qui n'auraient eu rien de commun avec mes personnages.

Pour ceux-là, je peux donner de leurs nouvelles aux lecteurs qui s'intéressent à eux : le colonel Bayon va passer général de division ; son fils Daniel qui se prépare à Saint-Cyr est déjà le type parfait de l'officier d'état-major ; le baron La Hontan est dans la retraite aussi noble qu'au régiment ; Esparbarinque a organisé un théâtre de marionnettes qui lui permet de jouer tous les rôles de ses pièces ; Bonnet et Julienne sont toujours... les personnages du roman.

Quant aux lecteurs d'au-de là la frontière, comme ils ont bien voulu reconnaître que le *Lieutenant Bonnet* est une étude de l'armée française écrite avec sincérité et justice, je suis rassuré de ce côté.

H. M.

ÉMILE COLIN. — IMPRIMERIE DE LAGNY.

www.ingramcontent.com/pod-product-compliance
Lightning Source LLC
Chambersburg PA
CBHW050421170426
43201CB00008B/496